„Wovon er besonders schwärmt,
wenn alles wieder aufgewärmt“

Wilhelm Busch

Vorwort

Zugegeben, die Aussicht nach vorne ist kürzer als der Blick zurück.

Nicht ungewöhnlich also, dass auch ich sammle, summiere,
nach versunkenen Perlen tauche und im vergangenen Trüben fische.

Und ich feiere mit diesem Buch einige der vielen wunderbaren Projekte der letzten 40 Jahre, die ich mit guten FreundInnen, geduldigen MusikerInnen und hervorragenden KollegInnen auf die Beine stellen konnte.

Und dabei tauchen etwa die „**Reisende Werkschule Scholen**", das „**Blaumeier-Atelier**", das **Bremer Theater** oder der Kinofilm „**Verrückt nach Paris**" (mit **Eike Besuden**) hier gar nicht auf. Stationen, die mich ungeheuer prägten und begeisterten.

Das vorliegende Song-Buch gibt den Liedermacher Pago wieder.
Ja, ich komme aus einer Zeit, in der ‚Liedermacher' noch kein Spottwort war und sich nicht wie heute jeder sofort einen verschnarchten, moralischen Typen mit Baskenmütze und Schnauzbart vorstellte.
Gut, dann bin ich eben über die Jahre zu einem ‚Singer-Song-Writer' geworden, obwohl ich nur eine Zeile in Englisch zustande gebracht habe:
„The sexiest man in the world alive
is a man in the kitchen instead of his wife!"

Da ich mich immer nur für einen mittelmäßigen Musiker und Komponisten gehalten habe, wären diese 80 Stücke nicht entstanden, wenn nicht mit Noten und Harmonien begabtere Freunde mir geholfen hätten. Vor allem **Wolfgang Fernow**, **Henning Schmiedt**, **Peter Dahm**, **Meinrad Mühl**, **Gerhard Stengert** und **Thomas Krizsan**.

Der langjährigen Zusammenarbeit mit dem Regisseur **Alvaro Solar** habe ich ebenfalls viel zu verdanken.

Aber vor allem Dank an die **ZOLLHAUSBOYS**, dieser Gruppe mit jungen syrischen Geflüchteten. Ich gestehe in einem der Songs:
„Mir ist seit Jahren nichts Besseres passiert!"

Die drei großen Kapitel über die **ZOLLHAUSBOYS** beinhalten viele Stücke, die in absoluter Gemeinschaftsarbeit entstanden sind.
Aus vielen Prosatexten ‚der Jungs' habe ich Songs gedrechselt, in Schreibwerkstätten haben wir Themen diskutiert und Lieder entwickelt, mal brachte jemand eine Melodie oder einen neuen Gitarrenriff mit, an dem wir weiter strickten oder Selin gab fertige englischsprachige Songs in die Gruppe und ich habe ein deutsches Gedicht dazu geschrieben (z.B. ‚No love')
So sind über die Jahre drei satte Abend-Programme entstanden, die uns viel Erfolg und mir viel Glück gebracht haben.

Und da ich schon bevor es losgeht in die Dankes-Schiene gerutscht bin, **Thomas Krizsan** hat mich überhaupt erst dazu genötigt, dieses Buch zu verfassen und schrieb alle Noten sehr akkurat. **Uwe Jöstingmeier** hat in den letzten Jahren hunderte von brillanten Fotos gemacht, die dieses Buch prägen und der unermüdliche Grafiker **Thomas Paschke** fügte in wochenlanger Arbeit alles wunderbar zusammen.
DANKE!

Und so hoffe ich, dass euch die vorliegende Sammlung erheitert, berührt, vielleicht sogar begeistert.

Ich wünsche viel Spass mit den vielen Audio- und Video-Beispielen, beim Lesen, Stöbern und beim Nachspielen meiner Songs.

Pago Balke
Oktober 2023

Inhaltsverzeichnis

UNGLAUBLICH 68

LIEBESLIEDER 82

SATIRISCHE FÜHRUNGEN 98

DIE ZOLLHAUSBOYS 1 106

DIE ZOLLHAUSBOYS 2, GEHT WEITER 126

DIE ZOLLHAUSBOYS 3 154

ERNTE 23 170

QR-Code

Auf vielen Seiten finden Sie einen **QR-Code,** den Sie mit Ihrem Handy einscannen können, um eine Aufnahme oder ein Video des Stücks aufzurufen.

Alternativ können Sie aber auch die Internetadresse direkt eingeben und die Seitenzahl des gewünschten Musikstücks anhängen.

Nehmen wir an, Sie möchten den Song „**Deine Pfirsichhaut**" unbedingt mal wieder hören (hier im Buch auf Seite 29 zu finden), dann müsste das so ausehen:

www.pago-balke-songbuch.de/29

Alphabetische Reihenfolge

A

B

D

E

F

G

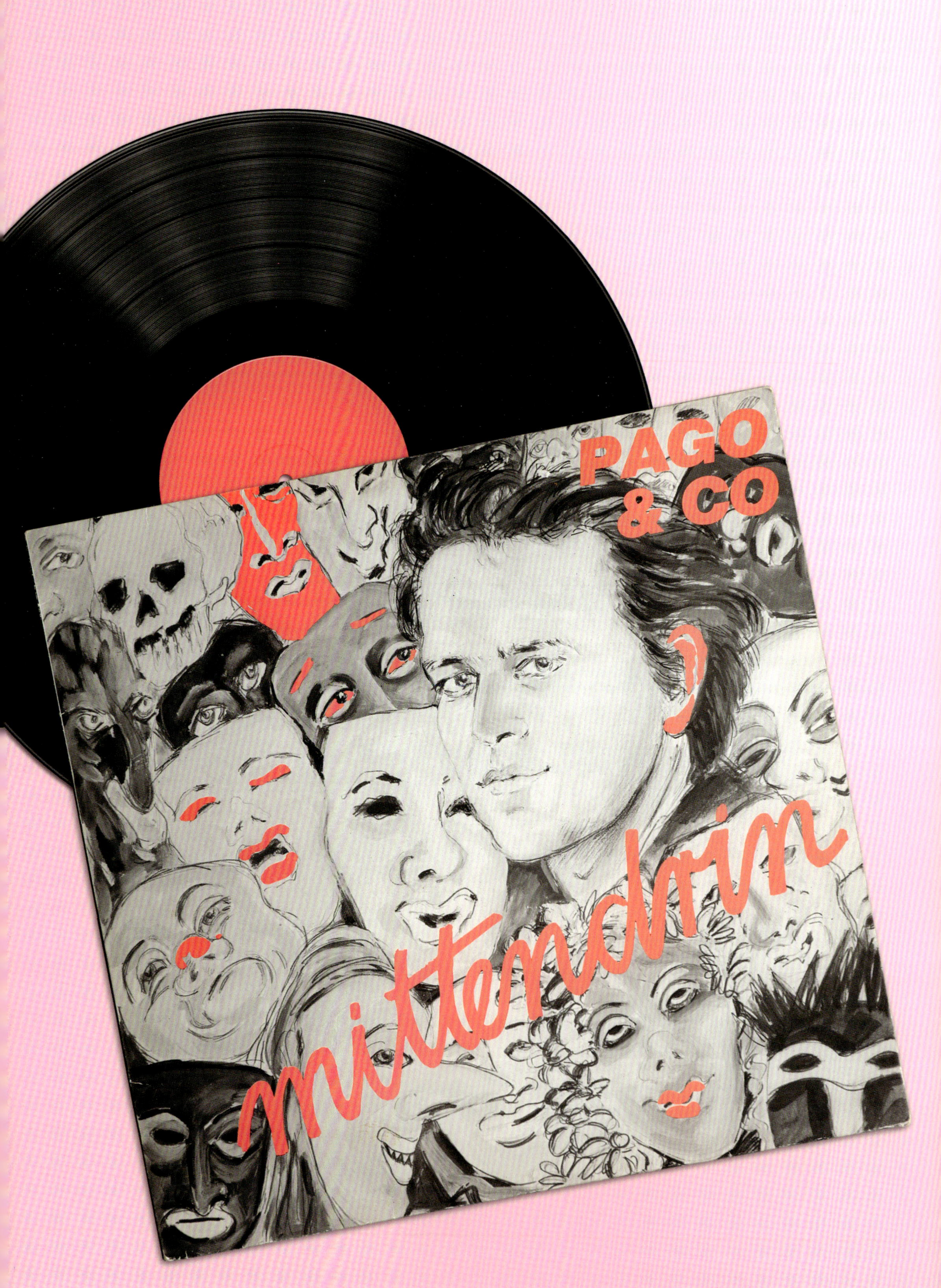
PAGO
& CO
mittendrin

Frühe Lieder ‚mittendrin'

Natürlich gibt es auch noch frühere Lieder von mir.
Z. B. einige Songs, die in der damaligen Anti-AKW-Bewegung ziemlich populär waren. („Gorleben soll leben" oder „Nee, nee, nee, geen AGaWe in Machdeburch")
Zumindest hatte ich mit der Bremer Gruppe **„De Likedeelers"** meine größten Auftritte: Vor Zehntausenden von Leuten, die sich allerdings nicht wegen unserer Musik, sondern wegen verschiedener Demos versammelten.
Ich habe also meine schmale Karriere auf den Planken von LKWs begonnen, bevor ich die echten Bühnenbretter betreten durfte.

Ich möchte dennoch mit einigen Songs meines ersten Albums aus dem Jahr 1986, einer echter LP, beginnen. Bei diesem Werk haben mir wesentlich einige Freiburger Musiker - um den Kontrabassisten **Wolfgang Fernow** - auf die musikalischen Sprünge geholfen. Dafür bin ich immer noch dankbar.

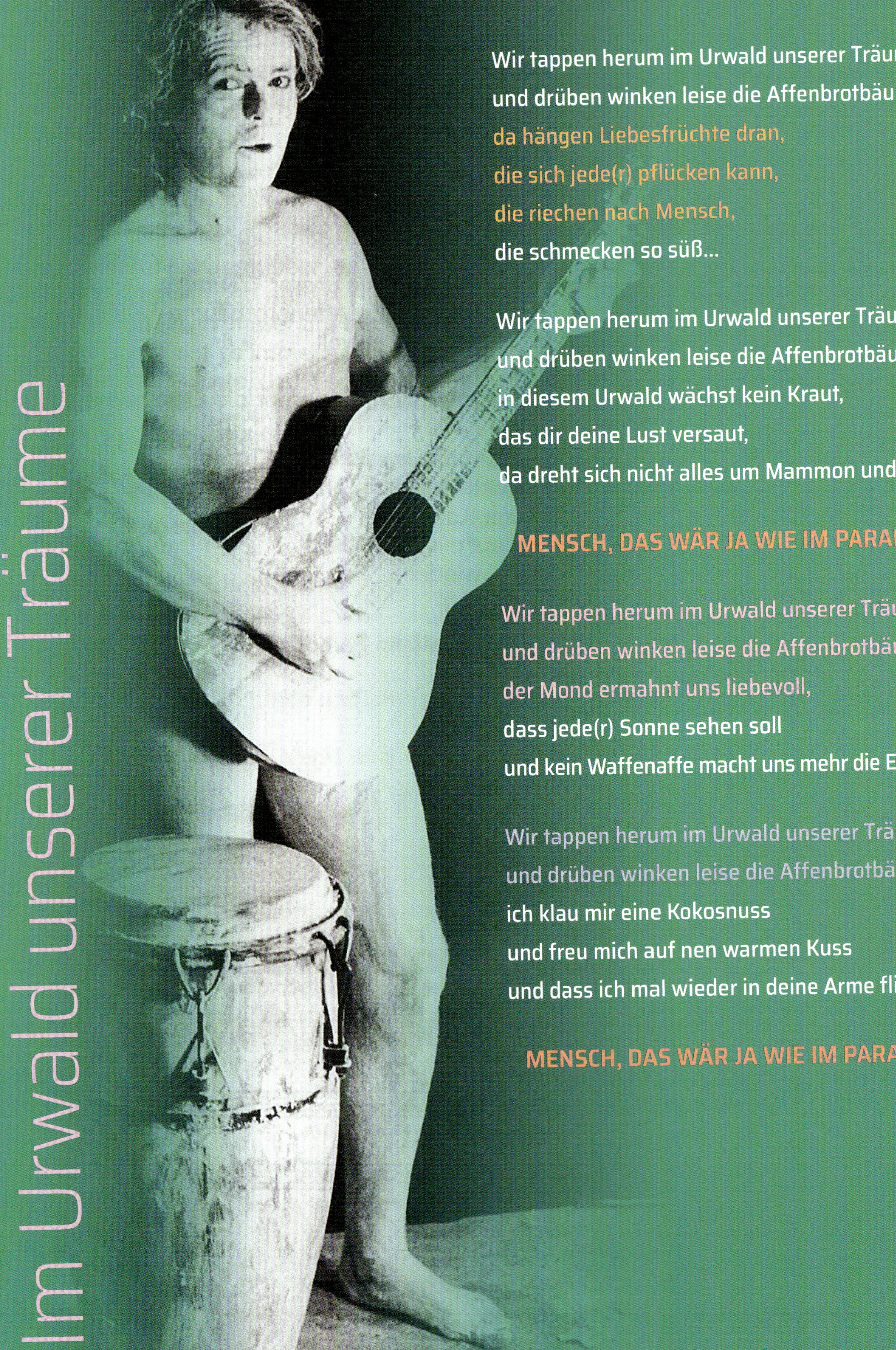

Im Urwald unserer Träume

Wir tappen herum im Urwald unserer Träume
und drüben winken leise die Affenbrotbäume,
da hängen Liebesfrüchte dran,
die sich jede(r) pflücken kann,
die riechen nach Mensch,
die schmecken so süß...

Wir tappen herum im Urwald unserer Träume
und drüben winken leise die Affenbrotbäume,
in diesem Urwald wächst kein Kraut,
das dir deine Lust versaut,
da dreht sich nicht alles um Mammon und Kies...

MENSCH, DAS WÄR JA WIE IM PARADIES!

Wir tappen herum im Urwald unserer Träume
und drüben winken leise die Affenbrotbäume,
der Mond ermahnt uns liebevoll,
dass jede(r) Sonne sehen soll
und kein Waffenaffe macht uns mehr die Erde mies...

Wir tappen herum im Urwald unserer Träume
und drüben winken leise die Affenbrotbäume,
ich klau mir eine Kokosnuss
und freu mich auf nen warmen Kuss
und dass ich mal wieder in deine Arme fließ...

MENSCH, DAS WÄR JA WIE IM PARADIES!

Im Urwald unserer Träume

TEXT UND MUSIK: PAGO BALKE

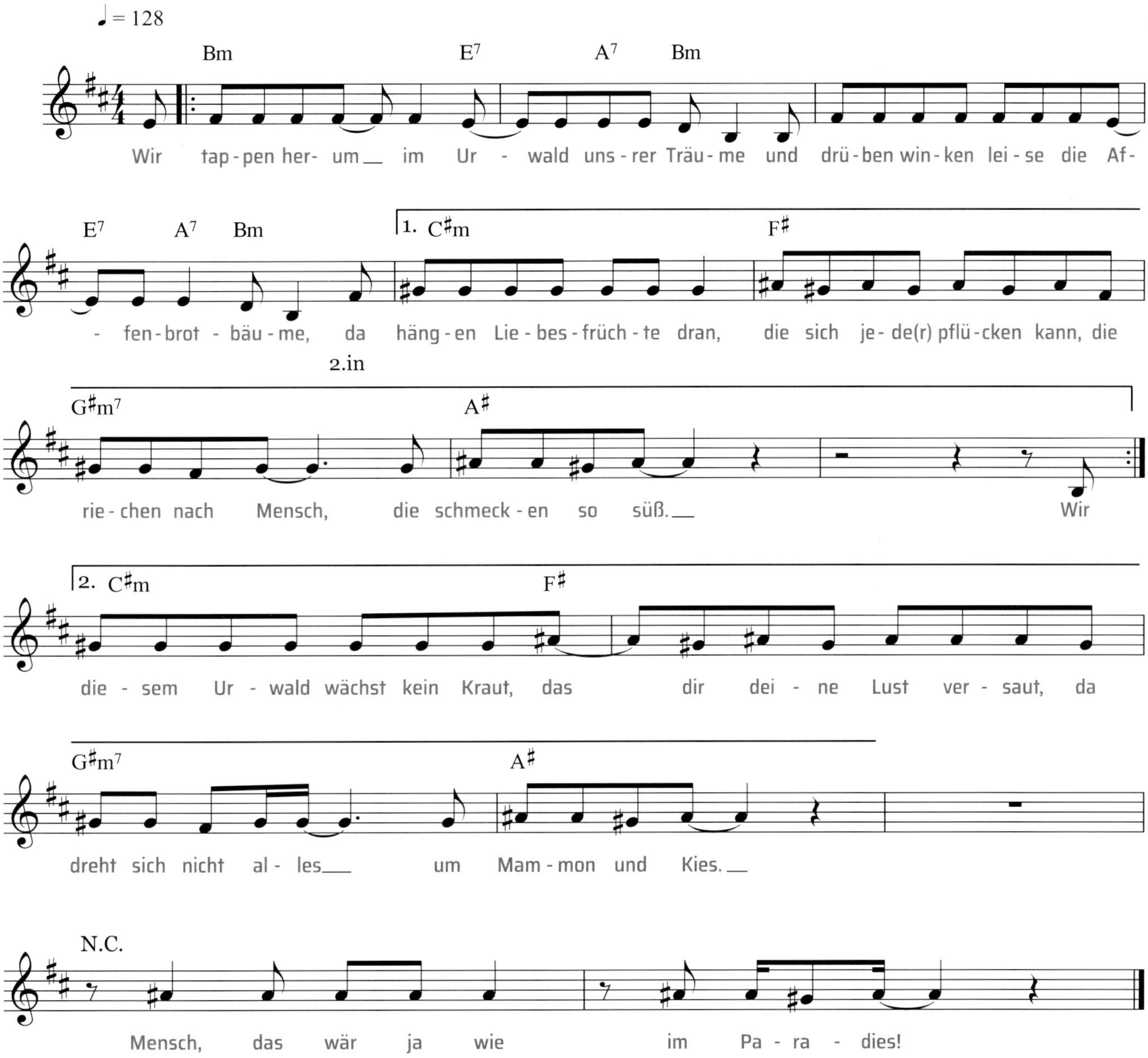

♩ = 128

Bm E7 A7 Bm

Wir tap-pen her- um__ im Ur - wald uns-rer Träu-me und drü-ben win-ken lei-se die Af-

E7 A7 Bm 1. C♯m F♯

- fen-brot - bäu-me, da häng-en Lie-bes-früch-te dran, die sich je-de(r) pflü-cken kann, die

2.in

G♯m7 A♯

rie-chen nach Mensch, die schmeck-en so süß.__ Wir

2. C♯m F♯

die - sem Ur - wald wächst kein Kraut, das dir dei - ne Lust ver - saut, da

G♯m7 A♯

dreht sich nicht al - les__ um Mam-mon und Kies.__

N.C.

Mensch, das wär ja wie im Pa - ra - dies!

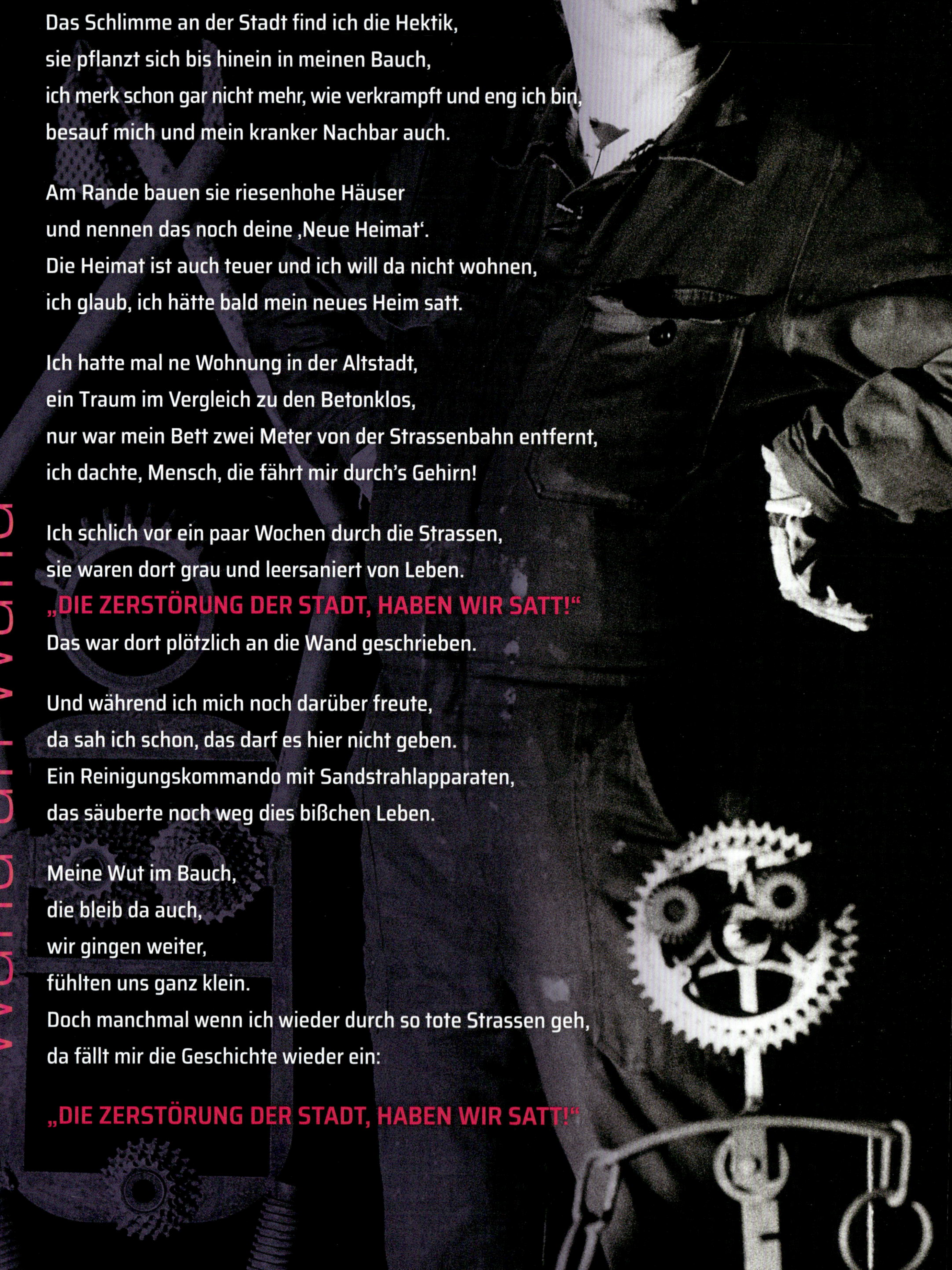

jeder hockt in seinem Karton.

Das Schlimme an der Stadt find ich die Hektik,
sie pflanzt sich bis hinein in meinen Bauch,
ich merk schon gar nicht mehr, wie verkrampft und eng ich bin,
besauf mich und mein kranker Nachbar auch.

Am Rande bauen sie riesenhohe Häuser
und nennen das noch deine ‚Neue Heimat'.
Die Heimat ist auch teuer und ich will da nicht wohnen,
ich glaub, ich hätte bald mein neues Heim satt.

Ich hatte mal ne Wohnung in der Altstadt,
ein Traum im Vergleich zu den Betonklos,
nur war mein Bett zwei Meter von der Strassenbahn entfernt,
ich dachte, Mensch, die fährt mir durch's Gehirn!

Ich schlich vor ein paar Wochen durch die Strassen,
sie waren dort grau und leersaniert von Leben.
„DIE ZERSTÖRUNG DER STADT, HABEN WIR SATT!"
Das war dort plötzlich an die Wand geschrieben.

Und während ich mich noch darüber freute,
da sah ich schon, das darf es hier nicht geben.
Ein Reinigungskommando mit Sandstrahlapparaten,
das säuberte noch weg dies bißchen Leben.

Meine Wut im Bauch,
die bleib da auch,
wir gingen weiter,
fühlten uns ganz klein.
Doch manchmal wenn ich wieder durch so tote Strassen geh,
da fällt mir die Geschichte wieder ein:

„DIE ZERSTÖRUNG DER STADT, HABEN WIR SATT!"

Wand an Wand

Wand an Wand

TEXT UND MUSIK: PAGO BALKE

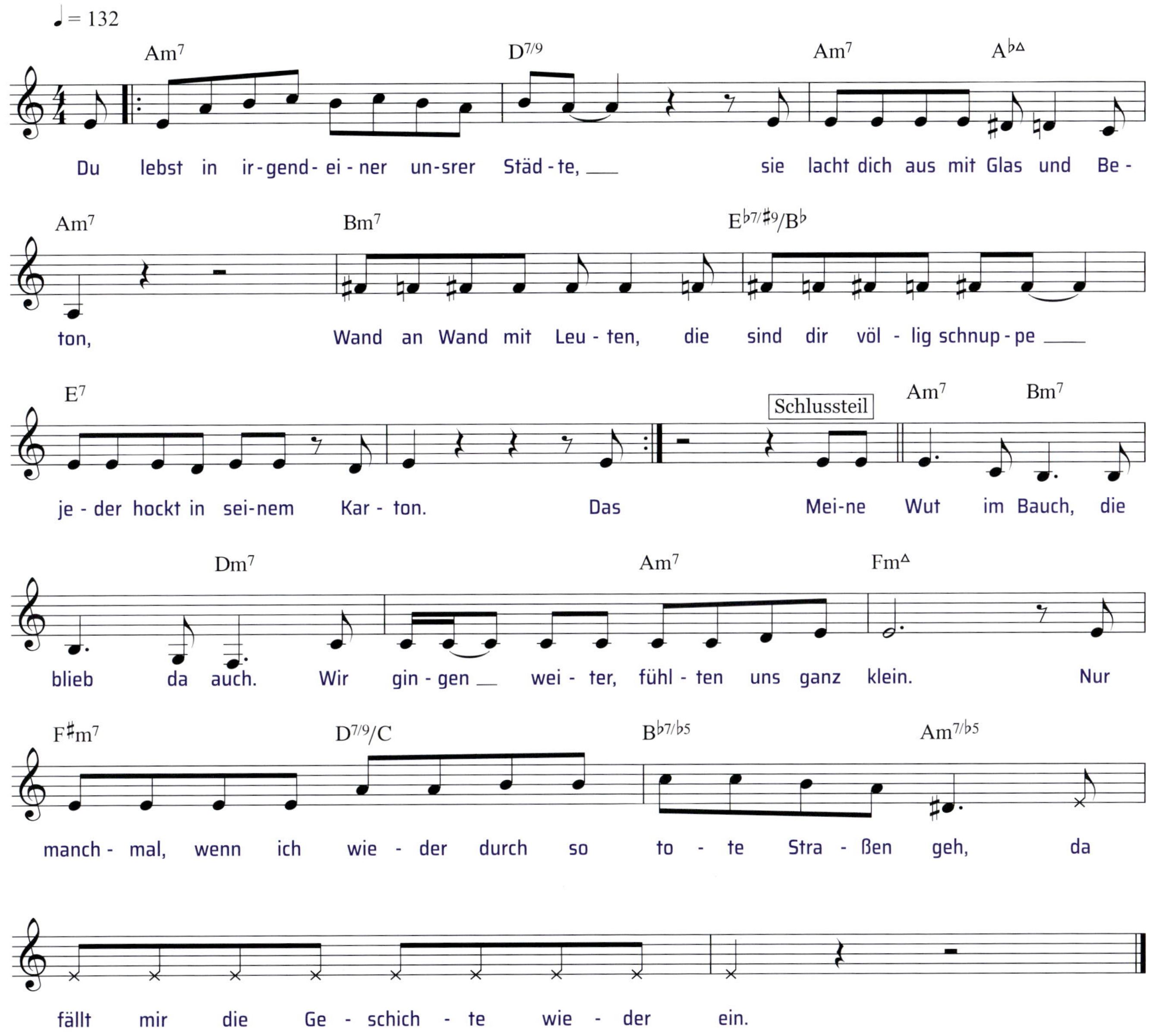

♩ = 132

Am7 D7/9 Am7 A♭Δ
Du lebst in ir-gend-ei-ner un-srer Städ-te, ___ sie lacht dich aus mit Glas und Be-

Am7 Bm7 E♭7/♯9/B♭
ton, Wand an Wand mit Leu-ten, die sind dir völ-lig schnup-pe ___

E7 Schlussteil Am7 Bm7
je-der hockt in sei-nem Kar-ton. Das Mei-ne Wut im Bauch, die

Dm7 Am7 FmΔ
blieb da auch. Wir gin-gen ___ wei-ter, fühl-ten uns ganz klein. Nur

F♯m7 D7/9/C B♭7/♭5 Am7/♭5
manch-mal, wenn ich wie-der durch so to-te Stra-ßen geh, da

fällt mir die Ge-schich-te wie-der ein.

abgestürzt

Ich fall aus allen Wolken,
in denen wir geschwommen sind
und wo jetzt Turbinen rasen,
wehte sonst nur dieser warme Wind.

Wir hatten uns so Stück für Stück
aufeinander zubewegt
und oft ist heiße Liebesluft
durch unseren Bauch gefegt.

Und dann denk ich:
Mensch vielleicht hab ich
dich zu sehr eingenommen
und das ist uns schlecht bekommen,
dass ich süchtig nach dir bin,
manchmal völlig weg und hin.

Denn du sagst zu mir:
du hör mal, ich brauch mal etwas Luft von dir.
Und du hast dich gleich noch mal verliebt
und das zerrt zu sehr an dir.

Das ist mir ganz schön durch den Magen
kreuz und quer gelaufen
und es fällt mir schwer, bei sowas nicht
meine Träume zu ersaufen.

Und dann denk ich:
Mensch vielleicht hab ich
dich zu sehr eingenommen
und das ist uns schlecht bekommen,
dass ich süchtig nach dir bin,
manchmal völlig weg und hin.

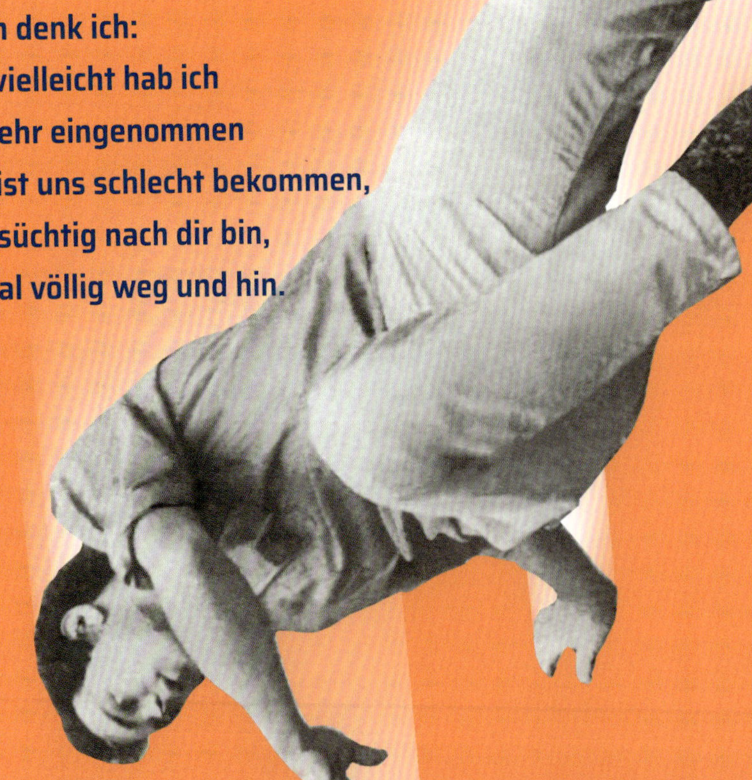

abgestürzt

TEXT UND MUSIK: PAGO BALKE

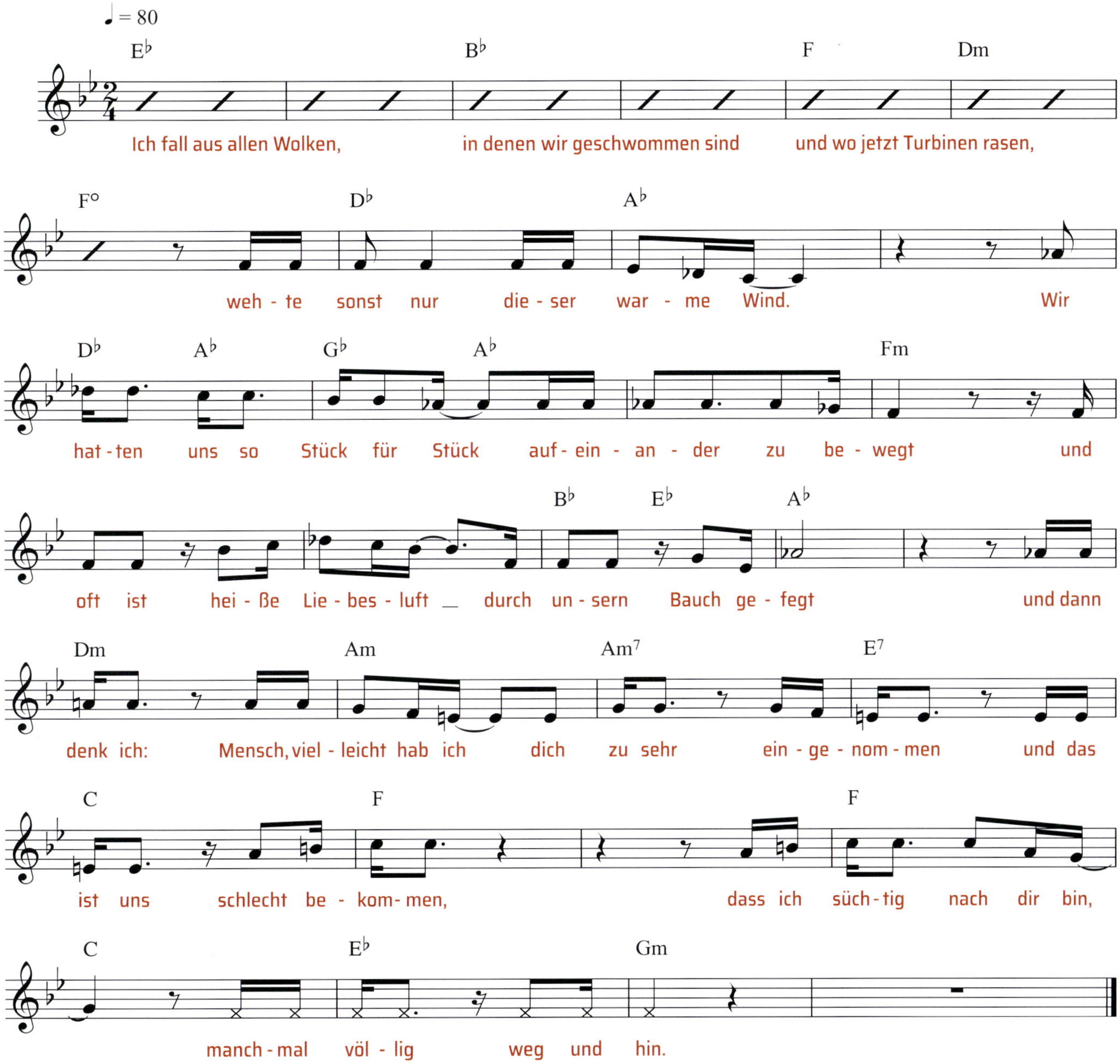

♩ = 80

E♭ B♭ F Dm

Ich fall aus allen Wolken, in denen wir geschwommen sind und wo jetzt Turbinen rasen,

F° D♭ A♭

weh - te sonst nur die - ser war - me Wind. Wir

D♭ A♭ G♭ A♭ Fm

hat - ten uns so Stück für Stück auf - ein - an - der zu be - wegt und

B♭ E♭ A♭

oft ist hei - ße Lie - bes - luft _ durch un - sern Bauch ge - fegt und dann

Dm Am Am7 E7

denk ich: Mensch, viel - leicht hab ich dich zu sehr ein - ge - nom - men und das

C F F

ist uns schlecht be - kom - men, dass ich süch - tig nach dir bin,

C E♭ Gm

manch - mal völ - lig weg und hin.

Der Verkneifer

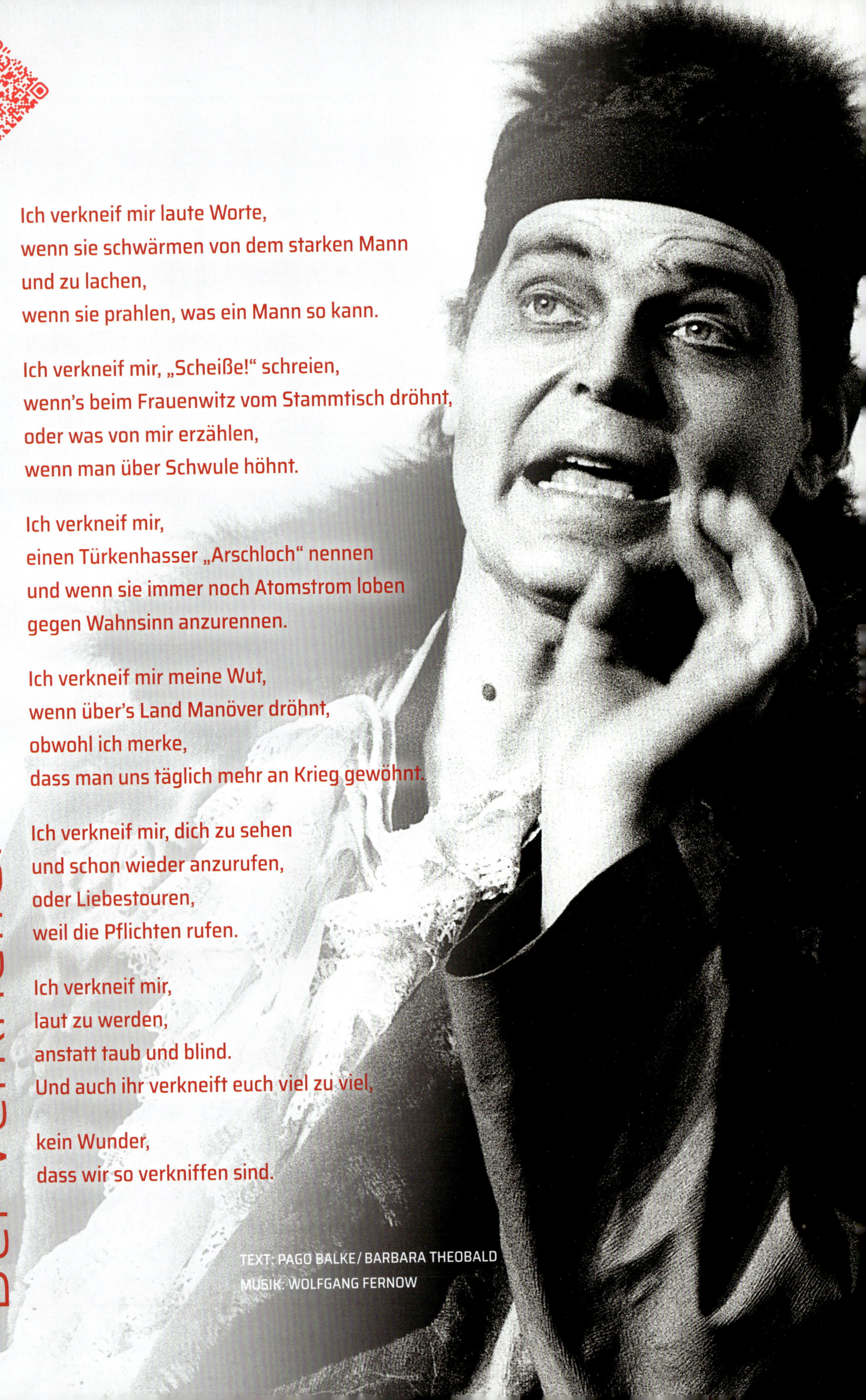

Ich verkneif mir laute Worte,
wenn sie schwärmen von dem starken Mann
und zu lachen,
wenn sie prahlen, was ein Mann so kann.

Ich verkneif mir, „Scheiße!“ schreien,
wenn's beim Frauenwitz vom Stammtisch dröhnt,
oder was von mir erzählen,
wenn man über Schwule höhnt.

Ich verkneif mir,
einen Türkenhasser „Arschloch“ nennen
und wenn sie immer noch Atomstrom loben
gegen Wahnsinn anzurennen.

Ich verkneif mir meine Wut,
wenn über's Land Manöver dröhnt,
obwohl ich merke,
dass man uns täglich mehr an Krieg gewöhnt.

Ich verkneif mir, dich zu sehen
und schon wieder anzurufen,
oder Liebestouren,
weil die Pflichten rufen.

Ich verkneif mir,
laut zu werden,
anstatt taub und blind.
Und auch ihr verkneift euch viel zu viel,

kein Wunder,
dass wir so verkniffen sind.

TEXT: PAGO BALKE / BARBARA THEOBALD
MUSIK: WOLFGANG FERNOW

Kein Versteck

Dieses Stück ist unter dem Eindruck der

Atom-Katastrophe

von Tschernobyl (Ukraine) entstanden. Für die Jüngeren: Das war vor Corona und vor dem Überfall Russlands auf die Ukraine.

Ich durfte meinen Zorn in Form dieses Liedes 1986 auf einer großen Demonstration auf dem Bremer Marktplatz kundtun. „Die Partei, die Partei hat immer Recht" ist ein Lied aus der sozialistischen Arbeiterbewegung und wurde noch 1986 auf dem Parteitag der SED gesungen.

Kein schöner Land in dieser Zeit,
der Duft der Welt, er ist versifft, verpufft, verpafft.
Die Seelen fehlen weit und breit,
Stadtluft macht frei
und das mit Blei.
Ein Mann sieht rot
aus Atemnot,
das ist der neue
Heldentod.

Der Wald steht schwarz und schweiget,
doch schau, er hängt ja schon am Tropf!
...und aus den Wiesen steiget
der weiße Riese wunderbar.
Komt der noch klar?
Natur wird rar,
stirbt Jahr für Jahr,
Unrat ist da
und rückt ganz nah!

Die Partei, die Partei hat immer recht,
dem Morgenrot entgegen, ihr Kampfgenossen a...
oh Heiland, reiß die Himmel auf!
Die Erde stöhnt, erstickt und stirbt.
Ihr Saubermänner kommt zuhauf
und schiebt ihn weg,
den ganzen Dreck!
Hat das noch Zweck?
Ein Leck, es brennt,
es brennt, ein Leck!

UND KEIN VERSTECK!
UND KEIN VERSTECK!

TEXT UND MUSIK: PAGO BALKE

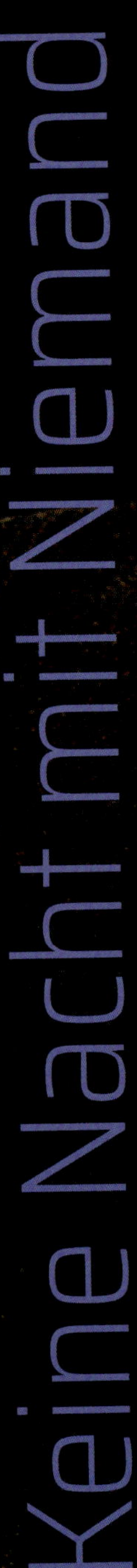

Keine Nacht mit Niemand

Die Natur schäumt über, es ist wieder Frühling,
Kreaturen wachen auf mit Paarungsfeeling,
doch ich wach immer auf ohne dich, my darling,
und du treibst es immerzu mit diesem Rohling!
(siehste, siehste, da isser schon wieder!)

ICH GUCK IN DIE RÖHRE UND BEISS INS GRAS
UND BIN SO SAUER WIE NUR IRGENDWAS!

Ich trag mein Elend vor mir her und denke: So'n Scheiß!
Ein teurer Freund berät mich und sagt: Das ist der Preis
für Freiheit in der Liebe und also auch in eurer!
Da finde ich, auf diesem Markt wird auch schon alles teurer!

ICH GUCK IN DIE RÖHRE UND BEISS INS GRAS
UND BIN SO SAUER WIE NUR IRGENDWAS!

Die Triebe triumphieren in dieser Zeit der Wonne,
nur ich dicker Brummer seh mal wieder keine Sonne.
Keine Nacht mit Niemand! Und das im Monat Mai!
Ich schicke dir aus Liebe per Post ein faules Ei.

ICH GUCK IN DIE RÖHRE UND BEISS INS GRAS
UND BIN SO SAUER WIE NUR IRGENDWAS!

Keine Nacht mit Niemand

TEXT UND MUSIK: PAGO BALKE

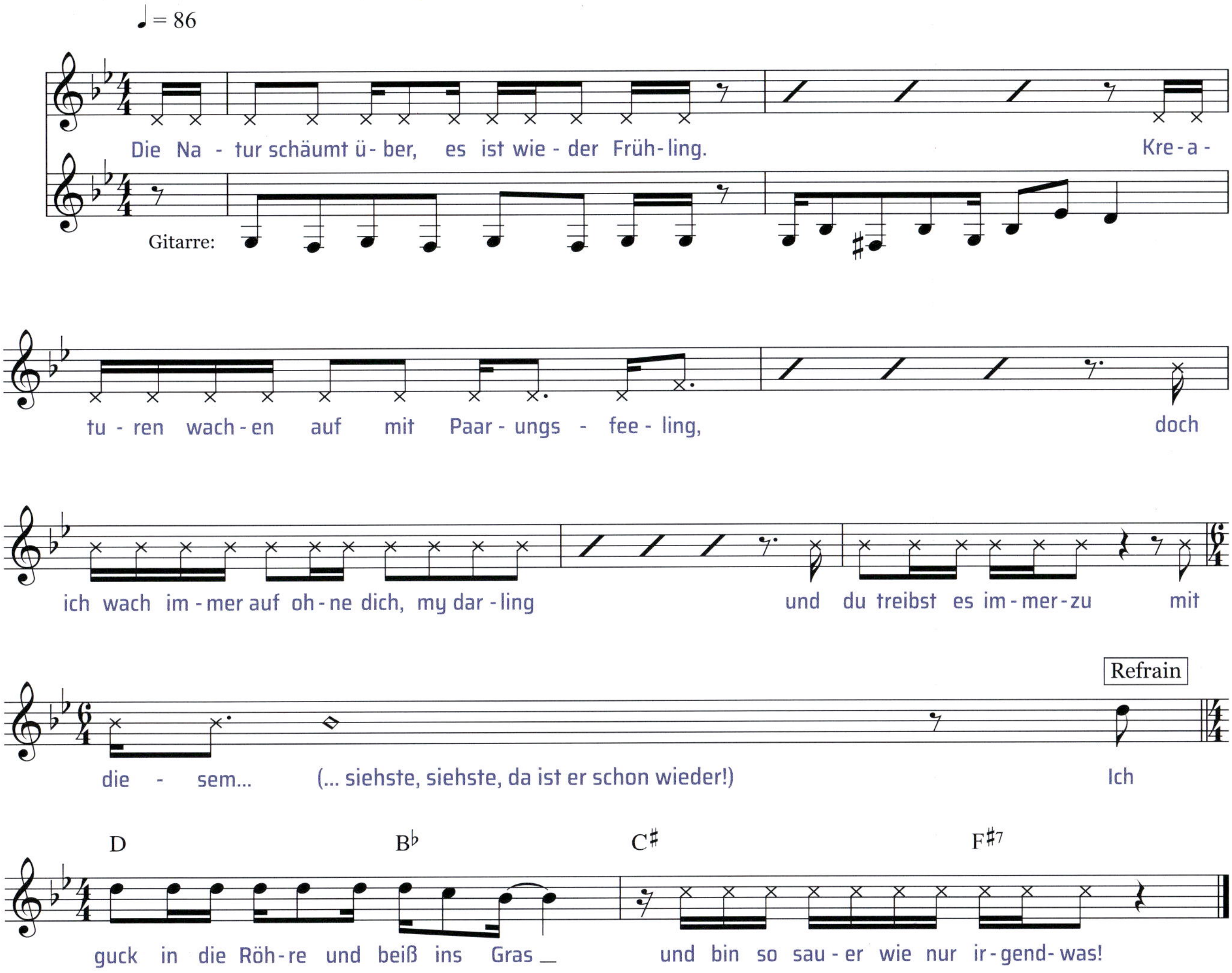

♩ = 86

Die Na - tur schäumt ü - ber, es ist wie - der Früh - ling. Kre - a -

Gitarre:

tu - ren wach - en auf mit Paar - ungs - fee - ling, doch

ich wach im - mer auf oh - ne dich, my dar - ling und du treibst es im - mer - zu mit

die - sem... (... siehste, siehste, da ist er schon wieder!) Ich

Refrain

D Bb C# F#7

guck in die Röh - re und beiß ins Gras _ und bin so sau - er wie nur ir - gend - was!

Fremde

TEXT UND MUSIK: PAGO BALKE

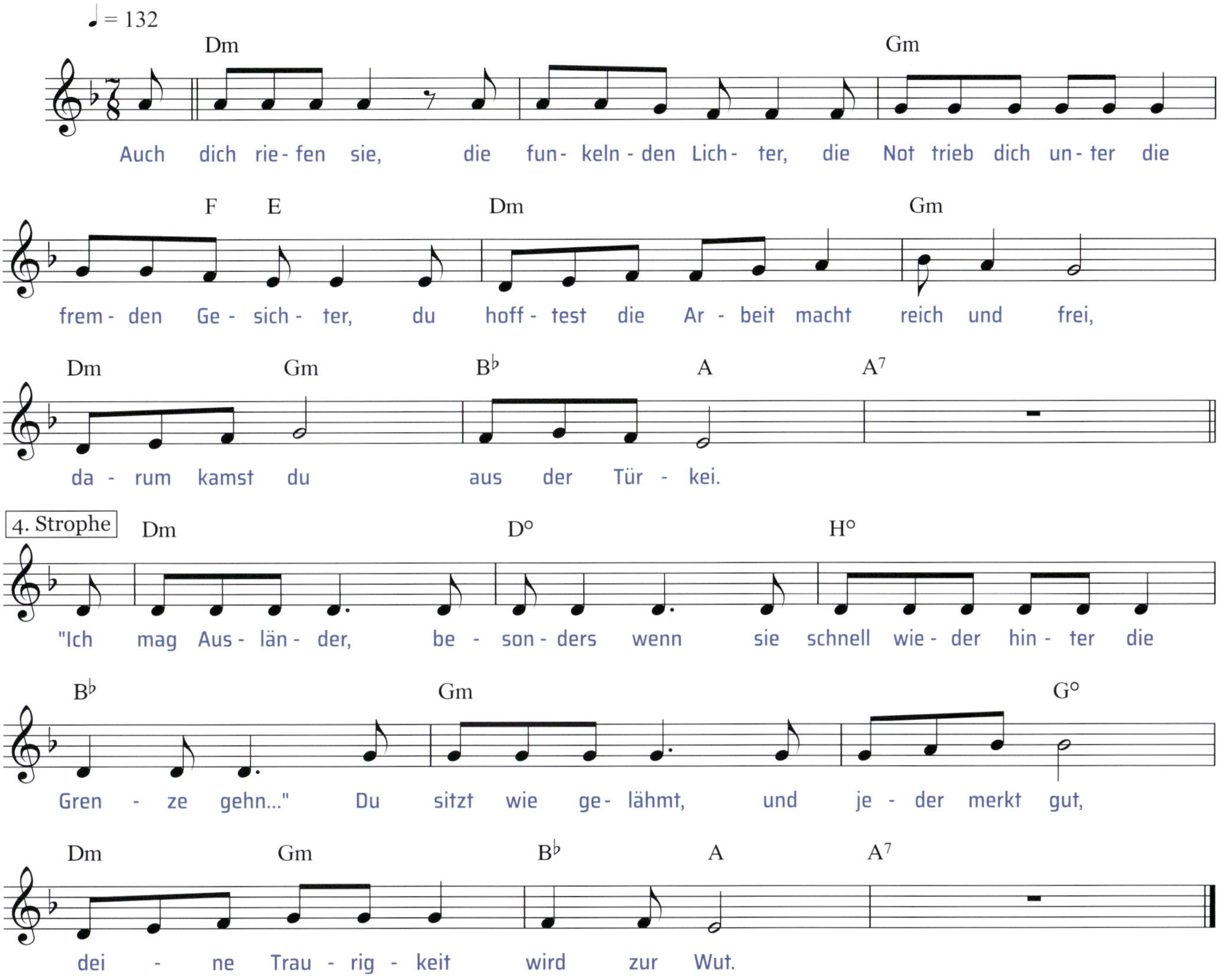

♩ = 132

Dm Gm
Auch dich rie- fen sie, die fun- keln - den Lich- ter, die Not trieb dich un- ter die

F E Dm Gm
frem- den Ge - sich - ter, du hoff - test die Ar - beit macht reich und frei,

Dm Gm B♭ A A7
da - rum kamst du aus der Tür - kei.

4. Strophe

Dm D° H°
"Ich mag Aus- län - der, be - son- ders wenn sie schnell wie- der hin - ter die

B♭ Gm G°
Gren - ze gehn..." Du sitzt wie ge- lähmt, und je - der merkt gut,

Dm Gm B♭ A A7
dei - ne Trau - rig - keit wird zur Wut.

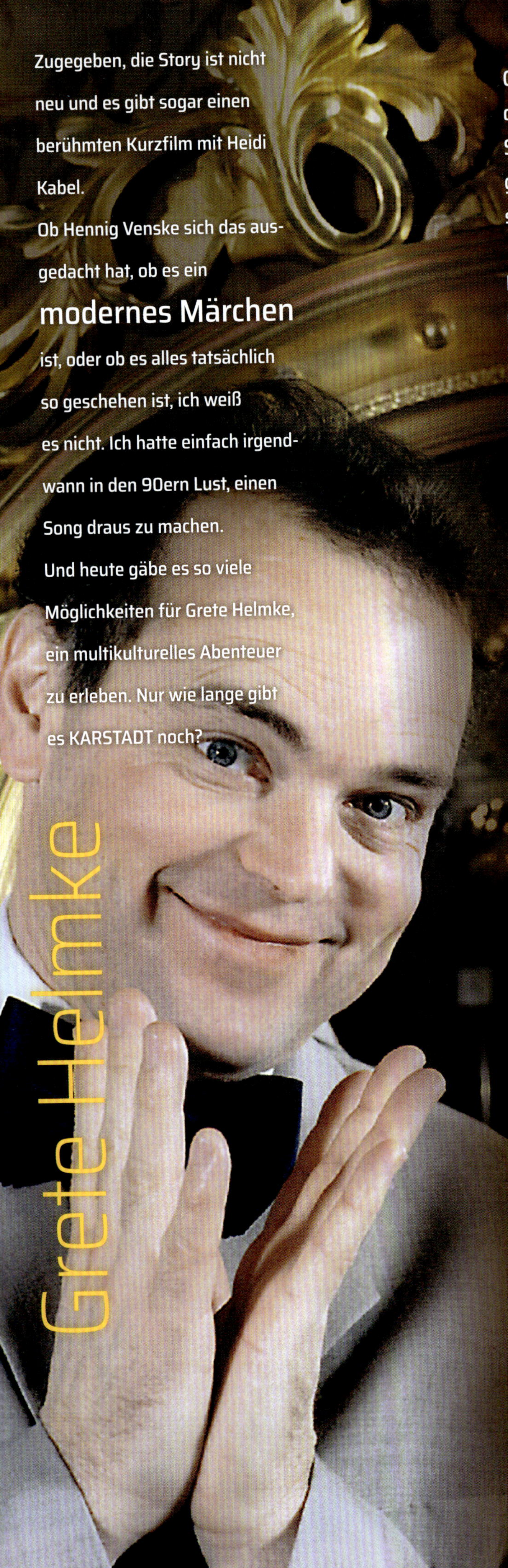

Zugegeben, die Story ist nicht neu und es gibt sogar einen berühmten Kurzfilm mit Heidi Kabel.
Ob Hennig Venske sich das ausgedacht hat, ob es ein **modernes Märchen** ist, oder ob es alles tatsächlich so geschehen ist, ich weiß es nicht. Ich hatte einfach irgendwann in den 90ern Lust, einen Song draus zu machen.
Und heute gäbe es so viele Möglichkeiten für Grete Helmke, ein multikulturelles Abenteuer zu erleben. Nur wie lange gibt es KARSTADT noch?

Grete Helmke

Grete Helmke kam selten in die Stadt,
obwohl sie gerne sah, was die Stadt zu bieten hat.
Seit ihr Mann gestorben war,
ging es ihr so gut wie nie,
so stürzte sie sich neulich in die Kaufhausszenerie.

Nach fünf Stunden Bummeln ist sie immer noch gut drauf
und sie rollt mit der Treppe zum 4. Stock hinauf.
Sie geht in ein Selbstbedienungslokal,
hängt die Tasche über'n Stuhl und verschnauft erst mal.

Dann nimmt sie wie die andern ein oranges Tablett
und stellt darauf Kartoffeln, Karotten und Kotelett.
Im Angebot ist Torte als Nachtisch zum Gedeck,
sie bezahlt, geht zum Platz und merkt: Es fehlt Besteck!

Also noch mal los und mit Besteck zurück,
da bleibt sie plötzlich stehen und es weitet sich ihr Blick:
Da sitzt ein Afrikaner am orangen Tablett
und macht sich gerade her über ihr Kotelett!

Grete stockt der Atem, doch sie setzt sich hin
und beginnt mit großer Vorsicht am Tablett zu ziehen.
Der Afrikaner lächelt, sie schauen sich lange an
und schließlich wagt sich Grete auch an das Essen ran.

Sie teilen die Kartoffeln, das Schnitzel und die Möhren.
Der Schwarze nickt ihr zu, doch lässt er sich nicht stören.
Beide sind sehr höflich und essen ohne Worte.
Grete wundert nichts mehr und sie teilen auch die Torte!

Er hat sogar Manieren, stellt sie für sich fest,
auch als der Schwarze aufsteht, grüßt und sie verlässt.
Grete sitzt alleine vor dem leeren Tablett.
Nur dass er nicht mal ‚Danke' sagt, findet sie nicht nett.

Sie schaut ihm etwas nach, da durchzittert sie ein Schreck:
Also doch der Schwarze! Die Handtasche ist weg!
Sie springt auf in heller Panik und hätt' schon fast geschrien,
da sieht sie etwas auf dem Nebentisch stehn:

Ihre Tasche hängt am Stuhl, auf dem Tisch steht ein Tablett mit
Torte und Kartoffeln, Karotten und Kotelett!

Grete Helmke

oder: Black and white together

TEXT UND MUSIK: PAGO BALKE, NACH EINEM ESSAY VON HENNING VENSKE

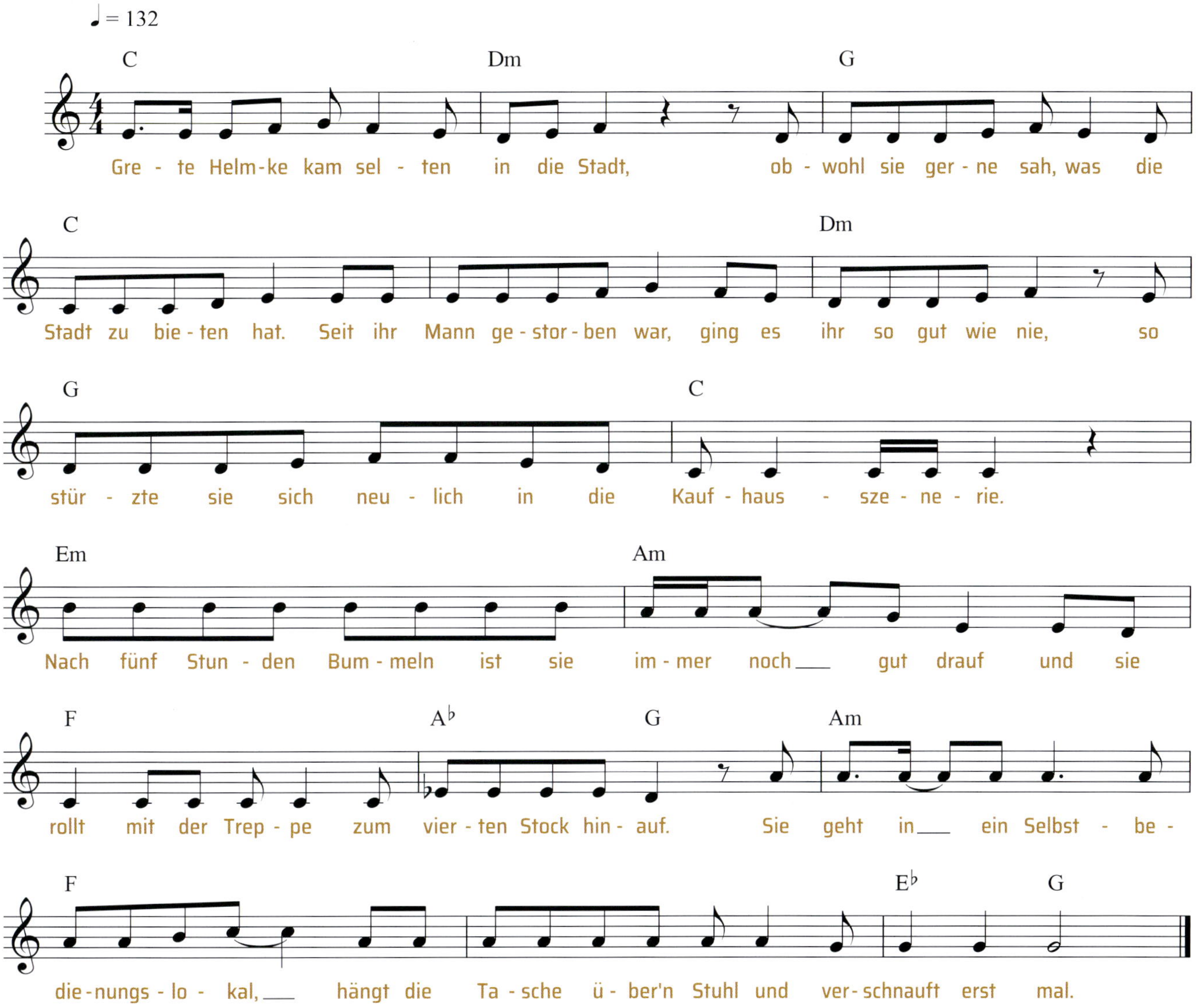

♩ = 132

C Dm G
Gre - te Helm-ke kam sel - ten in die Stadt, ob - wohl sie ger - ne sah, was die

C Dm
Stadt zu bie - ten hat. Seit ihr Mann ge - stor - ben war, ging es ihr so gut wie nie, so

G C
stür - zte sie sich neu - lich in die Kauf - haus - sze - ne - rie.

Em Am
Nach fünf Stun - den Bum - meln ist sie im - mer noch___ gut drauf und sie

F A♭ G Am
rollt mit der Trep - pe zum vier - ten Stock hin - auf. Sie geht in___ ein Selbst - be -

F E♭ G
die - nungs - lo - kal,___ hängt die Ta - sche ü - ber'n Stuhl und ver - schnauft erst mal.

Der Rammler

Was mir neulich doch passiert ist,
Peter, heißt er unser Hund,
der noch jung und schlecht dressiert ist
und er ist aus diesem Grund

schwer zu halten hier im Garten,
denn er ist ein Riesenvieh
und ich schlag ihn mit dem Spaten,
richtig helfen tut das nie.

Unser Zaun ist fast drei Meter
mit nem großen Schild: PRIVAT!
leider fand dann unser Peter
doch das Loch im Maschendraht.

Blutig, dreckig kam er wieder
- wir sind einiges gewöhnt,
trägt im Maul mit steifen Gliedern
Nachbar's Hasen preisgekrönt!

NACHBARN SIND SO GUT!
UND DENKE IMMER DRAN:
DEIN BESTER FREUND WOHNT NEBENAN!

Auch eine
echt wahre Geschichte
aus der Nachbarschaft in meinem kleinen Dorf. Die Akteure sind: Unser Hund Peter, ein Leonbergi-scher-Bulldoggen-Rottweiler. Also... ganz ordentlich! Seine Vorliebe ist buddeln, graben, bis zu einem Meter tief. Ich habe ihn jetzt im Team unserer dörflichen Friedhofsgärtner als Hilfskraft angemeldet. Nächster Akteur: Ein Kaninchen. Also mehr ein Kanin! Auch so'n Klopper: Ein Rammler, genannt: „Der weiße Prinz". Leider tot und begraben. Dann bin ich noch dabei und mein Nachbar, Schulzes Klaus, auch ein ganz schöner Kawenzmann!

Schulzes Rammler wurde Sieger
bei der Zuchtkaninchen-Schau
und er liebt den Kistentiger
sicher mehr als seine Frau.

Wenn der rauskriegt, dass mein Hündchen
seinen ‚Weißen Prinz' gekillt,
schlägt bestimmt mein letztes Stündchen,
denn bei sowas wird er wild!

Lieber Gott, jetzt hilf mir!
stöhn ich, sinke nieder, atme schwer,
Schulz ist nämlich Schützenkönig
und bedient gern sein Gewehr.

Um die Untat zu verschönen
dusche ich das dreckige Fell
und mit Waschen, Legen, Föhnen
wird es kuschelweich und hell!

NACHBARN SIND SO GUT!
UND DENKE IMMER DRAN:
DEIN BESTER FREUND WOHNT NEBENAN!

Unter'm Arm den steifen Hasen
durch den Zaun und dann zum Stall
robb' ich über Nachbar's Rasen
wie beim Nahkampfüberfall.

Dann leg ich die Leiche friedlich
in den Stall, verschließ das Tor.
So'n Kaninchen ist ja niedlich,
fehlt nur noch der Knopf im Ohr!

Reuevoll schleich ich nach haus,
warte auf das Strafgericht,
abends klingelt Schulzes Klaus:
„Sag mal, ich begreif das nicht:

Gestern musste ich begraben
meinen Rammler, preisgekrönt,
grad find ich im Stall den Knaben
frisch gewaschen und geföhnt!"

NACHBARN SIND SO GUT!
UND DENKE IMMER DRAN:
DEIN BESTER FREUND WOHNT NEBENAN!

Der Rammler

TEXT: PAGO BALKE, MUSIK: MEINRAD MÜHL/ PETER DAHM

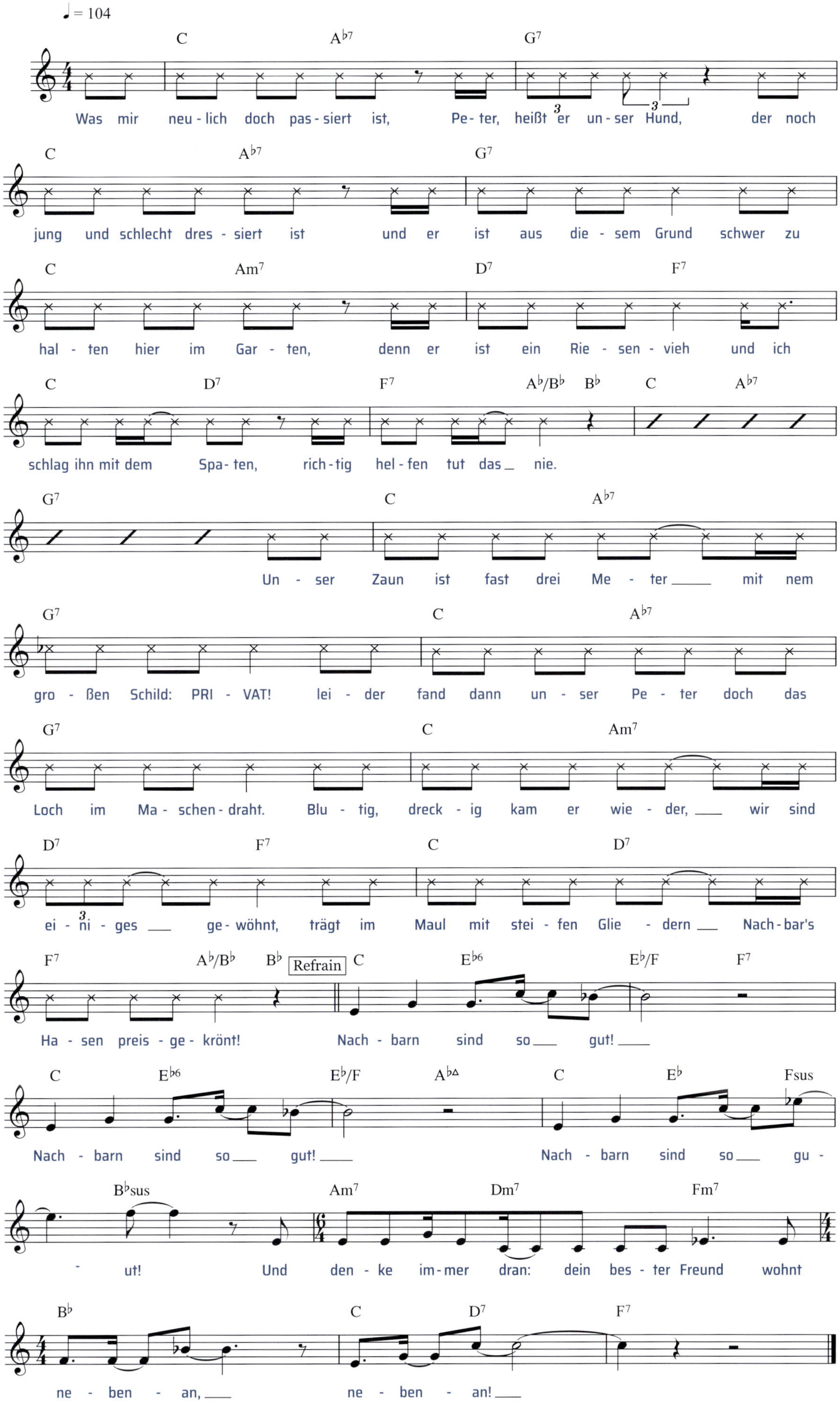

♩ = 104

C A♭7 G7
Was mir neu - lich doch pas - siert ist, Pe - ter, heißt er un - ser Hund, der noch

C A♭7 G7
jung und schlecht dres - siert ist und er ist aus die - sem Grund schwer zu

C Am7 D7 F7
hal - ten hier im Gar - ten, denn er ist ein Rie - sen - vieh und ich

C D7 F7 A♭/B♭ B♭ C A♭7
schlag ihn mit dem Spa - ten, rich - tig hel - fen tut das nie.

G7 C A♭7
Un - ser Zaun ist fast drei Me - ter mit nem

G7 C A♭7
gro - ßen Schild: PRI - VAT! lei - der fand dann un - ser Pe - ter doch das

G7 C Am7
Loch im Ma - schen - draht. Blu - tig, dreck - ig kam er wie - der, wir sind

D7 F7 C D7
ei - ni - ges ge - wöhnt, trägt im Maul mit stei - fen Glie - dern Nach - bar's

F7 A♭/B♭ B♭ **Refrain** C E♭6 E♭/F F7
Ha - sen preis - ge - krönt! Nach - barn sind so gut!

C E♭6 E♭/F A♭Δ C E♭ Fsus
Nach - barn sind so gut! Nach - barn sind so gu -

B♭sus Am7 Dm7 Fm7
- ut! Und den - ke im - mer dran: dein bes - ter Freund wohnt

B♭ C D7 F7
ne - ben - an, ne - ben - an!

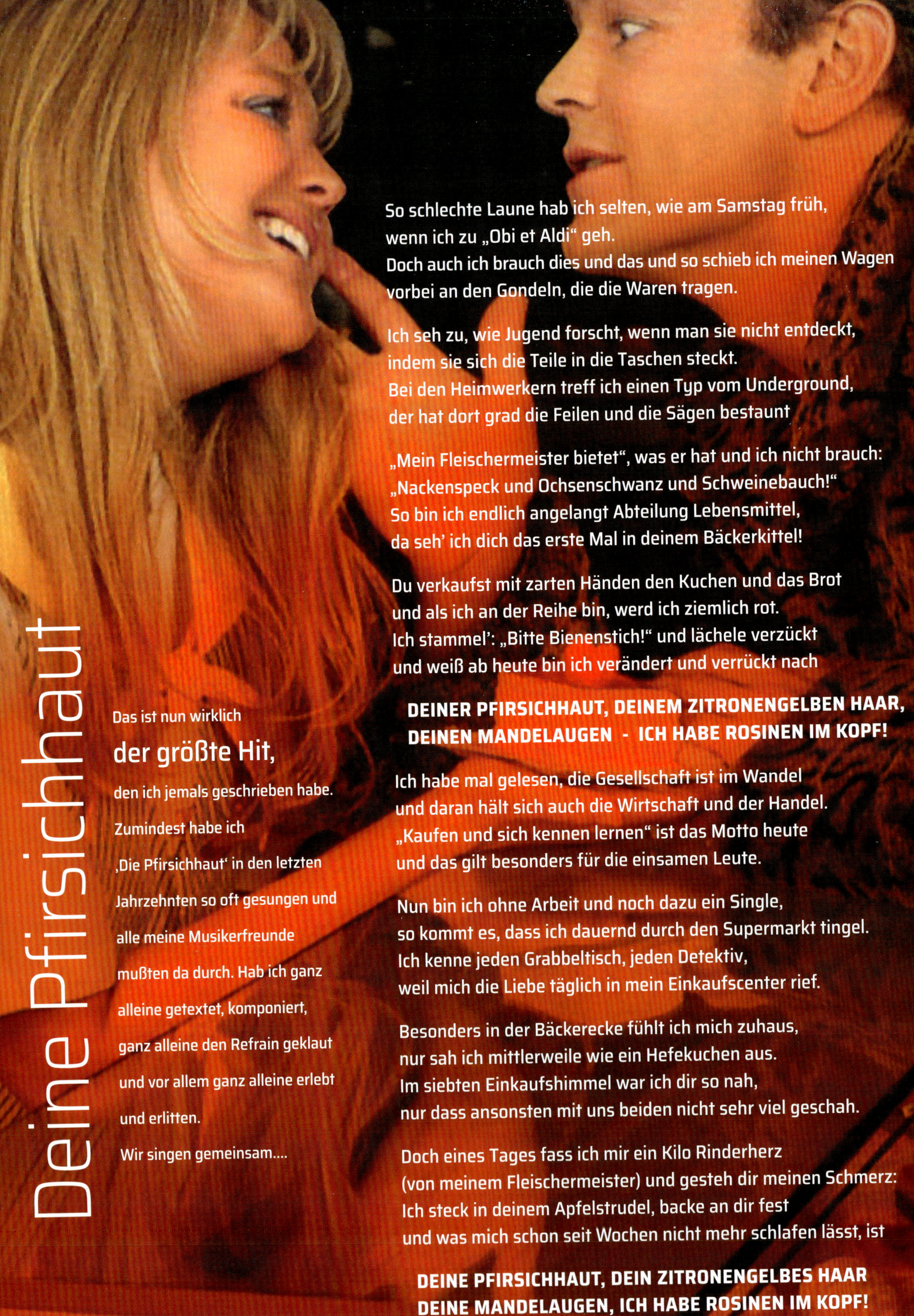

Deine Pfirsichhaut

Das ist nun wirklich
der größte Hit,
den ich jemals geschrieben habe. Zumindest habe ich ‚Die Pfirsichhaut' in den letzten Jahrzehnten so oft gesungen und alle meine Musikerfreunde mußten da durch. Hab ich ganz alleine getextet, komponiert, ganz alleine den Refrain geklaut und vor allem ganz alleine erlebt und erlitten.
Wir singen gemeinsam....

So schlechte Laune hab ich selten, wie am Samstag früh,
wenn ich zu „Obi et Aldi" geh.
Doch auch ich brauch dies und das und so schieb ich meinen Wagen
vorbei an den Gondeln, die die Waren tragen.

Ich seh zu, wie Jugend forscht, wenn man sie nicht entdeckt,
indem sie sich die Teile in die Taschen steckt.
Bei den Heimwerkern treff ich einen Typ vom Underground,
der hat dort grad die Feilen und die Sägen bestaunt

„Mein Fleischermeister bietet", was er hat und ich nicht brauch:
„Nackenspeck und Ochsenschwanz und Schweinebauch!"
So bin ich endlich angelangt Abteilung Lebensmittel,
da seh' ich dich das erste Mal in deinem Bäckerkittel!

Du verkaufst mit zarten Händen den Kuchen und das Brot
und als ich an der Reihe bin, werd ich ziemlich rot.
Ich stammel': „Bitte Bienenstich!" und lächele verzückt
und weiß ab heute bin ich verändert und verrückt nach

DEINER PFIRSICHHAUT, DEINEM ZITRONENGELBEN HAAR,
DEINEN MANDELAUGEN - ICH HABE ROSINEN IM KOPF!

Ich habe mal gelesen, die Gesellschaft ist im Wandel
und daran hält sich auch die Wirtschaft und der Handel.
„Kaufen und sich kennen lernen" ist das Motto heute
und das gilt besonders für die einsamen Leute.

Nun bin ich ohne Arbeit und noch dazu ein Single,
so kommt es, dass ich dauernd durch den Supermarkt tingel.
Ich kenne jeden Grabbeltisch, jeden Detektiv,
weil mich die Liebe täglich in mein Einkaufscenter rief.

Besonders in der Bäckerecke fühlt ich mich zuhaus,
nur sah ich mittlerweile wie ein Hefekuchen aus.
Im siebten Einkaufshimmel war ich dir so nah,
nur dass ansonsten mit uns beiden nicht sehr viel geschah.

Doch eines Tages fass ich mir ein Kilo Rinderherz
(von meinem Fleischermeister) und gesteh dir meinen Schmerz:
Ich steck in deinem Apfelstrudel, backe an dir fest
und was mich schon seit Wochen nicht mehr schlafen lässt, ist

DEINE PFIRSICHHAUT, DEIN ZITRONENGELBES HAAR
DEINE MANDELAUGEN, ICH HABE ROSINEN IM KOPF!

Deine Pfirsichhaut

TEXT UND MUSIK: PAGO BALKE, REFRAINTEXT: E. DIETZE

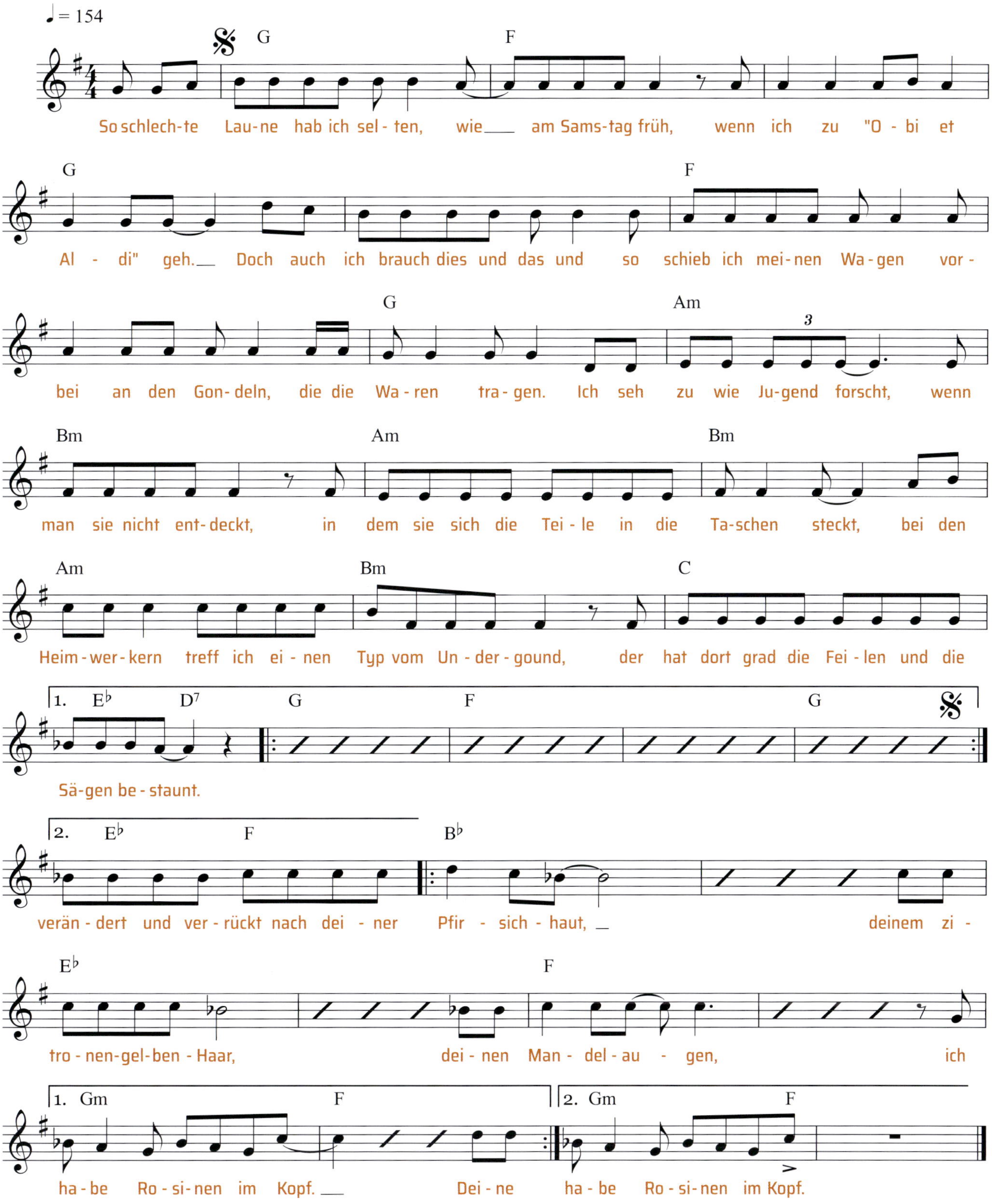

♩ = 154

G F
So schlech-te Lau-ne hab ich sel - ten, wie__ am Sams-tag früh, wenn ich zu "O - bi et

G F
Al - di" geh.__ Doch auch ich brauch dies und das und so schieb ich mei-nen Wa-gen vor -

G Am
bei an den Gon-deln, die die Wa - ren tra - gen. Ich seh zu wie Ju-gend forscht, wenn

Bm Am Bm
man sie nicht ent-deckt, in dem sie sich die Tei - le in die Ta-schen steckt, bei den

Am Bm C
Heim - wer - kern treff ich ei - nen Typ vom Un - der - gound, der hat dort grad die Fei - len und die

1. E♭ D7 G F G
Sä-gen be - staunt.

2. E♭ F B♭
ver-än - dert und ver - rückt nach dei - ner Pfir - sich - haut, __ deinem zi -

E♭ F
tro - nen-gel-ben - Haar, dei - nen Man - del - au - gen, ich

1. Gm F 2. Gm F
ha - be Ro - si - nen im Kopf. __ Dei - ne ha - be Ro - si - nen im Kopf.

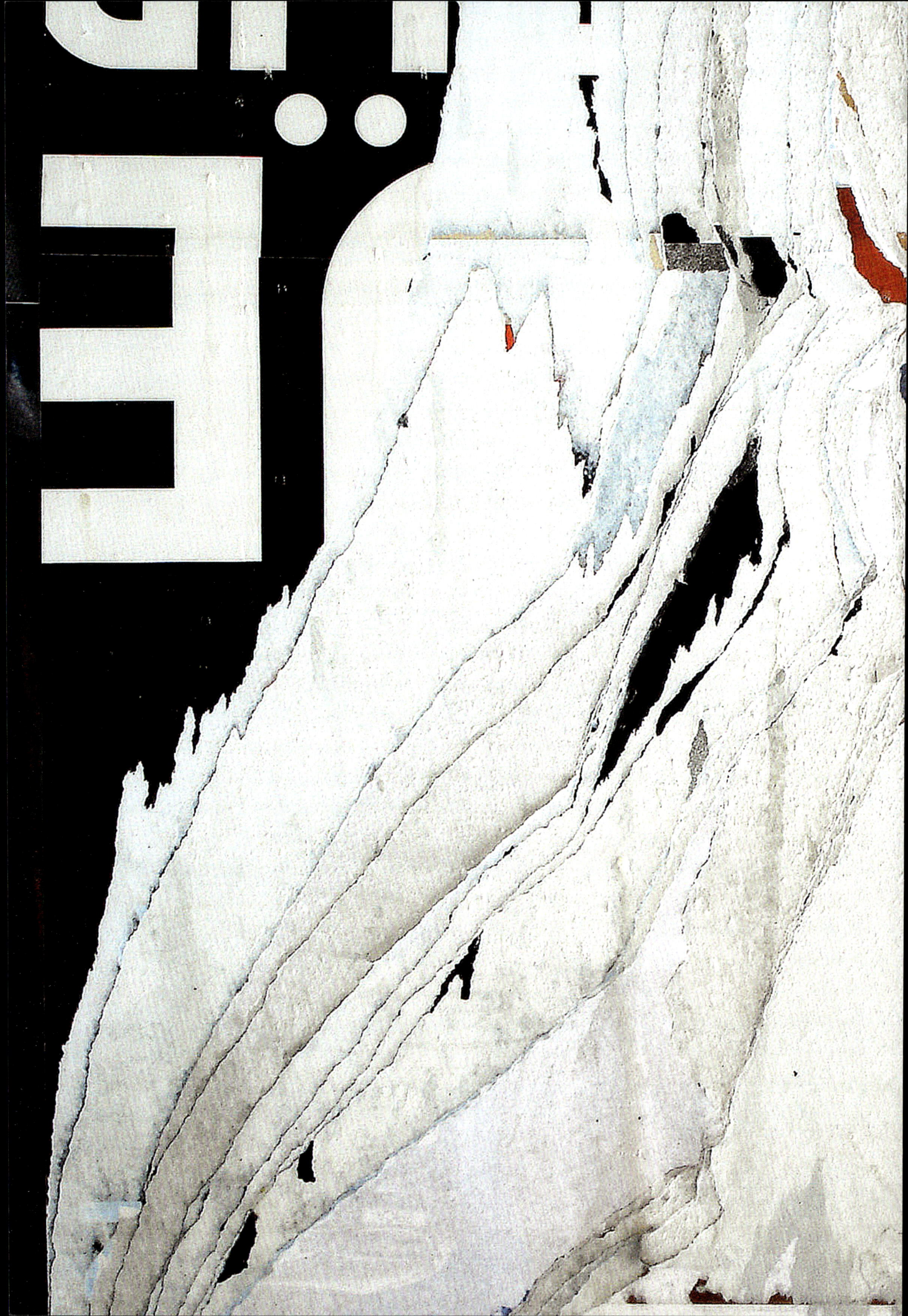

Heute: PAGO

Nachdem ich die große Filmwelt mit „**Verrückt nach Paris**“ und zwei weiteren Drehbüchern hinter mir gelassen hatte, zog es mich mit Macht wieder auf die Bühne.

Aus diesem Drang heraus entstand die „**Gnadenlose Heiterkeit**“, das Wilhelm-Busch-Programm mit dem Pianisten **Nicolai Thein**.
Danach widmete ich mich meinem weiteren großen Vorbild: **Georg Kreisler**. „**Wer braucht Humor?**“ nannten wir, der Pianist **Henning Schmiedt,** der Saxophonist **Peter Dahm** und ich unsere Adaption von Kreisler-Liedern.

Dann ward ich des Interpretierens müde und beschloss ein Programm mit eigenen Songs zu produzieren. Ebenfalls mit Henning und Peter: „**heute Pago**“.
Mit der daraus resultierenden CD: „**Waschbärs Winterreise**“.
Hier also eine Auswahl dieser Songs.

Das Reich der Mitte

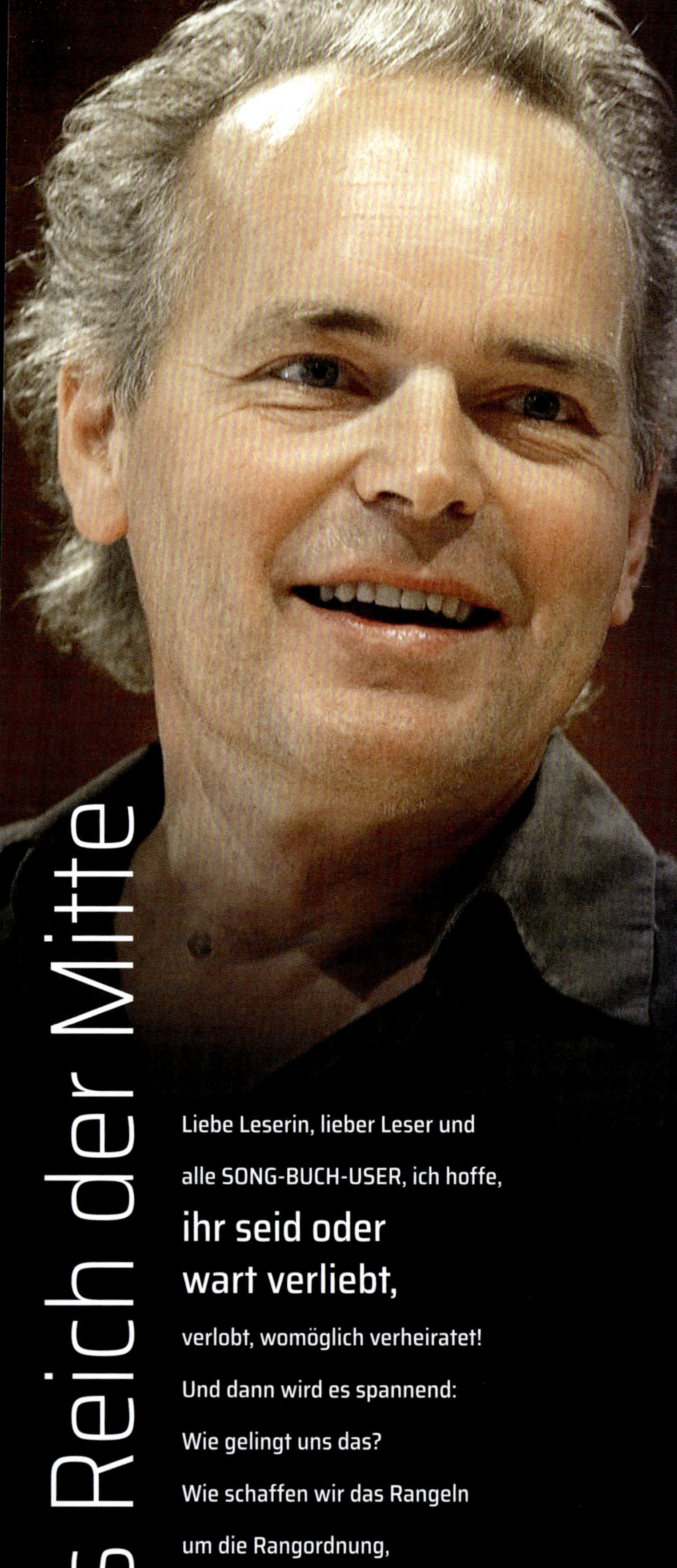

Liebe Leserin, lieber Leser und

alle SONG-BUCH-USER, ich hoffe,

ihr seid oder wart verliebt,

verlobt, womöglich verheiratet!

Und dann wird es spannend:

Wie gelingt uns das?

Wie schaffen wir das Rangeln

um die Rangordnung,

das Ziehen in der Beziehung,

das Ringen im Ehe-Ring?!

Ich möchte eine Lanze brechen

Es ist nicht so einfach zu singen,
wie man denkt von der Liebe.
Der Anfang ist traumhaft, doch schon
naht die Depression.
Wir schauen voll Schaudern
auf den finalen Kuss!
Doch schaut auch bitte auf die Mitte,
auf die lange weilende Zeit zwischen Anfang und Schluss

Es ist auch nicht schwierig zu singen
vom Ende der Liebe.
Man stirbt besser in Frieden
und wird nicht mit Schulden geschieden.
Wie schön ist der letzte,
der Herzen zerfetzende Blues!
Doch schaut auch bitte auf die Mitte,
auf die lange weilende Zeit zwischen Anfang und Schluss

Wie aufregend ist die erste Nacht!
Bei einem hat es sogar Zoom gemacht!
Wie bist du in mein Leben geknallt!
Und es war Sommer! – der Herbst kam bald.

In einem guten Film ist der Anfang furios,
man lässt die Liebenden aufeinander los,
dann sterben sie schließlich im dramatischen End,
bis auch der Letzte ins Popcorn flennt.

Es ist auch nicht einfach zu singen
vom Normalen der Liebe.
Vertrautheit und Nähe,
vielleicht sogar glückliche Ehe.
Daraus wird keine Story und auch keine sexy News!
Doch schaut auch bitte
auf die Mitte,
lasst sie uns genießen,
verleben, versüßen,
in Wonne zerfließen,
mit Champus begießen,
die kurze, kostbare Zeit zwischen Anfang und Schluss.

Das Reich der Mitte

TEXT: PAGO BALKE, MUSIK: HENNING SCHMIEDT

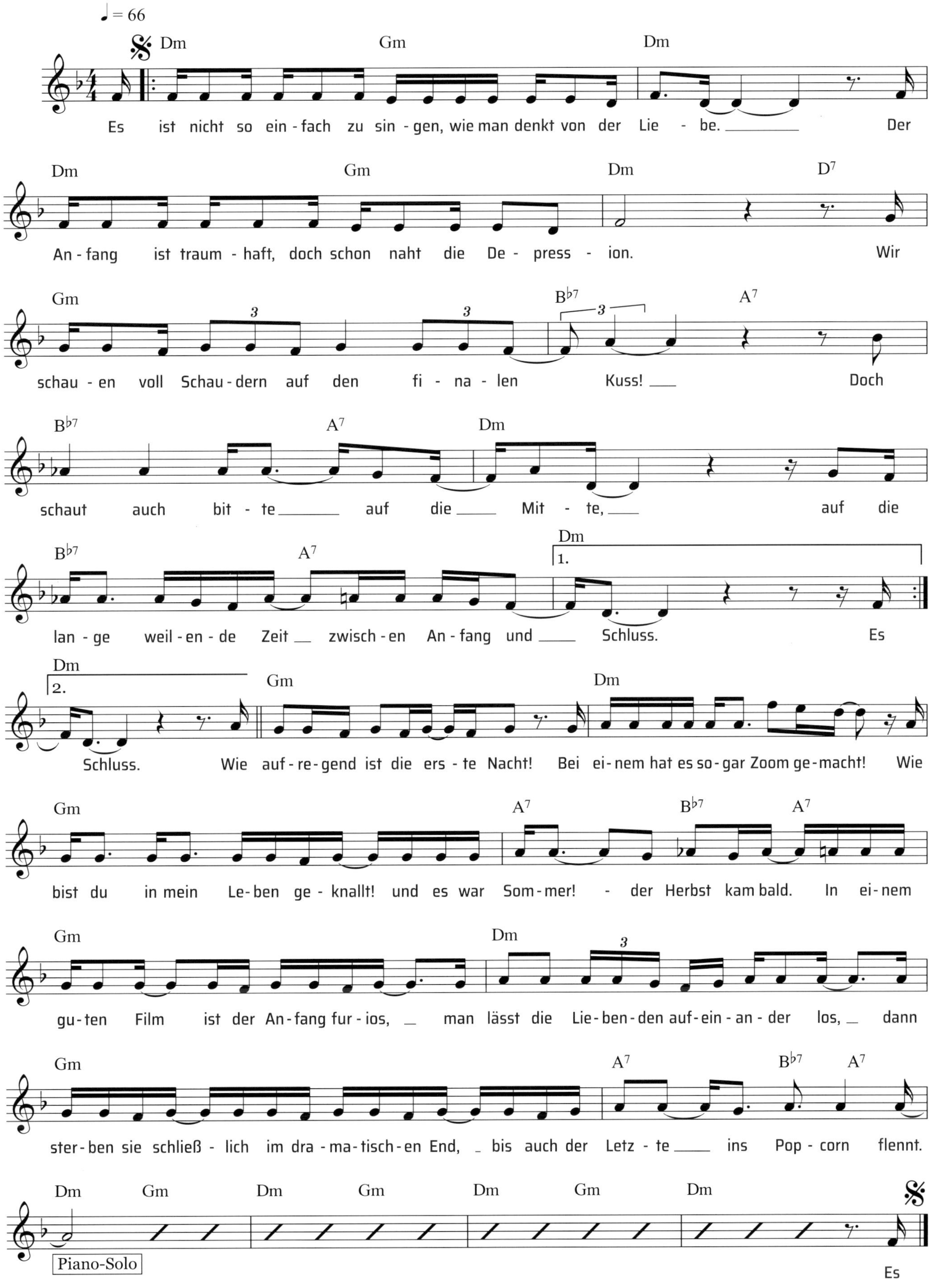

♩ = 66

Dm Gm Dm
Es ist nicht so ein - fach zu sin - gen, wie man denkt von der Lie - be. ___ Der

Dm Gm Dm D7
An - fang ist traum - haft, doch schon naht die De - press - ion. Wir

Gm B♭7 A7
schau - en voll Schau - dern auf den fi - na - len Kuss! __ Doch

B♭7 A7 Dm
schaut auch bit - te ___ auf die ___ Mit - te, ___ auf die

B♭7 A7 Dm (1.)
lan - ge weil - en - de Zeit __ zwisch - en An - fang und ___ Schluss. Es

Dm (2.) Gm Dm
Schluss. Wie auf - re - gend ist die ers - te Nacht! Bei ei - nem hat es so - gar Zoom ge - macht! Wie

Gm A7 B♭7 A7
bist du in mein Le - ben ge - knallt! und es war Som - mer! - der Herbst kam bald. In ei - nem

Gm Dm
gu - ten Film ist der An - fang fur - ios, _ man lässt die Lie - ben - den auf - ein - an - der los, _ dann

Gm A7 B♭7 A7
ster - ben sie schließ - lich im dra - ma - tisch - en End, _ bis auch der Letz - te ___ ins Pop - corn flennt.

Dm Gm Dm Gm Dm Gm Dm
Piano-Solo
Es

Wieder normal

Also, wir hatten damals 'ne Kasse für Sprüche
und bei einem Mackerspruch,
zahlst du fünf Mark, machst Dienst in der Küche
oder kriegst Liebesentzug.

Viel besser noch als das Bußgeldverfahren,
wir haben sogar diskutiert,
wie Männer und Frauen beschaffen waren
und wie man uns zivilisiert.

Und heut darf mann wieder Witze machen
über Weiber und blonde Frauen.
Schön unter'm Gürtel, desto mehr kannste lachen
und voll auf die Pauke hauen!

Die Männer prusten, die Frauen kreischen,
die Stimmung steigt phänomenal!
Im Kampf der Geschlechter hört man Gelächter
und alles ist wieder normal!

In einem modernen Beziehungssystem
ist der Mann zum Kochen zu cool,
von Mälzer und Biolek abgesehen,
doch die sind wahrscheinlich auch schwul.

Die Liebe ist schön, niemand soll sie vermiesen,
auch wenn sie ‚von Windeln verweht',
nur ist der Mann auf die Frau leider angewiesen,
weil nur sie was vom Haushalt versteht.

Mein Freund, der sagt ohne Prügel zu kriegen:
„Alles nur Hausfrauen-Geschwätz!"
Und ich fürchte, er muss immer oben liegen
nach altem Brauch und Gesetz.

Mann sagt ‚Schnuckiputzi' und ‚Schnuddelmaus',
nicht zuhause, nein, laut im Lokal!
Im Kampf der Geschlechter hört man Gelächter
und alles ist wieder normal!

Doch du sagst: Warum machst du den
Frauenversteher?
Ich kenn solche Männer nicht.
Frauen mit Power erleb ich schon eher
und sie tanzen die Kür statt der Pflicht.

Die paar Machos, denen der Kamm geschwollen,
über die lachen die laut und schrill
und heut leben alle in Rollen, wie sie wollen,
drum, bitte, sei endlich mal still!

Vielleicht hast du Recht und ich verkehre nur
schon zu lang in den falschen Kreisen.
Hier in der Szene herrscht andere Kultur,
da lässt sich der Fortschritt beweisen

Doch in Vorstands-Etagen und Männerclubs,
zwischen Spinten und Urinal,
da fährt man ganz gut als Frauen-Verächter,
ich bin kein Verfechter vom Kampf der
Geschlechter,
nur ist mir nicht alles egal!
Ich bin nun mal sentimental!
Ich hab doch gar keine Moral!
Kommt Männer, wir gehen ins Lokal!
Das Bier zahlst du heute mal!

Wieder normal

TEXT: PAGO BALKE, MUSIK: HENNING SCHMIEDT

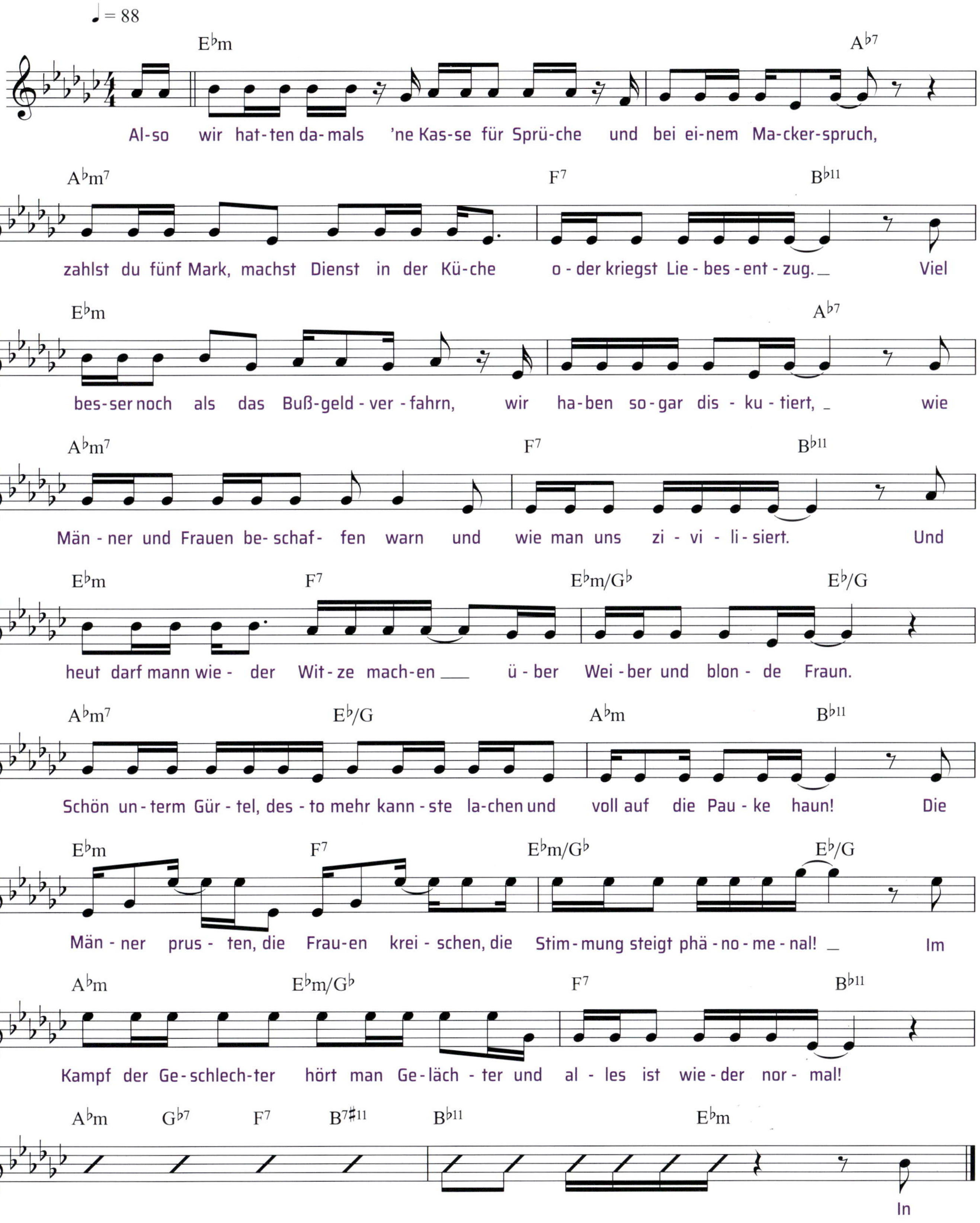

♩ = 88

E♭m — A♭7
Al-so wir hat-ten da-mals 'ne Kas-se für Sprü-che und bei ei-nem Ma-cker-spruch,

A♭m7 — F7 — B♭11
zahlst du fünf Mark, machst Dienst in der Kü-che o-der kriegst Lie-bes-ent-zug. _ Viel

E♭m — A♭7
bes-ser noch als das Buß-geld-ver-fahrn, wir ha-ben so-gar dis-ku-tiert, _ wie

A♭m7 — F7 — B♭11
Män-ner und Frauen be-schaf-fen warn und wie man uns zi-vi-li-siert. Und

E♭m — F7 — E♭m/G♭ — E♭/G
heut darf mann wie-der Wit-ze mach-en ___ ü-ber Wei-ber und blon-de Fraun.

A♭m7 — E♭/G — A♭m — B♭11
Schön un-term Gür-tel, des-to mehr kann-ste la-chen und voll auf die Pau-ke haun! Die

E♭m — F7 — E♭m/G♭ — E♭/G
Män-ner prus-ten, die Frau-en krei-schen, die Stim-mung steigt phä-no-me-nal! _ Im

A♭m — E♭m/G♭ — F7 — B♭11
Kampf der Ge-schlech-ter hört man Ge-läch-ter und al-les ist wie-der nor-mal!

A♭m — G♭7 — F7 — B7♯11 — B♭11 — E♭m
In

Waschbärs Winterreise

Ihr müßt jetzt emotional und visionär einen Sprung machen in einen frostigen November-Tag! Sowas gibt es ja trotz Klima-Wandel auch noch manchmal. Und euch dann noch einfühlen in die

Welt der Tiere!

Nein, es geht diesmal nicht um unsere Lieblinge, unsere Ciao-Ciao-Pinscher, Lappenspitz-Colli, Bullldoggen-Beagle, Chiwawa-Spaniel oder Pudel-Husky, nein, es geht um unseren armen, liebeskranken Waschbären! Denn wir begeben uns nun auf eine Reise von Ost nach West. Und zwar von Goldenbaum bei Müritz-Strelitz, über Wendisch Priborn, Karrenzin, Garlitz und Groß Larsch und dann über Harsfeld, Apensen, Kuhstedt, Bremervörde bis zum kleinen Örtchen Örel an der Örtze. Die wahre Geschichte von Waschbärs Winterreise:

Es war erst grad November,
für die Jahreszeit zu kalt.
Da zog ein junger Waschbär
durch den verschneiten Wald.

Er war noch immer ‚ranzig',
so nennen es die Jäger,
voll Sehnsucht und Verlangen,
der arme Waschpelzträger.

Stets westwärts trugen die Pfoten,
die Liebe zog ihn fort.
Dreihundert Kilometer:
Waschbär-Weltrekord.

Nun merkt er erst, wie müd er ist
und friert zum Gott erbarm,
er seufzt: „Wann halte ich endlich
mein Liebchen fest im Arm?"

Doch zieht er seine Straße
dahin mit trägem Fuß,
da schimmert plötzlich aus dem Schnee
ein süßer Schokokuss.

Ein Jäger hat ihn ausgelegt,
die Feder spannt die Kralle,
der Waschbär nascht, da schnappt sie zu!
Die böse Marderfalle!

Die Liebe liebt das Wandern,
Gott hat sie so gemacht!
So sing ich für den Waschbären:
„Ruh sanft und Gute Nacht!"

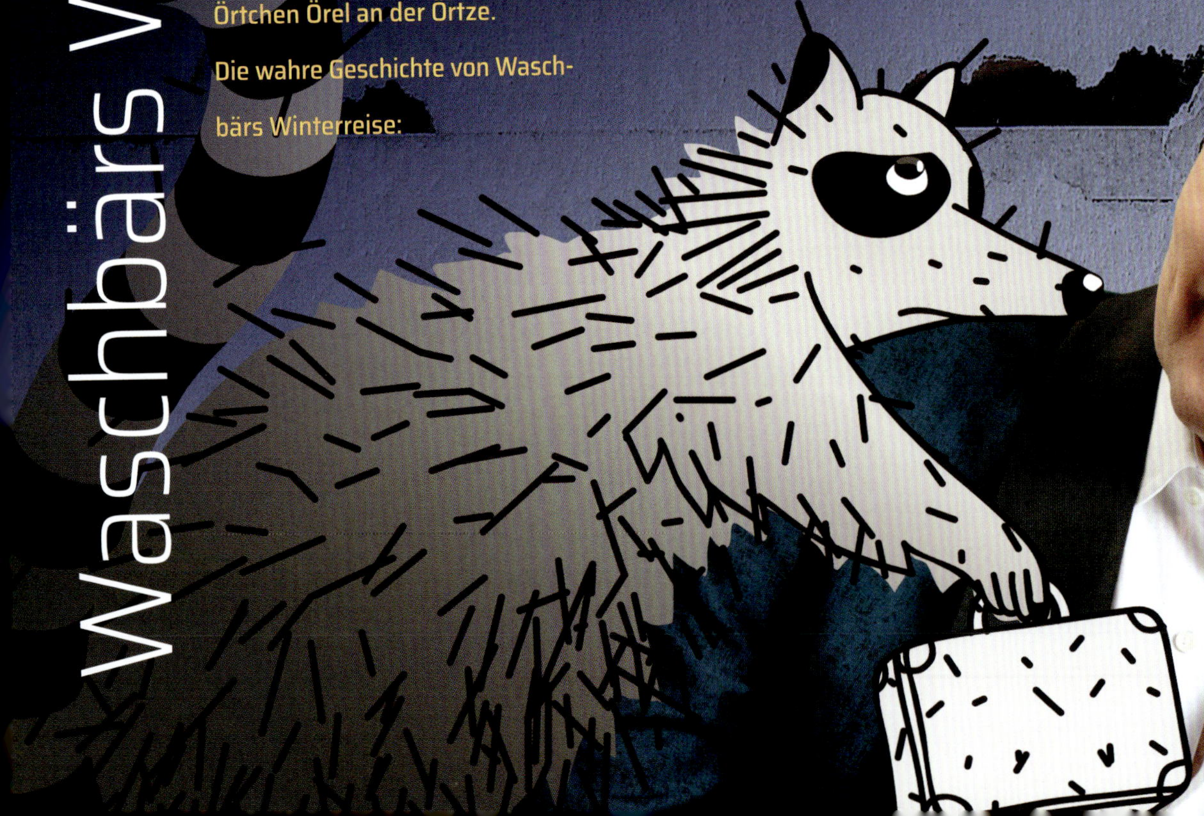

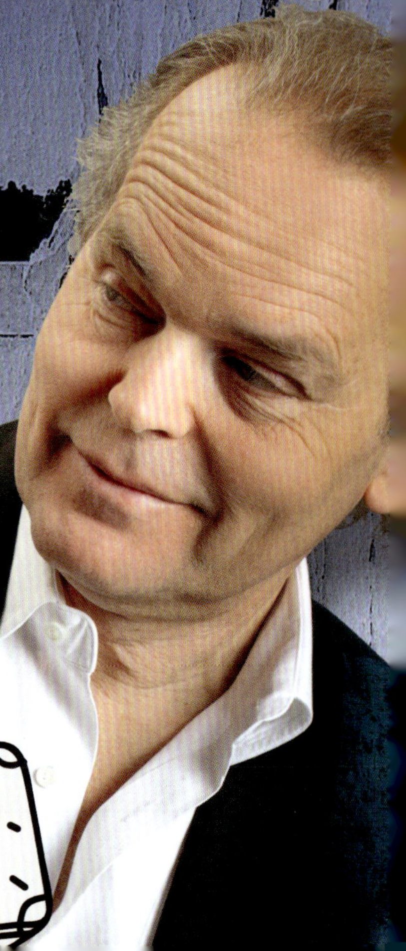

Waschbärs Winterreise

TEXT: PAGO BALKE, MUSIK: HENNING SCHMIEDT

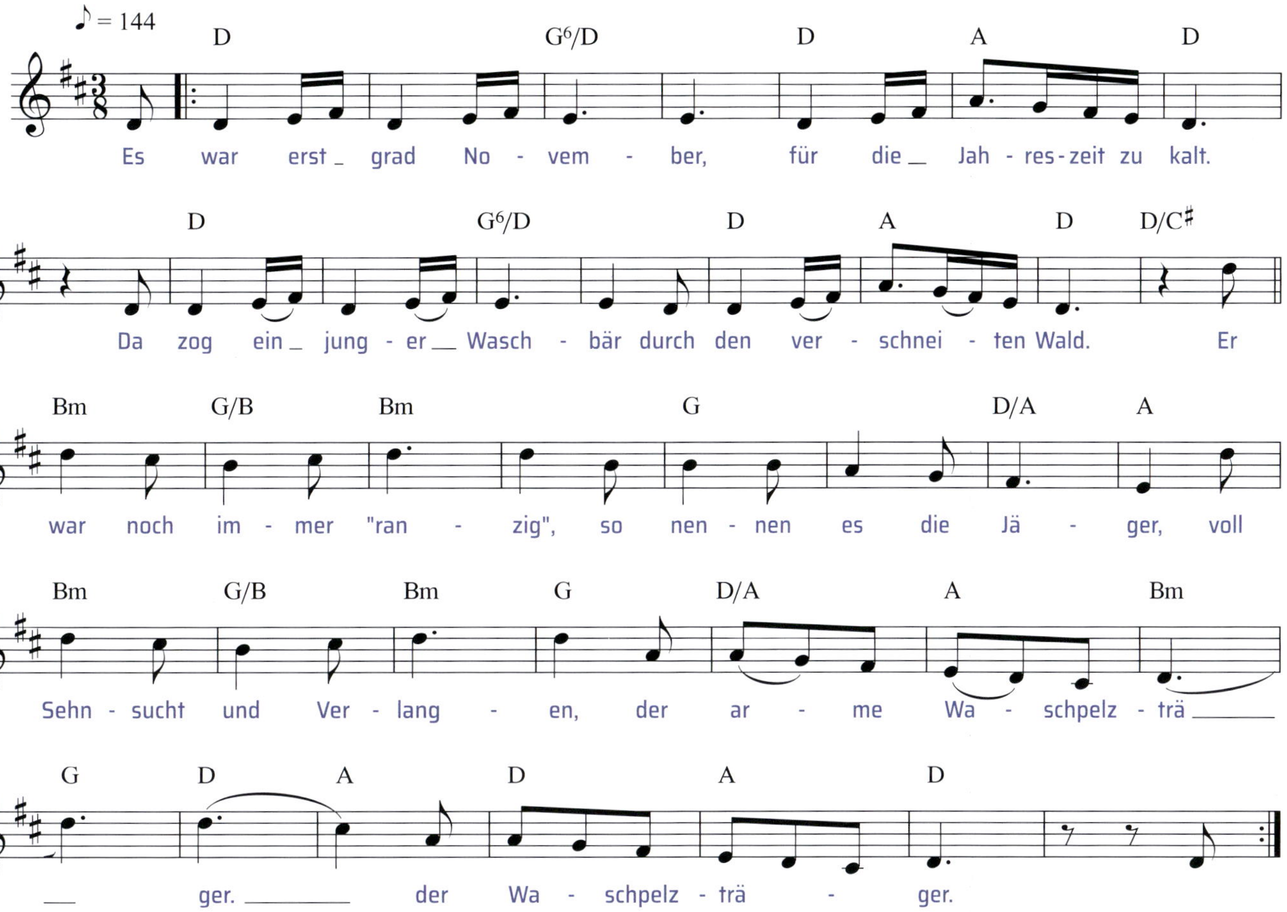

♪ = 144

D G⁶/D D A D
Es war erst _ grad No - vem - ber, für die _ Jah - res - zeit zu kalt.

D G⁶/D D A D D/C♯
Da zog ein _ jung - er _ Wasch - bär durch den ver - schnei - ten Wald. Er

Bm G/B Bm G D/A A
war noch im - mer "ran - zig", so nen - nen es die Jä - ger, voll

Bm G/B Bm G D/A A Bm
Sehn - sucht und Ver - lang - en, der ar - me Wa - schpelz - trä ___

G D A D A D
___ ger. ___ der Wa - schpelz - trä - ger.

Die bittere Wicklerin

Der Text ist auf Grundlage eines Essays von Elias Canetti entstanden.
(Elias Canetti, Der Ohrenzeuge, Fünfzig Charaktere, S. Fischer Verlag)

An ihrem Knäuel trägt sie so schwer,
doch lässt sie es niemals los.
Sie trägt es schon immer vor sich her,
das Knäuel ist riesengroß.

Sie hat alles Bittere eingenäht,
gewickelt, verwoben, verschnürt.
Es ist mehr ein Schatz als ein schweres Paket,
weil sie nur mit dem Knäuel sich spürt.

Wenn andere Leute zu ihr mitleidig sind,
zieht sie die Lippen sehr dünn:
„Passt auf!", sagt die bittere Wicklerin,
„euer Grinsen ist auch bald dahin!"

Dann drückt sie ihr Knäuel fest an die Brust
und wiegt es still vor sich hin.
Sie kennt nur den Schmerz als einzige Lust,
die bittere Wicklerin.

„Wie kann man heut noch ein Kind austragen?
Die Welt ist ein Pulverturm!
Mit Krankheiten werden die Blagen geschlagen
und dann stirbt er, der arme Wurm!

Nur ein Mal hab ich was mit 'nem Mann gehabt,
der Sex ist schmutzig und feucht.
Später hab ich ihn mit 'ner anderen geschnappt,
das hat mir die Liebe verseucht!"

Doch das wickelt sie alles stumm wie zum Trotz
in ihr Knäuel, da ist alles drin!
Es ist mehr ein Schatz als ein schwerer Klotz
für die bittere Wicklerin.

TEXT: PAGO BALKE
MUSIK: HENNING SCHMIEDT

Hinterm Horizont

Dieses Lied ist von einer

Reise nach Indien

beeinflußt, die ich 2005 mit meinen drei Geschwistern unternahm.
Wir hatten viele Begegnungen in den großen Städten, aber auch im indischen Teil des Himalaya, wo wir eine mehrwöchige Wanderung unternehmen konnten.

Dort in dem Land hinter'm Horizont,
die Hütten aus Blech und Papier,
notdürftig und hastig,
ein Flickwerk aus Plastik
wie ein riesiges Stadtgeschwür.

Mit Blasen und Schorf überzieht es die Knochen
der Metropole, die fiebert und tickt.
Dazwischen wie Gräten
ein Netz aus Drähten
von verwirrten Spinnen gestrickt.

Dort in dem Land hinter'm Horizont,
der Mann, der die Haare abschnitt.
Er verkauft Frauen-Zöpfe
für Europas Köpfe
und er schneidet und leidet mit.

Ich traf in dem Land hinter'm Horizont
den Anwalt, der fast dran zerbricht:
Die Schuld der Regierung
erfährt Amnestierung!
So spricht es das höchste Gericht.

Und er sagt, dann ist alles, was ich hier tue,
eine Farce, verlogen und matt,
marodes Geschwätz
statt starkem Gesetz,
das nicht schaut, wie viel Geld jemand hat.

Dort in dem Land hinter'm Horizont,
in den Hütten schwelt der Konflikt.
Das Leben unsäglich,
ein Ausbruch unmöglich,
gelandet, gestrandet, verstrickt.

Ich traf in dem Land hinter'm Horizont
die Frau mit dem kleinen Fratz.
Sie sagt: „Füll dein Gesicht
mit Lachen und Licht,
dann ist für das Heulen kein Platz."

Dort in dem Land hinter'm Horizont
muss die Freiheit wohl grenzenlos sein.
Für kleine Eliten
und große Renditen.
Und für mich mit dem Rückflugschein.

TEXT: PAGO BALKE
MUSIK: HENNING SCHMIEDT

In London beispielsweise
wurd' die Katze Tinker
mit 700 000 Pfund
zum reichsten Kleintierstinker.

Ich gebe zu, ich würd mich gerne
mal kümmern um die Katz
und so bescheiden Anteil nehmen
am geerbten Schatz.

Doch hört ich neulich etwas Besseres.
Jetzt hält mich nichts mehr hier.
Ich habe mich entschieden,
mein Ziel heißt GUNTHER IV!

Ich hätt so gern nen Hund!
Nicht irgendeinen Hund.
Er sollte wenig beißen
und Gunther muss er heißen.

Gunther IV

Dieses Lied wurde erhellt von einem „Streiflicht" der Süddeutschen Zeitung.

Erbschleicherei ist ein böses Wort. Aufopfernde Pflege bis zur Zuteilungsreife des avisierten Finanzbetrages, klingt besser.
Und in England, Amerika oder Südafrika kann man sogar Tieren etwas vererben. Hunden, Katzen, Schimpansen, was weiß ich.
Ich habe mich in der Schickeria der Vierbeiner ein bißchen umgetan:

Genauer sogar: Gunther Vier,
denn dieses ganz spezielle Tier,
um dass ich mich bewerbe,
ist Schäferhund und Erbe!

**ACH, GUNTHER VIER, MEIN SONNENSCHEIN,
ICH WÜRD SO GERN DEIN HERRCHEN SEIN!**

Dein Frauchen, Gräfin Liebenstein,
sie schrieb in ihren Totenschein:
Nur ein Freund war auf dieser Welt
und dem vermach ich all mein Geld!
Mit 105 Millionen
will ich die Treu belohnen!

Ich hätt so gern nen Hund!
Nicht irgendeinen Hund.
Ich werd dich pflegen, Gunther Vier,
dich hätscheln und dann gehen wir

schön Gassi und danach zur Bank,
nicht die im Park, nein, Gott sei Dank,
zum nah gelegenen Institut,
wo demutsvoll dein Erbe ruht.

**ACH, GUNTHER VIER, MEIN SONNENSCHEIN
ICH WÜRD SO GERN DEIN HERRCHEN SEIN!**

Du machst nur „Wuff!", ich zeig den Schein,
so können wir beide glücklich sein!
Doch falls du gegen mich dich wendest
und all dein Geld dem Tierschutz spendest,
dann sag ich dir ganz klar brutal:
Hey, Gunther Vier, du kannst mich mal!

Ich zieh sofort nach Kapstadt dann
und mach mich an die Schimpansin ran!
Kalu hat zwar 12 Millionen nur,
doch menschenähnliche Struktur

Ich werde mich verlieben
in Kalu Nummer sieben!
Ich werde mich vergaffen
in einen reichen Affen!

Gunther IV

TEXT: PAGO BALKE, MUSIK: HENNING SCHMIEDT

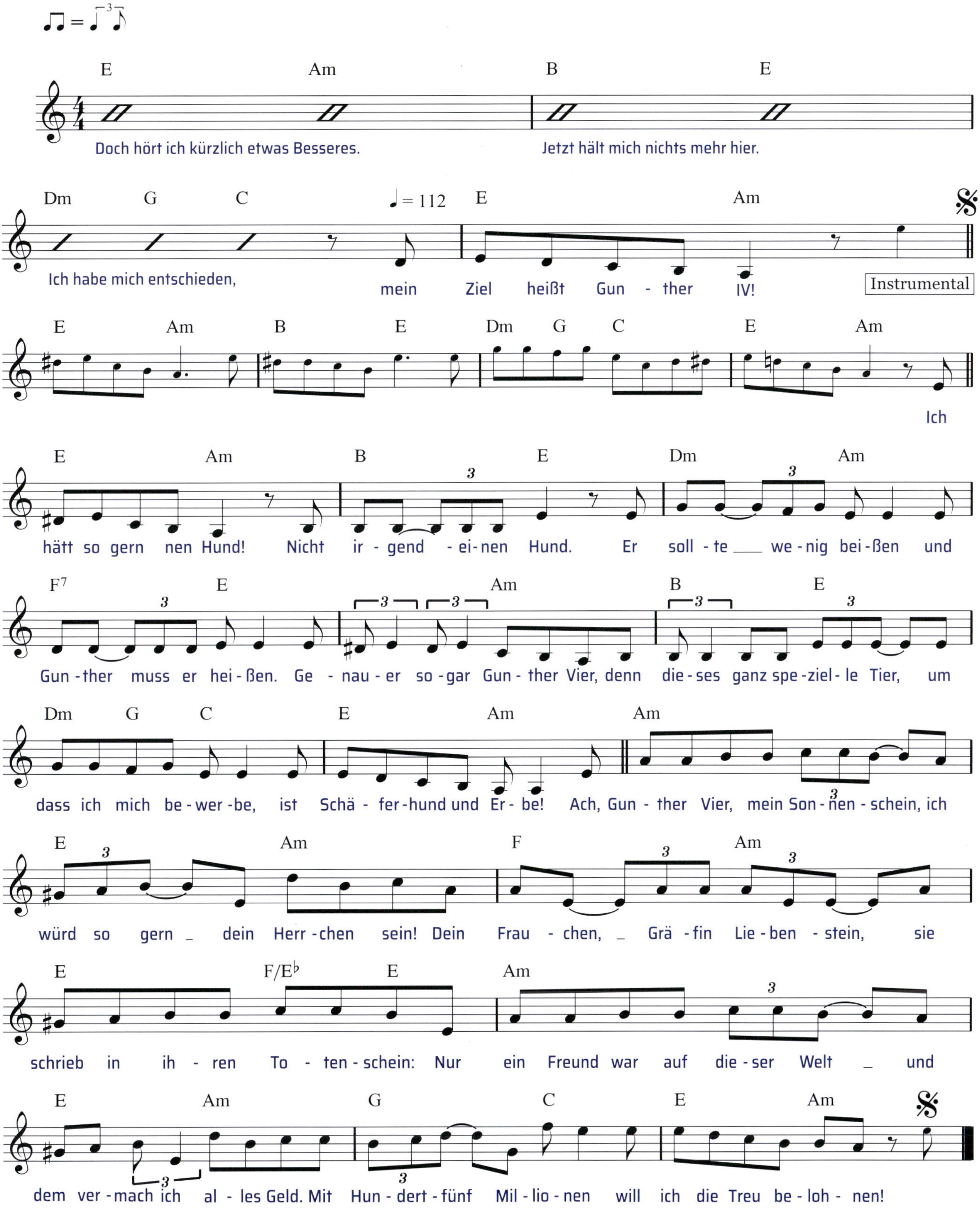

E Am B E
Doch hört ich kürzlich etwas Besseres. Jetzt hält mich nichts mehr hier.

Dm G C ♩ = 112 E Am
Ich habe mich entschieden, mein Ziel heißt Gun - ther IV!
Instrumental

E Am B E Dm G C E Am
Ich

E Am B E Dm Am
hätt so gern nen Hund! Nicht ir - gend - ei - nen Hund. Er soll - te ___ we - nig bei - ßen und

F7 E Am B E
Gun - ther muss er hei - ßen. Ge - nau - er so - gar Gun - ther Vier, denn die - ses ganz spe - ziel - le Tier, um

Dm G C E Am Am
dass ich mich be - wer - be, ist Schä - fer - hund und Er - be! Ach, Gun - ther Vier, mein Son - nen - schein, ich

E Am F Am
würd so gern _ dein Herr - chen sein! Dein Frau - chen, _ Grä - fin Lie - ben - stein, sie

E F/E♭ E Am
schrieb in ih - ren To - ten - schein: Nur ein Freund war auf die - ser Welt _ und

E Am G C E Am
dem ver - mach ich al - les Geld. Mit Hun - dert - fünf Mil - lio - nen will ich die Treu be - loh - nen!

Ich will Hollywood

Gut, bei mir ist auch nicht immer alles Gold was glänzt. Also nur fast immer! Kollegen von mir spielen in meinem Alter z.B. öfter mal in der Elbphilharmonie, in der Carnegie-Hall, in Massachusets, Neuseeland, Tokio-Hotel. Ich krieg dann von einigen immer so gehässige Ansichtskarten: „Hallo, mein Lieber, wie läuft's bei dir in Bassum, Dickel, Beppen, Huckelriede, Himmelpforten?!" Und wenn ich die Kollegen mal treffe, dann tuscheln die über mich - aber ich krieg das mit! - „Guck mal, da kommt der

Prinz aus der Provinz!"

Das tut dann auch weh! Da kann man schon mal andere Sehnsüchte entwickeln:

Mich ruft eine Dame an:
„Hilde Behrmann ist hier dran.
Ich bin, vom Kulturverein,
der Vorstand, um genau zu sein,
unverzichtbar in der Gegend,
engagiert, doch nicht vermögend.
Das Programm ist sehr verschieden,
wir sind eigentlich ganz zufrieden.

Dixie, Disco, Busch und Bach,
meistens Sonntagnachmittag
und da dachten wir, an Ihre
ganz besondere Satire.
Können wir Sie vielleicht mal buchen?
Jeder backt hier auch 'nen Kuchen,
kulturell ist unsere Welt,
nur – wie gesagt – wir haben kein Geld!"

„Nun ja, natürlich, gute Frau,
ich kenn das selber ja genau,
ich will ja auch kein Unmensch sein,
denn lobenswert ist Ihr Verein.
Man übt sich in Bescheidenheit
in dieser furchtbar klammen Zeit.
Und da ist ja auch noch diese fiese
Corona-Krise.

Ich selber bin beim Thema Geld
wirklich sehr sozial gestellt,
nur hab ich Kinder, Weib und Haus
und lebe nicht nur vom Applaus,
ich denk mal nach und rufe dann
Sie ganz bestimmt am Montag an!

Ich will HOLLYWOOD!
Verdammt, wann rufen die mal an?!
Ich will HOLLYWOOD!

Ich hab die Ochsentour durch die Provinz,
Kulturverein von Kunz und Hinz
bestimmt schon zwanzigmal gemacht.
Außerdem hat man gesagt,
Nicholson, der sieht mir ähnlich,
breites Grinsen, alt und männlich.
Schmeichelt mir, doch ist bekannt:
Der hat nen anderen Kontostand!

Bei dem nächsten Telefon
meld ich mich mit ernstem Ton:
„Balke, Schauspiel und Regie,
was kann ich denn tun für Sie?"
„Kannst was tun für deinen Ruhm!
Ich zieh nächste Woche um!
Hey, das wäre nett von dir,
trägst du mit mir das Klavier?
Sofas und die Waschmaschine,
Schreibtisch, Schrank und die Vitrine
und bring deine Bohrmaschine
für die Stange der Gardine..."
Ich sag: „Ich muss mal unterbrechen,
die andere Leitung will mich sprechen,
bin ja an was Großem dran,
ruf bestimmt am Montag an!"

Ich will HOLLYWOOD!
Verdammt, wann rufen die mal an?!
Ich will HOLLYWOOD!

Ich kann Charakterfilme drehen,
bin erogen und schizophren,
Titelhelden, Actionkiller,
Ärzteserien oder Thriller.
Ich mach euch den Schwerenöter,
jungen Helden, Liebestöter.
Schade nur, dass niemand weiß,
wie gut ich bin und wie ich heiß!

Schon wieder klingelt's, ich geh ran:
„Herr Balke, hier ist Köttermann!
Wir haben da so ein Problem
mit Ihrem Konto, außerdem
die Rechnungen, sie stapeln sich,
ich denke, Sie verstehen mich:
Tut mir leid, wir werden rigide
Sie sind einfach nicht liquide!"

„Seid mal ruhig, ist meine Bank!
Herr Köttermann, ganz vielen Dank,
dass Sie sich so lieb bemühen
und nach meinem Konto sehen!
Wissen Sie mit den Finanzen
geht es mir so wie mit Wanzen.
Sie sind meistens schwer zu kriegen,
man muss sich plagen und verbiegen.

Sie sind da, nur schwer zu fassen,
doch in Banken und Sparkassen
laufen diese kleinen Dinger
euch genauso durch die Finger!
Nur wenn große Banken schwanken
mit Krediten sich verzanken,
hilft der Staat mit reichlich Geld,
was in meinem Fall entfällt!"

Ich will HOLLYWOOD!
Wenn Nicholson bald nicht mehr kann
Ich will HOLLYWOOD!
Dann rufen die bestimmt gleich an!
Ich will HOLLYWOOD!

TEXT: PAGO BALKE

Logorrhö

Die Logorrhö ist eine anerkannte psychische Krankheit, der sogenannte

Sprechdurchfall.

Wie immer gibt es sowas in verschiedenen Abstufungen, z.B. der weit verbreiteten Unfähigkeit zum Zuhören, Verweigerung eines Dialogs, penetrantes Monologisieren etc.
Es hat mich jedenfalls getrieben, dem mal entschieden einen Riegel vorzuschieben. Ich fürchte, die besagten Menschen werden sich nicht ändern, aber ich versuche mir jedenfalls nicht mehr die Ohren vom Stamm kauen zu lassen.

Unter Freunden und Familie
auch im Business-Millieu
gibt's seit langem eine Krankheit
mit dem Namen: Logorrhö.

Quasseln, Quatschen und Belehren,
manchmal mit, meist ohne Sinn,
alle schieben ihren Wortschwall
ohne Zuhören vor sich hin.

Als ich neulich mit Klaus-Peter
auf die Autobahn einbog,
hört' ich 80 Kilometer
nichts als seinen Monolog.

Vom Finanzamt bis zum Urknall
redet er so kreuz und quer,
bis ich sag: „Den Sprechdurchfall
ertrag ich keinen Meter mehr!"

Was redest du da von dir weg,
lieber Hans, liebes Mädel?
Hat dein Kopf nun mal ein Leck
oder platzt dir der Schädel?

Onkel Franz liebt das Berichten
aller seiner großen Taten,
Anekdoten und Geschichten,
eine Stunde muss ich warten.

Keine Lücke für den Neffen,
bis er endlich merkt: Jetzt geht er!
„Franz, beim nächsten Treffen
komm ich gleich 'ne Stunde später!"

Oder im Familienkreise
redet man so dies und das,
Hämorriden, Butter-Preise,
Schnäppchen und Kantinenfraß.

Opa kann von jedem Thema
auf die Nachkriegszeiten lenken
und er schafft's nach diesem
Schema, jede Feier zu versenken.

Was redest du da von dir weg,
lieber Hans, liebes Mädel?
Hat dein Kopf nun mal ein Leck
oder platzt dir der Schädel?

Und dann trifft man noch die Paare
- kein Satz, der zu Ende geht -
sie trainieren schon viele Jahre,
wer von beiden lauter kräht.

Wenn sie schließlich doch mal fragen:
„Wie geht's dir?" Dann sag ich: „Nö!
Keine Lust, noch was zu sagen
knietief in der Logorrhö!"

(es folgt ein wildes Piano-Solo)

Was spielst du, lieber Henning,
auf dem Pianoforte?
War das Mozart oder Bach
oder Logorrhö ohne Worte?

TEXT: PAGO BALKE
MUSIK: PETER DAHM

Sauber und schnell

oder: A users nightmare

Außer Augenflimmern und Haltungsschäden,
Entfremdung von anderem Kulturgut,
Vereinsamung, Sucht und Autismus-Gefahr
ist die Welt des Computers nur gut.

Nein wirklich, wer könnte heute noch ohne?
Das Leben ist virtuell.
We all come together in der Internet-Zone
und alles ist sauber und schnell.

Wie viele sich in meinem Postfach tummeln!
Neben manchem, was mir gefällt:
„Natascha will ficken" und „Lola will fummeln".
Ich habe die nicht bestellt!

Andere wollen Millionen mir schenken
aus Südafrika und Israel.
Ich finde es nett, dass die an mich denken.
Ich werd reich! Sauber und schnell.

Und dann diese Viren! Ich hab mich schon
mit firewalls verbarrikadiert.
Und fürchte den Hacker, der mir meine Daten
als Buchstabensuppe serviert.

Da lacht die Apple-Gemeinde auf:
So was gibt's bei uns nicht strukturell!
Aber, Freunde, das ist doch genau wie beim Glauben:
Konvertieren geht nicht so schnell!

Und jetzt hat man Tastaturen durchleuchtet,
7000 Stück, wirklich kein Witz,
dort leben 50 mal mehr an Bakterien
als auf einem Lokussitz!

So greifen sie nicht nur vom Netz her an,
sie fahren auf den Tasten Karussell!
Bakterien garnieren den Weg für die Viren
und alles geht sauber und schnell!

Ich sehe plötzlich deutlich, (wann sieht man das schon?) - überall Bakterien! Kleine, graue, grüne, schwarze Bakterien, wie sie von der Tastatur her an mir hoch kriechen! Ich stürze ins Badezimmer, sprühe eine komplette Flasche Boss-After-Shave über mir leer. Einige Bakterien wanken, stürzen, aber die Phalanx der Bakterien und Viren rückt nach! Mein Gott, ich brauche Honig-Fliegenstreifen, diese Honig-Fliegenstreifen, um meinen befallenen Körper damit zu bedecken! Keine zu finden! Dann Paral! Wo ist das Paral? Verdammt! Ich rase in die Küche, werfe dabei einen Blick aus dem Fenster, sehe meine Nachbarin wild um sich schlagend und Hilfe rufend über den Hof laufen!

In der Küche hat sich die Spülmaschine vom Wandschlauch gelöst und schleudert auf mich zu. Der Krupp-Dry-Mix, natürlich übersät mit Bakterien, die grinsend Karussell fahren, schneidet mir den Fluchtweg ab. Ich strauchele, reiße im Fallen von der Kork-Pinnwand den letzten Zettel und schreibe mit dem letzten noch funktionierenden Kuli meine letzten Worte:

"Ich heiße Pago Balke,
bin Germanist und Kunstpädagoge,
ich habe das alles nicht gewollt!"

Sauber und schnell

oder: A users nightmare

TEXT: PAGO BALKE, MUSIK: PETER DAHM

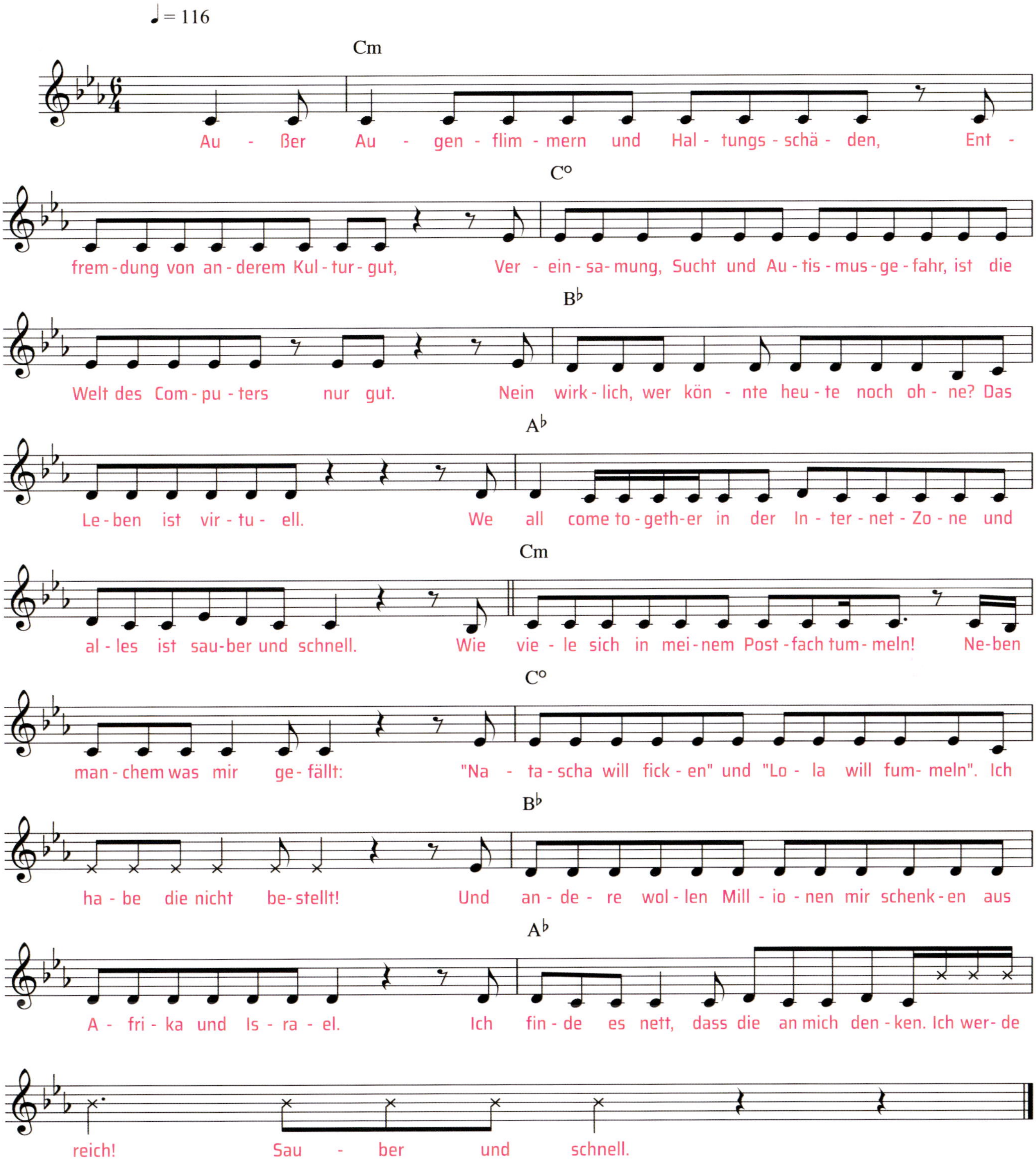

♩ = 116

Cm

Au - ßer Au - gen - flim - mern und Hal - tungs - schä - den, Ent -

C°

frem - dung von an - derem Kul - tur - gut, Ver - ein - sa - mung, Sucht und Au - tis - mus - ge - fahr, ist die

B♭

Welt des Com - pu - ters nur gut. Nein wirk - lich, wer kön - nte heu - te noch oh - ne? Das

A♭

Le - ben ist vir - tu - ell. We all come to - geth - er in der In - ter - net - Zo - ne und

Cm

al - les ist sau - ber und schnell. Wie vie - le sich in mei - nem Post - fach tum - meln! Ne - ben

C°

man - chem was mir ge - fällt: "Na - ta - scha will fick - en" und "Lo - la will fum - meln". Ich

B♭

ha - be die nicht be - stellt! Und an - de - re wol - len Mill - io - nen mir schenk - en aus

A♭

A - fri - ka und Is - ra - el. Ich fin - de es nett, dass die an mich den - ken. Ich wer - de

reich! Sau - ber und schnell.

Respekt

Dieser Text blieb bisher unvertont. Vielleicht wird ja noch mal was draus.
Ich darf glücklicherweise immer wieder durch Seminare, die ich gemeinsam mit KollegInnen gebe, in die verschiedensten Bereiche des Betriebslebens und des Business reinriechen. Liebesbeziehungen zu beobachten ist ein Hobby von mir – natürlich nicht meine eigene! Und die Welt der Musiker erlebe ich täglich. Deshalb dachte ich:

Da kann ich ein Lied von singen!

„Ne Nullnummer isser, der Kollege, der Neue!"
„Ey, sei ruhig, sonst sag ich dir ma wat:
du sitzt dir doch bis zur Rente nur den Hintern platt!"
„Und dich nennen wir alle hier: ‚Das Tischfeuerwerk',
kurz mal aufgeblasen, dahinter steckt nur ein Zwerg!"
Das könnte noch so weitergehen und ändert sich nie.
So wird aus guter Arbeit nur Kakophonie!

Doch wir sind immer nett und korrekt,
klar in der Sache, charmant doch direkt!
So ist unser Stil, wir wissen nicht viel.
Doch das eine haben wir gecheckt:
Zum Arbeiten gehört der Respekt.

„Liebling, kannst du bei dem Bauch noch deine Füße sehn?"
„Und wie soll es mit deinem Hüftgold weitergehen?"
„Du zahlst mir keine Wellness-Kur, da ist es doch kein Wunder,
wenn ich nicht wie dein Flittchen bin, sondern etwas runder!"
„Dora ist kein Flittchen! Und das ist lange her!"
„Nur leider interessier ich dich seit dem nicht mehr!"
Und wenn sie nicht gestorben sind, ändern sie sich nie.
So wird aus reiner Liebe nur Kakophonie!

Doch wir sind immer nett und korrekt,
klar in der Sache, charmant doch direkt!
So ist unser Stil, wir wissen nicht viel.
Doch das eine haben wir gecheckt:
Zur Liebe gehört der Respekt.

„Du singst so was von schräg, wo hast du das gelernt?"
„Ey, pass auf, sonst hol ich mir den Bernd
in die Band für den Bass, der spielt besser als du!"
„Wenn du so anfängst, dann geh ich gleich dazu!"
„Dann kannst du deine Lieder dem Bernd vorweinen!"
„Ach ja? Mal wieder alle gegen einen?!"
Das könnte noch so weitergehen und ändert sich nie.
So wird aus schöner Musik nur Kakophonie!

Doch wir sind immer nett und korrekt,
klar in der Sache, charmant doch direkt!
So ist unser Stil, wir wissen nicht viel.
Doch das eine haben wir gecheckt:
Zum Musikmachen gehört der Respekt.

TEXT: PAGO BALKE

Bark free

Was hassen Sie am meisten an Lärm in dieser Welt?
Vielleicht wenn nachts ihr Gatte mit Schnarchen Bäume fällt?
Oder wenn der Nachbar die Rabatte
befreit vom allerletzten kleinen Blatte?
Mit seiner mörderischen lauten Anti-Laubmaschine?
Dürsten Sie dann so wie ich nach Rache oder Sühne?

Was ist der übelste, nervenzersetzende Lärm?
Was dringt über's Ohr, Kopf, Herz, Mark, Milz direkt ins Gedärm?
Eine Säge, die sich durch's Unterholz frisst?
Ein Baby das brüllt, weil es hungrig ist?
Ist es schlimmer, wenn ein Flugzeug röhrt?
Oder wenn man den Quatsch im Radio hört:
„Der beste Mix, die größten Hits für den ganzen Norden!"
Und das Quälen beginnt!

Nein, alles falsch!
Das von einer unabhängigen Jury bestimmte
unangenehmste Geräusch aktuell
ist das jaulende, fiepsende, japsende
brüllende, röchelnde Hundegebell!

Ja, Liebe Leute, gegen Euren Dobermann,
Schäferhund oder Spitz kommt keine Kreissäge an!
Die Jury hat entschieden, da gibt's kein Gefackel:
Das Gekläff deiner Bulldogge, deines Mops, deines Dackel
wurde zum störendsten, hässlichsten Geräusch erkoren,
natürlich außer für Frauchen's und Herrchen's Ohren –
Es dringt direkt in dein Herz, deine Brust!
Ich habe gelitten und es immer gewusst!

Nun kam der Mensch gottlob als Erfinder auf die Welt
und hat durch diesen Vorteil sich ganz oben hingestellt.
Manchmal ist die Technik einfach prima
und rettet in der Nachbarschaft das Klima.
Zwei Prozesse hab ich gegen meinen Nachbarn schon verloren,
jetzt hat mir eine Firma was viel Besseres erkoren:

Bark free heißt dieses Präparat!
Es ist gesund, formvollendet,
ein Ultraschall wird ausgesendet
und sucht sich lautlos sein Objekt.
Des Nachbars Hund wird abgeschreckt...
Und schweigt... Er schweigt!... Es ist nicht zu fassen!
Dann gehen wir jetzt auf die Terassen
und werden die Korken knallen lassen!

Ein Hoch auf das Erfindergenie!
Es lebe die Elektro-Industrie!
Bark free! Bark free! Bark free!

Herrlich leise Worte werden zärtlich ausgetauscht,
ich hör seit Jahren wieder, wie der Wind durch Bäume rauscht.
Es räkelt wohlig schnurrend sich der Kater,
die Kinder tuscheln leise mit dem Vater.
Die Sinne werden friedlich, es öffnet sich das Ohr
Die Dommel trällert lieblich im fernen Schilferohr.

Der Dompfaff dort am Dome... hat eben noch gesungen.
Jetzt hör ich plötzlich nichts mehr, sein Lied ist jäh verklungen!
Amsel, Drossel, Fink und Star sind akustisch nicht mehr da!
Der Kater hat auch keinen Mucks mehr gemacht!
Da beschleicht mich langsam ein übler Verdacht:
Vielleicht hat diese Elektro-Industrie
Noch mehr erfunden als „Bark free"?!
Vielleicht ist das ja ein Marktgesetz
Und sie produzierten auch: „Shut up! Cats!"?
Und haben die Vögel beim Singen Not
durch „Fuck the birds!" im Sonderangebot?!

Und dann... die Worte... was?... wie?...
Warum... lallen?
Nachbar... Korkenknallen!
Friede!... Hilfe!... Alle Wipfel... Ruh!
Nachbar... Ruhe... auch du!

Auch dieses Lied ist inspiriert
von einem "Streiflicht" der
Süddeutschen Zeitung.

TEXT: PAGO BALKE
MUSIK: PETER DAHM

The whole world

Eine weitere Geißel des modernen Lebens ist der Tourismus. Besonders der

Massentourismus!

Aber auch das, was wir Individual-Touristen und Alternativis seit Jahrzehnten quasi als Vorreiter in allen Ländern dieser Welt angestellt haben, ist nicht ohne Wirkung geblieben.
Vor 1989 haben ja nur die Westdeutschen die Welt überschwemmt und in Atem gehalten. Dann kam quasi als ‚Systembedingter Nachholbedarf' (ein offizieller Terminus) der ganze Osten dazu. So einen habe ich mal getroffen. Den UDO aus Wilsdruff: „Herrlisch, einfach herrlisch! Isch bin iberall gewäsen! Kannste glooben! Gopagabana, Arschentinien, bei den Gala-Pagos, uff'n Titi-Gaga-See bin isch numgeschippert! Uff'n Bobogatebetel nuffgehubbt und natierlich ooch ne Dreggingdour dursch'n Gran Cännschen! Nu, do guckste, mei Guudster?!"

Früher in den alten Zeiten
wär ich mit dem Wind gekommen.
Heut hab ich zum Globus-Gleiten
mir den nächsten Flug genommen.

Kaum in Bangkok, denk ich: Mann,
wie fühlt sich jetzt Bali an?
Auch Bahrain wär mal nicht schlecht,
eigentlich ist alles recht,

wo es brodelt, wo es knallt,
schließlich bin ich noch nicht alt
und die Welt ist eng gerückt
und so spannend und verrückt!
Von Neu-Delhi nach Paris:
TOUT LE MONDE Á MON SERVICE!

Früher in den alten Tagen
wohin kam man denn da schon?
Reisen machte Müh' und Plagen,
heut ist Zivilisation!

Kaum hab ich ein Land gedacht,
bin ich dort schon aufgewacht!
Freiheit heißt das schöne Spiel,
auf dem Ticket steht das Ziel.

Ich kauf mir ein Souvenir,
dass ich merk, ich bin grad hier.
Ich bestaune als Tourist,
was vom Land noch übrig ist.
Mit nem bisschen Geld im Schuh:
THE WORLD ONLY FOR YOU!

Das einzige, was mir wirklich missfällt
und dagegen hilft auch leider kein Geld:
Es sind schon zu viele, zu viele sind da
zwischen Miami und Himalaja!

Sie verstopfen die Strände, verderben den Preis!
Früher gab's alles für ne Hand voll Reis.
Früher, da waren wir der King und die Queen,
heut wollen welche mit nach Europa ziehen!

Da ist sogar mir mal der Kragen geplatzt
und ich hab den schwarzen Mann angeratzt:
„Mein Lieber, so haben wir nicht gewettet!"
Und ich hab mich ins nächste Flugzeug gerettet!

The whole world

TEXT: PAGO BALKE, MUSIK: HENNING SCHMIEDT

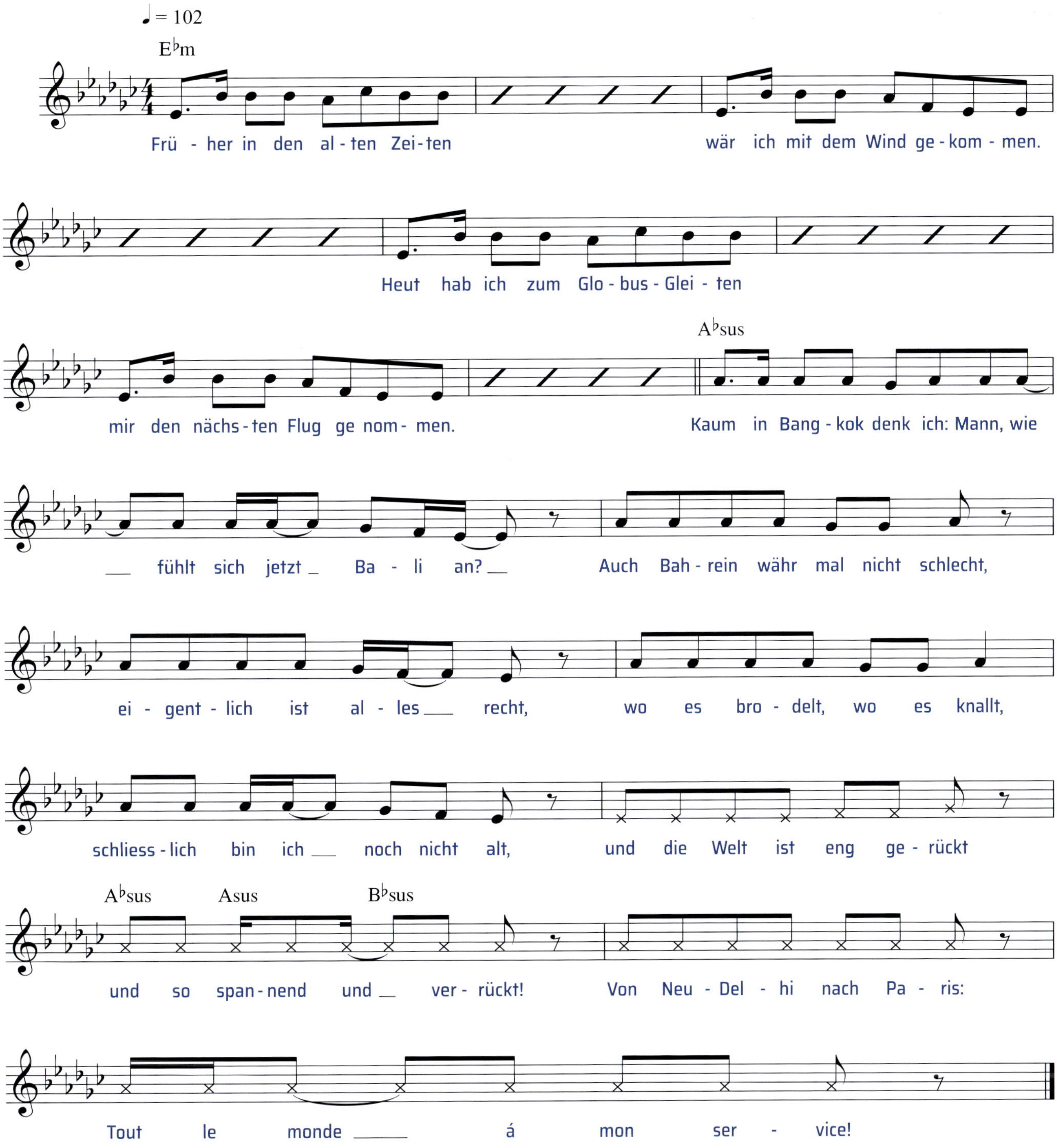

♩ = 102

E♭m

Frü - her in den al - ten Zei - ten wär ich mit dem Wind ge - kom - men.

Heut hab ich zum Glo - bus - Glei - ten

mir den näch - ten Flug ge nom - men.

A♭sus

Kaum in Bang - kok denk ich: Mann, wie __ fühlt sich jetzt __ Ba - li an? __ Auch Bah - rein währ mal nicht schlecht,

ei - gent - lich ist al - les __ recht, wo es bro - delt, wo es knallt,

schliess - lich bin ich __ noch nicht alt, und die Welt ist eng ge - rückt

A♭sus Asus B♭sus

und so span - nend und __ ver - rückt! Von Neu - Del - hi nach Pa - ris:

Tout le monde ____ á mon ser - vice!

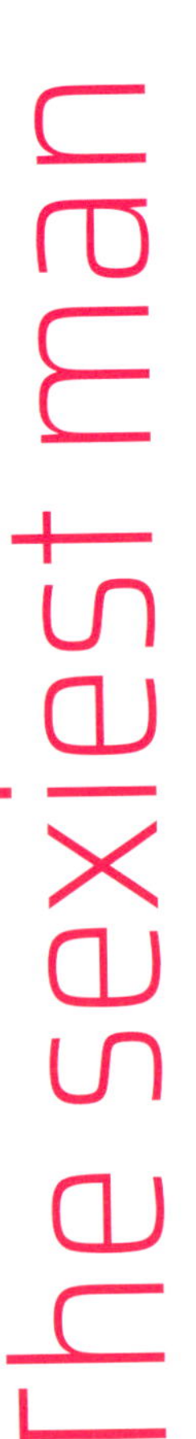

„Ich weiß nicht, wie es Ihnen, wie es euch geht, ich habe das Gefühl, es ist, was die Geschlechterrollen betrifft, alles in andauernder und in schmerzhafter Bewegung. Rollen kommen ins Rollen, feste Werte werden wie Festungen geschleift, oder geschliffen, die Personalpronomen: ich, du, er, sie, es verlieren an ursprünglicher Bedeutung. Und gerade wir Männer, ich sage das sehr deutlich,

wir Männer sind verunsichert!

Was können wir tun? Was dürfen wir hoffen? Was sollen wir wollen?! Für alle, die im Wirr-Warr der Rollenzuweisungen noch Fragen haben und für alle Männer, die nicht wissen, wie man eine Frau heutzutage noch erobern kann, hier ist die Antwort!“

Wie im richtigen Leben knapp daneben, hat wieder nicht geklappt!
Der Typ hat mir den heiß begehrten Titel weggeschnappt!
Georg Filikowski aus Kirchental bei Hürth
wurde zum Hausmann des Jahres gekürt!

Fünf Zeitschriften für Frauen haben sich zusammengetan,
entschieden unter Tausenden, dass er's am Besten kann:
Waschen, wischen, Kinder versorgen, bügeln oder küssen,
Filikowski weiß, was Millionen Frauen wissen:

THE SEXIEST MAN IN THE WORLD ALIVE
IS A MAN IN THE KITCHEN INSTEAD OF HIS WIFE!

Wollen Sie der Herrin Ihres Herzens imponieren?
Oder sie zu später Stunde sogar noch verführen?
Dann lassen Sie das Sportcoupé getrost in der Garage
und auch Ihre Bürogeschichten führen zur Blamage!

Früher waren die tollsten Typen Banker oder Jäger,
heute zählen eigentlich nur noch Küchenschürzenträger!
Bei Spaghetti al dente hat noch jede angebissen,
jetzt wissen auch Sie, was Millionen Frauen wissen:

THE SEXIEST MAN IN THE WORLD ALIVE
IS A MAN IN THE KITCHEN INSTEAD OF HIS WIFE!

Sie müssen jetzt nicht gleich an diese Putzboys denken,
die zum Gaudi aller Gäste den Feudel nackt schwenken.
Nein, Ihre Frau und Freundin wird es zärtlich sehen,
wenn Sie in einem Muskel-Shirt vor der Spüle stehen.

Sie liebt Ihr Spiel der Finger beim Gemüseputzen
und wenn Sie geballt mit Manneskraft den Krupps-Dry-Mix benutzen.
Dann träumt sie nach dem Essen von manchem Leckerbissen,
denn auch Ihre Frau weiß, was Millionen Frauen wissen:

THE SEXIEST MAN IN THE WORLD ALIVE
IS A MAN IN THE KITCHEN INSTEAD OF HIS WIFE!

Ein Blick in die Geschichte zeigt: Tragödien ohne Gleichen.
Selbst Goethe konnte Frau vom Stein mit Lyrik nicht erweichen.
Die Opern quellen über von unglücklichen Lieben,
haben die alle falsch geliebt oder ist es nur falsch beschrieben?

Was wär geschehen, wenn Romeo, statt vor'm Balkon zu jammern,
ein paar mal ordentlich durchgefegt in Julias Kammern?
So haben beide leider nur am Schluss ins Gras gebissen!
Sie wussten es noch nicht, was Millionen Frauen wissen:

THE SEXIEST MAN IN THE WORLD ALIVE
IS A MAN IN THE KITCHEN INSTEAD OF HIS WIFE!

VIDEO 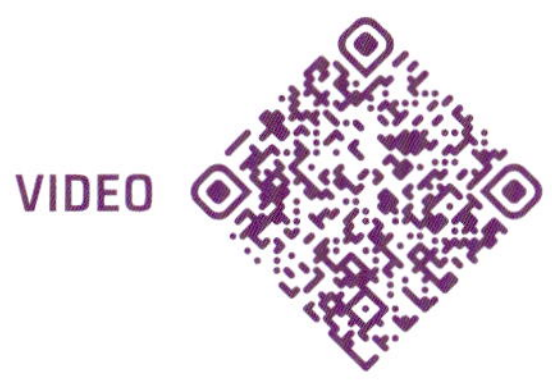

The sexiest man

TEXT: PAGO BALKE, MUSIK: HENNING SCHMIEDT/ PETER DAHM

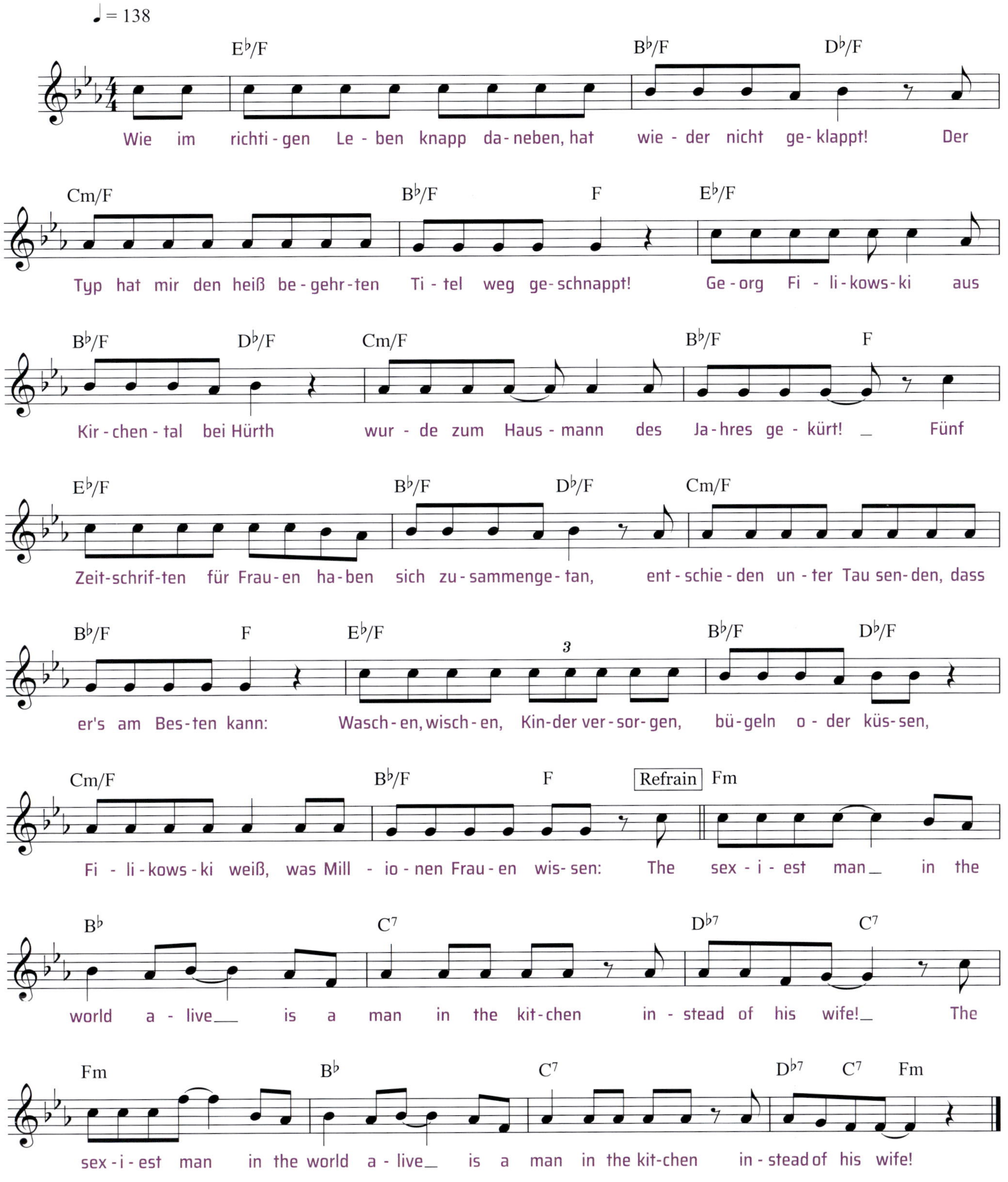

♩ = 138

E♭/F B♭/F D♭/F
Wie im richti - gen Le - ben knapp da - neben, hat wie - der nicht ge - klappt! Der

Cm/F B♭/F F E♭/F
Typ hat mir den heiß be - gehr - ten Ti - tel weg ge - schnappt! Ge - org Fi - li - kows - ki aus

B♭/F D♭/F Cm/F B♭/F F
Kir - chen - tal bei Hürth wur - de zum Haus - mann des Ja - hres ge - kürt! _ Fünf

E♭/F B♭/F D♭/F Cm/F
Zeit - schrif - ten für Frau - en ha - ben sich zu - sammenge - tan, ent - schie - den un - ter Tau sen - den, dass

B♭/F F E♭/F B♭/F D♭/F
er's am Bes - ten kann: Wasch - en, wisch - en, Kin - der ver - sor - gen, bü - geln o - der küs - sen,

Cm/F B♭/F F **Refrain** Fm
Fi - li - kows - ki weiß, was Mill - io - nen Frau - en wis - sen: The sex - i - est man _ in the

B♭ C7 D♭7 C7
world a - live _ is a man in the kit - chen in - stead of his wife! _ The

Fm B♭ C7 D♭7 C7 Fm
sex - i - est man in the world a - live _ is a man in the kit - chen in - stead of his wife!

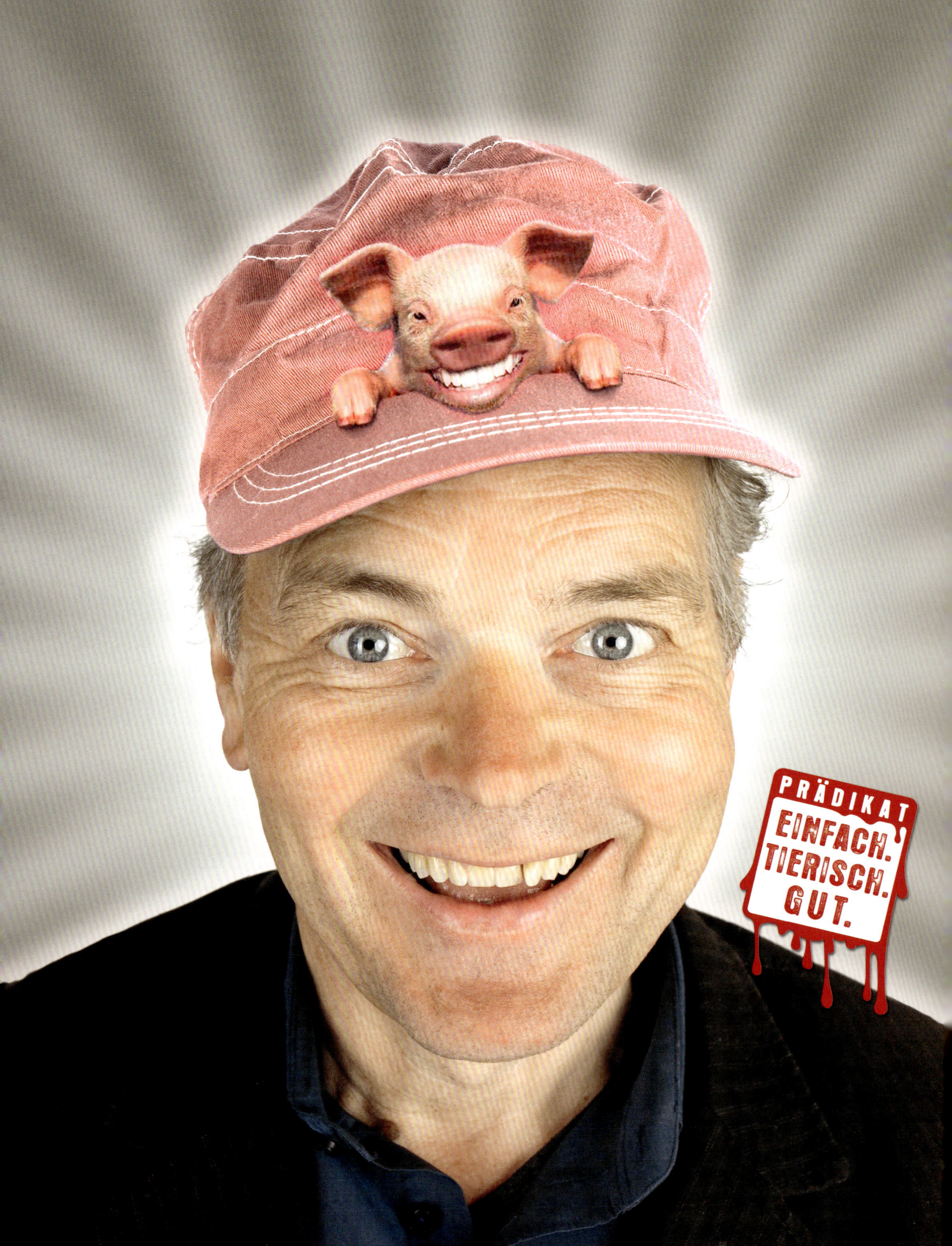
PRÄDIKAT
EINFACH.
TIERISCH.
GUT.

Die TierTorTour

Nach den vielen satirischen Liederprogrammen bekam ich richtig Lust, mich einem Thema vorwiegend kabarettistisch zu nähern.

Und da ging es dann um Massen und Tier und haben wir noch alle Tassen hier oder haben wir den Bolzenschuss nicht gehört.

Ich habe ihn gehört. Z.B. war ich einen Tag lang, **getarnt als Veterinär**, im **Schlachthof Bremen**. Wer weiter Fleisch essen will, sollte das nicht tun. Den **„Dirdy Dieder"** habe ich da getroffen. Ich konnte mich an dem Tag nicht entscheiden, ob mir die Schweine mehr leid tun sollen oder die armen Schweine, die dort arbeiteten. In dem Jahr noch ohne Mindestlohn, z.T. für 4-5 Euro die Stunde.

Eingebettet ist die Satire in die Hauptfigur **Gerd Glüsing** (siehe Plakat) **vom Bundesverband der landwirtschaftlichen Agro-Business Fleischerzeuger, Sektion Diepholz.**

(mit **Meinrad Mühl**, Piano und **Alvaro Solar**, Regie)

Frau Antje

Hallo, Chui Dach, Dames en Heere, ich bin die Antje, die Antje aus Holland! Ich will Sie ein klein Liedche singe. Aus meine Heimat! Herr Kapellmeister! Könne Sie auch C-Dur?!

Was haben wir denn schon
in unser kleine Land?
Wir sind in all de Welt
für Käse nur bekannt!

Unsere wässrigen Tomaten
sind in schlechten Ruf geraten.
Außer Tulpen und Narzissen
ist unser ´Export so besch.....ach,

Was haben wir denn schon
in unser kleine Land?
Wir sind in all de Welt
für Käse nur bekannt!

Wenn wir Holzschuhe verkaufen,
werden sich alle Blasen laufen.
Wir dealen Hasch und Marihuana,
leider nicht so gut wie Ghana... ach,

Was haben wir denn schon
in unser kleine Land?
wir sind in all de Welt...

Mach ma ebe langsam!
Wisse Sie, ich habe nix jeje die Vejetariers, die jucke uns nicht, aber dahinte an die Tür, diese kleine ideologisch verstrahlte Gruppe!
Stichwort Vechaner: Vechaner sind die, die nix, aber auch gar nix von de Tier benütze, kein Fleisch keine Milch, keine Eier, keine Leder, keine Feder. Und Sie wolle mit Ihre vechanische Kampagne unsere Hauptexport in de Schmutz ziehe! Mit de chanze Chefühlsduselei Dass man de kleine Kälbers de Mutti wegnimmt und die arme Kühe so ausgebeutet werde!
Und dabei könne wir alle stolz sein! Früher konnte man von eine Normalkuh nur maximal 2000 Liter im Jahr abstrullen. Eine heutige Hochleistungskuh produsiert in ihre Lebe bis zu 100 000 Liter Milch! Das ist doch schön! Herr Kapellmeister, C-Dur!

Was haben wir denn schon
in unser kleine Land?
Wir sind in all de Welt...

Stichwort: Schwanger: Die heutiche Kuh ist so eine gute Mutter, sie ist der ganze Lebe lang schwanger, bringt 7-8 niedliche Kälberchen zur Welt, die sie allerdings nie vor die Schnauze bekommt. Und der da von die vechanische Kampagne hat zu mir chesacht: „Du bist, was du isst! Und wenn du soviel holländische Käse isst, da brauchst du dich über die Kaskopp niet zu wundere!"

Aber ich sache Sie: Wir lasse uns von niets und niemande unsere schöne holländische Käse madich mache!

Und Stichwort Fußball: Ebenso, wie unsere Jungs in de Fußball von die Deutsche niet zu schlachen sin,...also fast niet zu schlachen sin, so wird unser kleine Land in Europa, auch in de Punkto Buttersozialprodukt triumphiere! C-Dur!!

Was haben wir denn schon...

Ihr Deutschen könnt euch nicht beklagen, ihr habt Mercedes und Volkswagen, die alle Länder ausstaffieren. Wir können nur Käse exportieren! Nur unsere Edamer Kaas, de Frieskaas, de Kruidkaas, de Nagelkaas, de Chauetaler und de herrlike Chaououdaaaa!

Dank je well! Dank je well!

(sie nimmt den Pianisten zur Brust, der in ihrem großen Busen versinkt und dem Erstickungstod nahe ist)
Hel chesellig! Was für ein leckere Jung! Totziens!

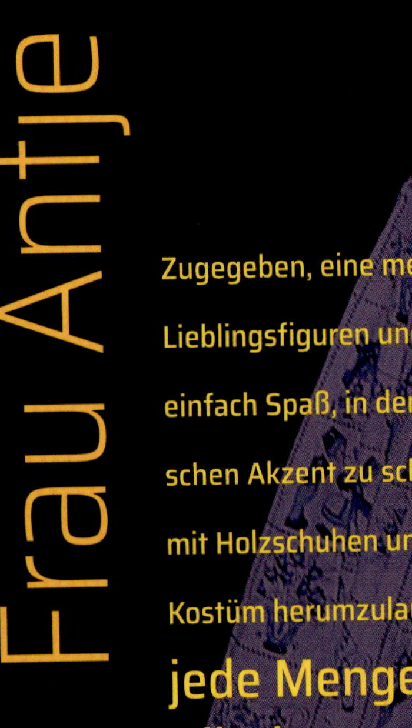

Zugegeben, eine meiner Lieblingsfiguren und es macht einfach Spaß, in dem holländischen Akzent zu schwelgen, mit Holzschuhen und dem Kostüm herumzulaufen und **jede Menge Klischees** zu bedienen.

Frau Antje

TEXT UND MUSIK: PAGO BALKE

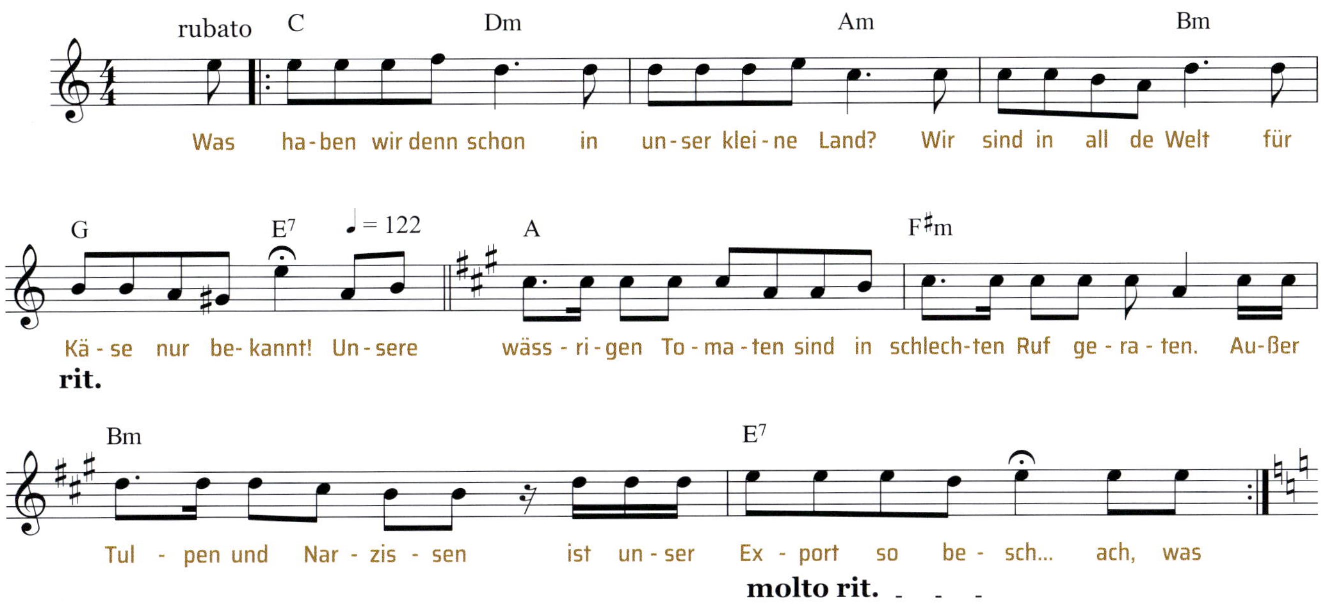

Ein Scheiß-Song

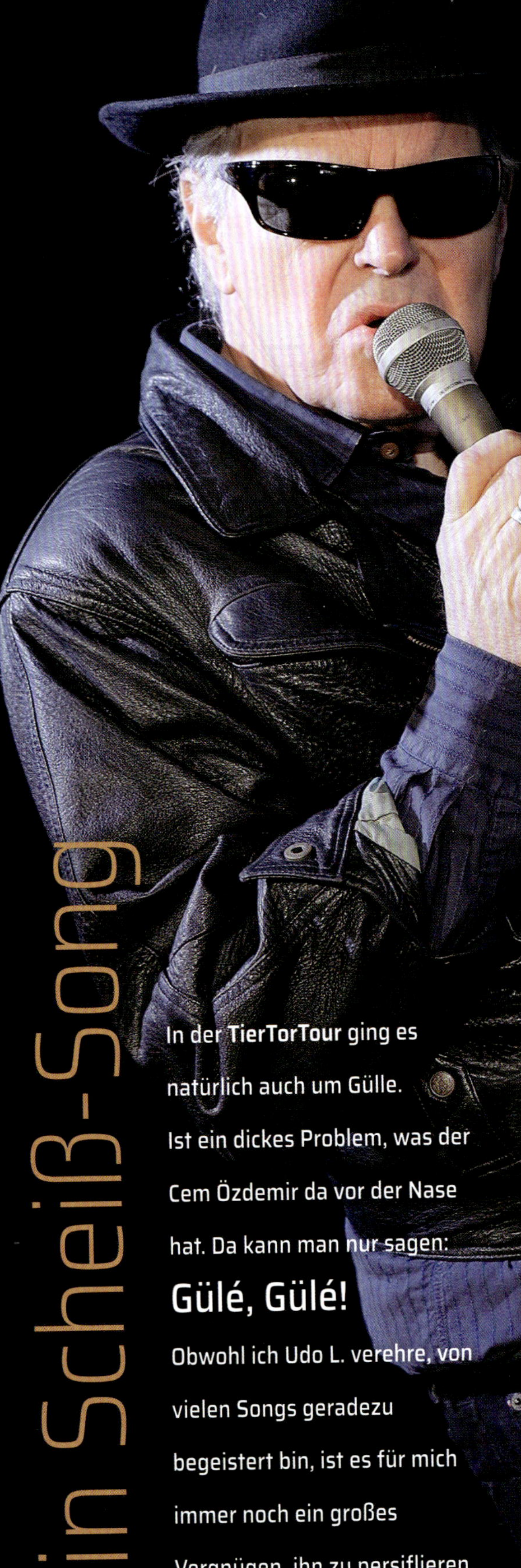

In der **TierTorTour** ging es natürlich auch um Gülle. Ist ein dickes Problem, was der Cem Özdemir da vor der Nase hat. Da kann man nur sagen:

Gülé, Gülé!

Obwohl ich Udo L. verehre, von vielen Songs geradezu begeistert bin, ist es für mich immer noch ein großes Vergnügen, ihn zu persiflieren.

Was ein Tier so unter sich lässt,
ist nicht wenig und stinkt wie die Pest.
Was Millionen Tiere fallen lassen,
das sind wahrlich biblische Massen.
Die Tonnen von Gülle sind leider nicht clean.

Wir versuchen die Felder zu besprühen,
das ist für das Grundwasser der Ruin.
Wir können es vielleicht tiefer verbuddeln
oder irgendwie mit dem Erdreich vermuddeln,
doch bei den Mengen macht das auch keinen Sinn.

WO BRINGEN WIR NUR DIE SCHEISSE HIN?

Vielleicht in der MVA verbrennen?
Oder wenn wir den Müll richtig trennen.
Das Feste kommt in den Gelben Sack,
das Flüssige locker ins Tetrapack.
Es erfordert nur etwas Disziplin.

Wir könnten den Salzstock in Gorleben nützen
und somit die obere Umwelt beschützen.
Das wär im Vergleich nicht so riskant,
doch was sagt der Öko-Demonstrant,
wenn Gülle-Castoren durch's Wendland ziehen?

WO BRINGEN WIR NUR DIE SCHEISSE HIN?

Es gäbe auch noch die Möglichkeit,
Länder zu finden, sehr arm und sehr weit,
weg von unseren empfindlichen Nasen,
da können wir den Mist in die Gegend blasen!
Da freut sich die Afrikanerin!

Ich seh, ihr seid nicht überzeugt.
Das Zeuch ist noch immer stinkig und feucht.
Wir können erst wieder das Leben genießen,
wenn wir die Scheiße ins Weltall schießen!
Ich finde, der Vorschlag macht wirklich Sinn!

DA BRINGEN WIR JETZT DIE SCHEISSE HIN!

Ein Scheiß-Song

TEXT UND MUSIK: PAGO BALKE, ARR.: MEINRAD MÜHL

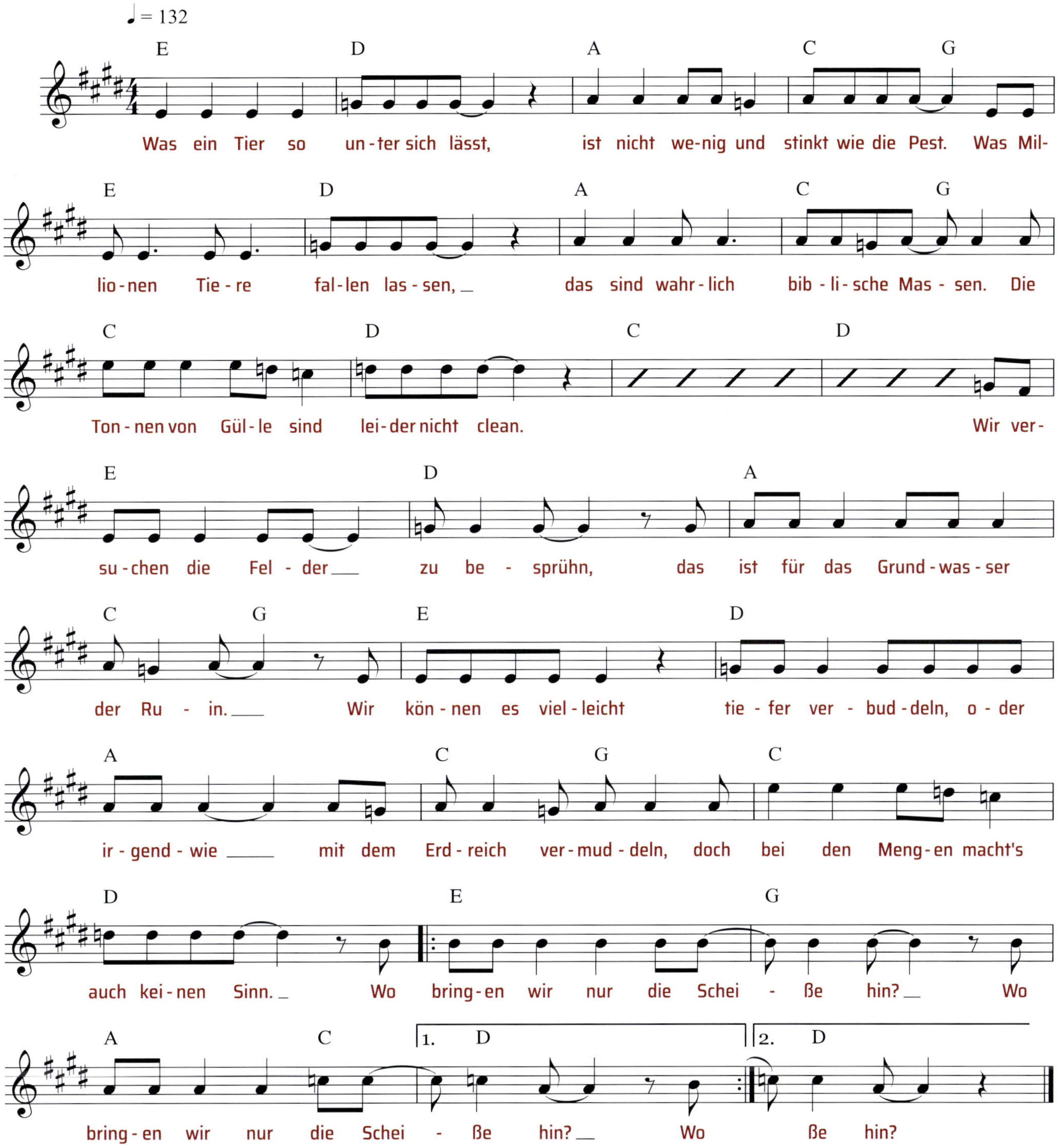

♩ = 132

E D A C G
Was ein Tier so un-ter sich lässt, ist nicht we-nig und stinkt wie die Pest. Was Mil-

E D A C G
lio-nen Tie-re fal-len las-sen, _ das sind wahr-lich bib-li-sche Mas-sen. Die

C D C D
Ton-nen von Gül-le sind lei-der nicht clean. Wir ver-

E D A
su-chen die Fel-der _ zu be-sprühn, das ist für das Grund-was-ser

C G E D
der Ru-in. _ Wir kön-nen es viel-leicht tie-fer ver-bud-deln, o-der

A C G C
ir-gend-wie _ mit dem Erd-reich ver-mud-deln, doch bei den Meng-en macht's

D E G
auch kei-nen Sinn. _ Wo bring-en wir nur die Schei-ße hin? _ Wo

A C 1. D 2. D
bring-en wir nur die Schei-ße hin? _ Wo ße hin?

Die Kuhphobie

Es fällt mir nicht leicht, davon zu erzählen,
wie sie mich manchmal heute noch quälen,
das geht echt auf keine Kuhhaut:
Die Kühe haben mir die Kindheit versaut!
Ich wachte jede Nacht auf und schrie!
ICH HAB NE KUHPHOBIE!

Einst trug meine Mutter mich durch den Wald,
ich war nicht mal zwei Jahre alt.
Wir trafen ein Rind und sie sagte dazu:
„Schau mal, das ist eine Kuh!"
und das war der Anfang der Hysterie.
ICH HAB NE KUHPHOBIE!

Ich strampelte, brüllte wie am Spieß,
worauf meine Mutter mich fallen ließ,
da hat die Kuh ihre Herkunft vergessen
und wollte plötzlich das Baby fressen,
sie kam näher und näher, das schreckliche Vieh!
ICH HAB NE KUHPHOBIE!

Über mir stand der riesige Schädel,
sie roch aus dem Maul nicht grade edel,
der Sabber tropfte ihr aus dem Zahn,
dann brüllt sie mich an mit vollem Organ
und gab mir zu allem Überfluss
MEINEN ERSTEN ZUNGENKUSS!

Ich weiß nicht, was ihr für ne Pubertät hattet,
meine war von üblen Küssen beschattet.
Ich fand zwar schließlich doch eine Braut
und wir haben uns sogar zu trauen getraut,
nur äh...das...das eine, das machen wir nie:
ICH HAB EINE KUSSPHOBIE!

Ich kann diesen Vorfall niemals vergessen
hab immer sehr gerne Rindfleisch gegessen.
Und wenn ich beim Grillen immer so lache
dann ist das pure, niedere Rache!
VERSTEHT IHR DAS NUN IRGENDWIE,
MEINE KUHPHOBIE!?

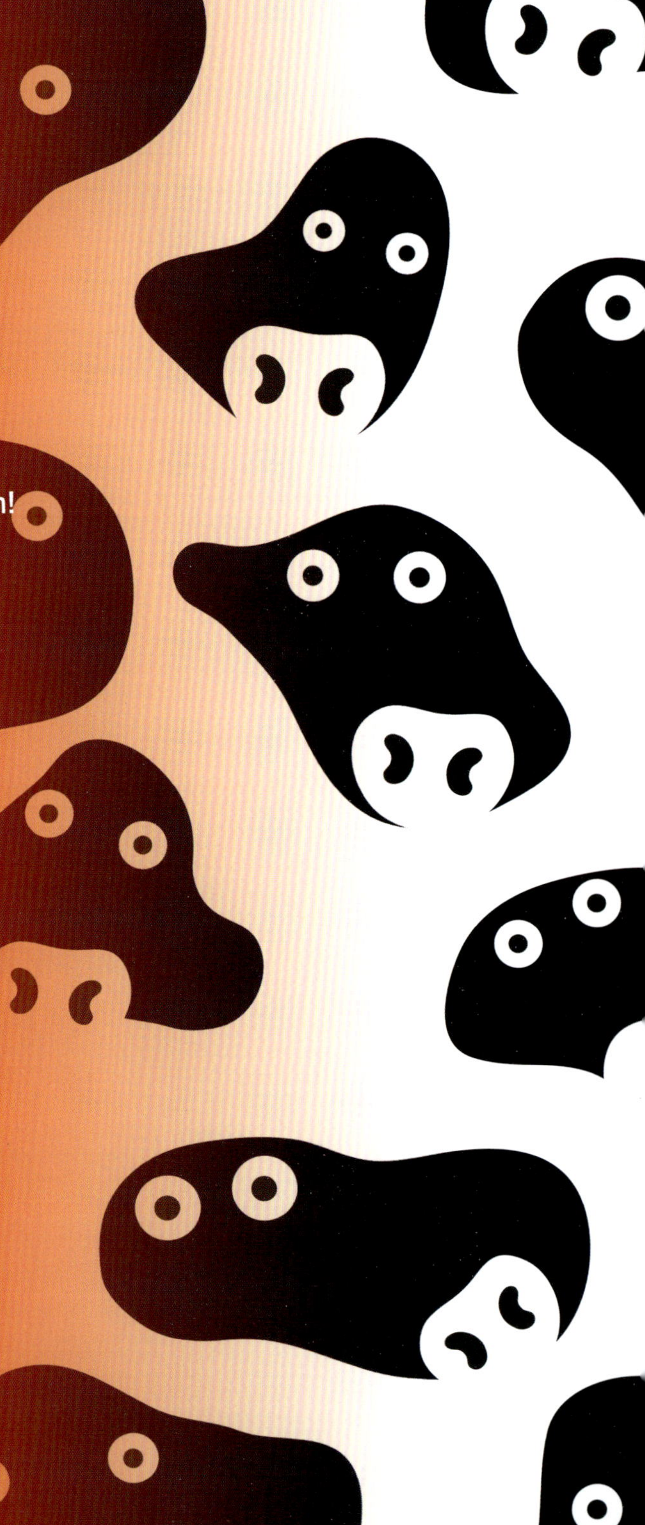

Die Kuhphobie

TEXT UND MUSIK: PAGO BALKE

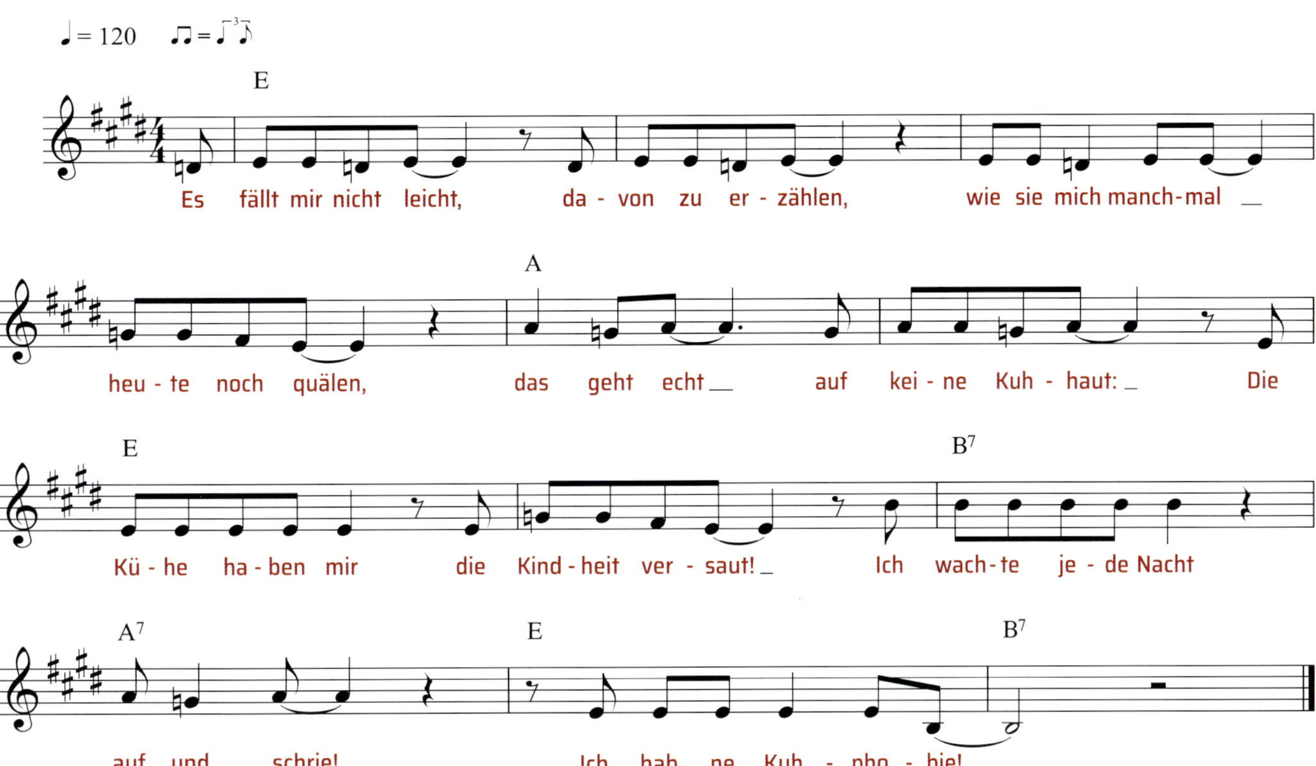

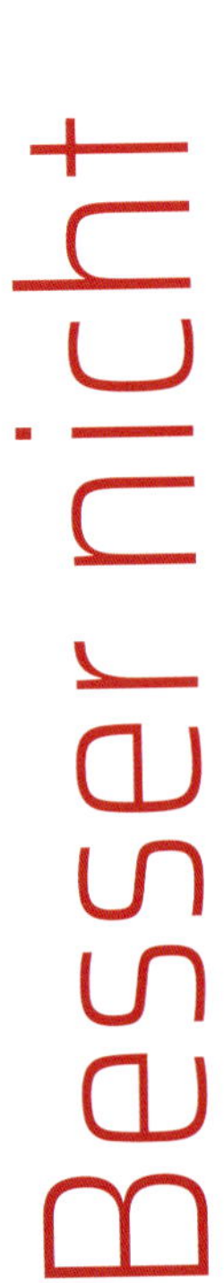

Der Song hat es nicht in das Programm TierTorTour geschafft. Dabei hätte doch etwas draus werden können! Zumindest sind alle Fallbeispiele echt, ordentlich recherchiert und **wahrheitsgetreu wiedergegeben.**

Der braune Bäumchen-Lippenfisch,
er baut sich jeden Abend frisch
aus Bruchsteinen ein neues Haus,
die klaubt er aus dem Sumpf heraus.

Er legt sich schlafen für die Nacht,
verlässt jedoch, grad aufgewacht
das Haus auf Nimmerwiedersehen!
- das fände meine Frau nicht schön!

Die Bauwirtschaft würd zwar florieren,
der Schwäbisch Hall Kurs explodieren...
DOCH GIBT'S HALT BEI DEN TIEREN SACHEN
DIE SOLLTEN WIR BESSER NICHT NACHMACHEN!

Ein andres Beispiel macht's glasklar:
Ihr kennt ja alle Madagaskar.
Dort leben seit Millionen Jahren
die Fossas, die mal Pumas waren.

Doch sind die Beine kurz geraten,
vielleicht darum: ihr dürft mal raten,
wie lang die für die Paarung brauchen?
Bis zu 10 Stunden! Das muss schlauchen!

Ich komme gern beim Liebesspiel
doch etwas früher schon zum Ziel!
ES GIBT HALT BEI DEN TIEREN SACHEN
DIE SOLLTEN WIR BESSER NICHT NACHMACHEN!

Auch dieser Fall ist was für Männer:
Ich bin ja Elefantenkenner!
Wenn sich der Bulle paaren will,
der schreit es raus, der bleibt nicht still.

Ist er im Liebesrausch gefangen,
tropft grüner Schleim ihm von den Wangen.
Er produziert für seine Queen
als Duft 300 Liter an Urin

und stinkt 800 Meter weit
in seiner liebestollen Zeit!
ES GIBT HALT BEI DEN TIEREN SACHEN
DIE SOLLTEN WIR BESSER NICHT NACHMACHEN!

TEXT: PAGO BALKE

Das Tier in mir

Vielleicht als reiner Text etwas schwierig, es ist französierend dargestellt und auf dem Videobeispiel aus der TierTorTour immer noch überzeugend, oder? Ich versuche, dem vorherrschenden Glauben, das Fleischkonsum **stark oder gar potent** macht, eine Überzeichnung entgegenzustellen.

VIDEO 

Ich spürée, wie das Steak
mir langsám in den Lenden steigt
und sisch auf diesem Weg
der urweltliche Jägär zeigt.

Er nimmt in mir Gestalte
und isch nehm plötzlisch Witterung auf,
da stehte im feuschten Wald
ein Reh vor meinem Flintenlauf!

Aus Witterung wird Instinkt,
in meinen Adérn kocht das Blut
und in dem Blut versinkte
der Wille in der Liebesflut.

Isch pirsché mich eran
ans süße Reh, an meine Beuté,
isch bin jetzt nur noch Mann,
der will das Wild und will es eute!

Das Fleisch, es schafft die Manneskraft
DAS TIER IN MIR, ES WILL ZU DIR!
Ohne Fleisch kein Preisch,
oder wie sagt man?

MERCI

TEXT: PAGO BALKE
MUSIK: MEINRAD MÜHL

Lizzy, you got me on my knees!

Der Song über unsere Katze Lizzy ist ein modernes Märchen mit viel wahren Bezügen zu meinem lustigen Landleben. Das Thema resultiert aus dem sogenannten

‚Fleisch-Paradoxon‘:

Die einen, vor allem die Katzen und Hunde, leben hierzulande wie die Prinzessinnen und Prinzen, die anderen sind eben nur Schlachtvieh. Dabei sind Schweine klüger als Hunde. Das hat mich bis auf den heutigen Tag zu einem moralingetränkten Vegetarier werden lassen. Also, ich mag Fleisch, aber ich esse es nicht mehr!

P.S. Hier ist allerdings nicht unsere schwarze Katze Lizzy portraitiert, sondern der dicke Kater Willi, der 22 Jahre alt geworden ist!

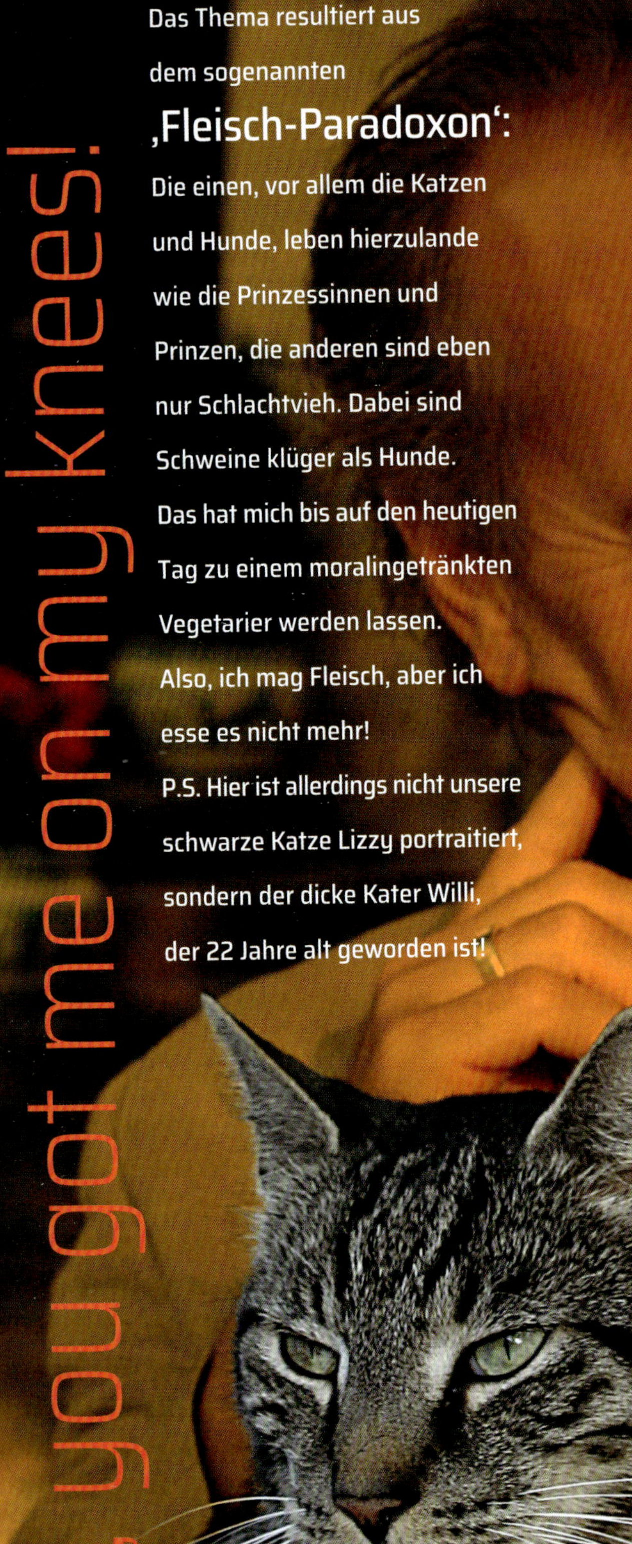

Lizzy, die Katze, und Rudi Rüssel
teilten zum Fressen sich eine Schüssel.
Das Schwein ließ Lizzy den Vorrang sogar.
Sie waren ein ungleiches Freundespaar!

Dass Lizzy auf Rüssel reiten konnte,
und sich dabei leckte, putzte und sonnte,
das ist wahr, doch würde ich lügen,
dass Esel und Hahn noch dazu gestiegen.
Das Leben auf dem Lande ist ein Paradies!
LIZZY, YOU GOT ME ON MY KNEES!

Es kam, dass den Bauern, dem Rüssel gehörte,
seine leere Kühltruhe störte.
So wurde Schwein Rüssel abtransportiert,
natürlich hat Lizzy das nicht kapiert.

Sie greinte und suchte ihn überall,
saß jeden Tag vor dem leeren Stall.
Und wollt' nicht mehr fressen ohne das Schwein
Es muss wahre Liebe gewesen sein!
Und uns fand Lizzy ziemlich fies.
LIZZY, YOU GOT ME ON MY KNEES!

Wir haben die Katze zum Tierarzt geschleppt,
mit teuren Spritzen aufgepeppt.
Sie schien unbeeindruckt davon zu sein
und suchte nur weiter nach ihrem Schwein.

Der Bauer schlachtete noch ein paar Rinder
und verfütterte diese an seine Kinder.
Meine Frau hat nur noch neben Lizzy gesessen
und seitdem keinen Bissen Fleisch mehr
gegessen.
Es gibt immer nen Haken im Paradies!
LIZZY, YOU GOT ME ON MY KNEES!

Lizzy, you got me on my knees

TEXT UND MUSIK: PAGO BALKE

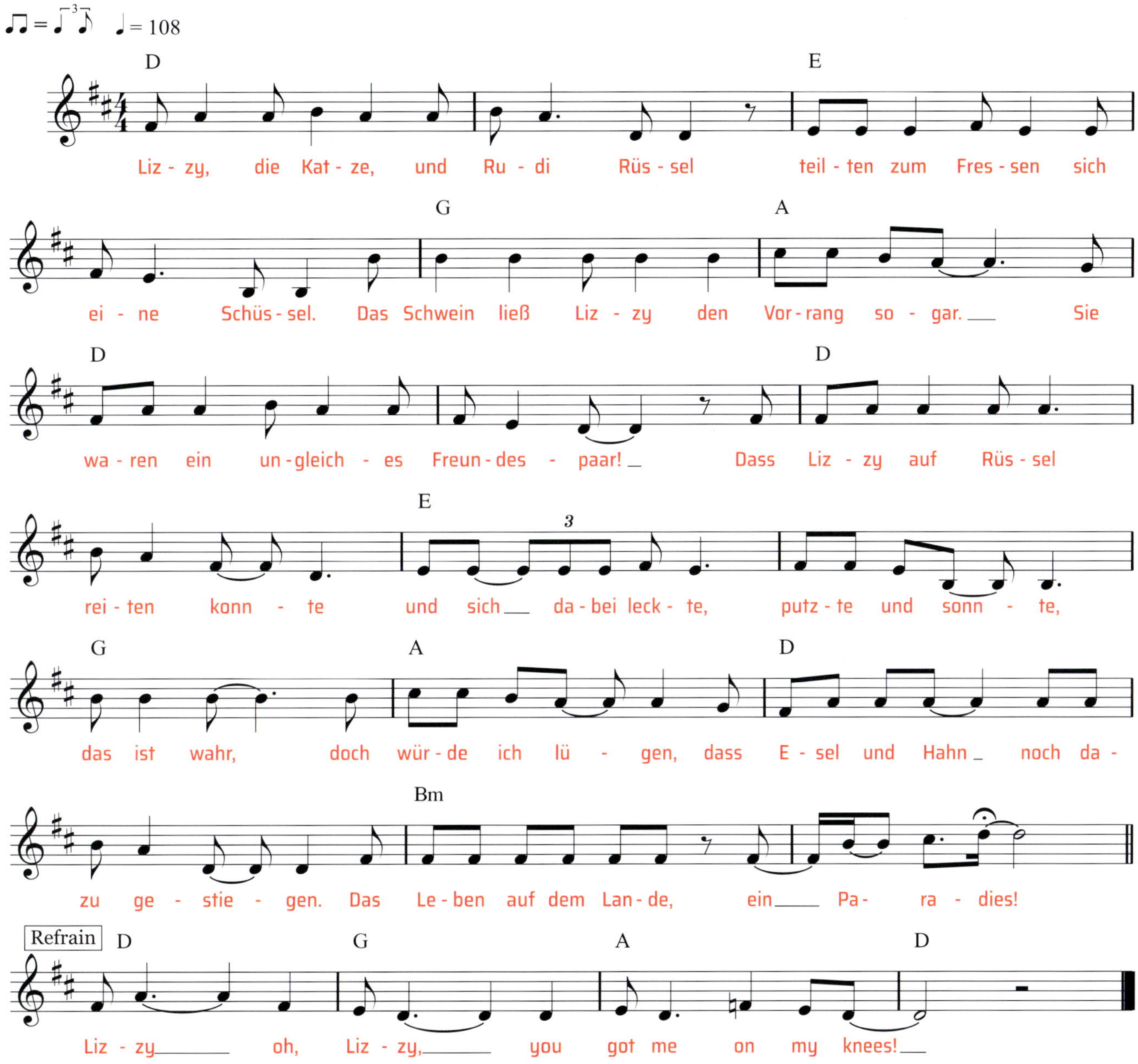

♫ = ♩³♪ ♩ = 108

D E

Liz - zy, die Kat - ze, und Ru - di Rüs - sel teil - ten zum Fres - sen sich

G A

ei - ne Schüs - sel. Das Schwein ließ Liz - zy den Vor - rang so - gar. Sie

D D

wa - ren ein un - gleich - es Freun - des - paar! Dass Liz - zy auf Rüs - sel

E 3

rei - ten konn - te und sich da - bei leck - te, putz - te und sonn - te,

G A D

das ist wahr, doch wür - de ich lü - gen, dass E - sel und Hahn noch da -

Bm

zu ge - stie - gen. Das Le - ben auf dem Lan - de, ein Pa - ra - dies!

Refrain D G A D

Liz - zy oh, Liz - zy, you got me on my knees!

Dirdy Dieder

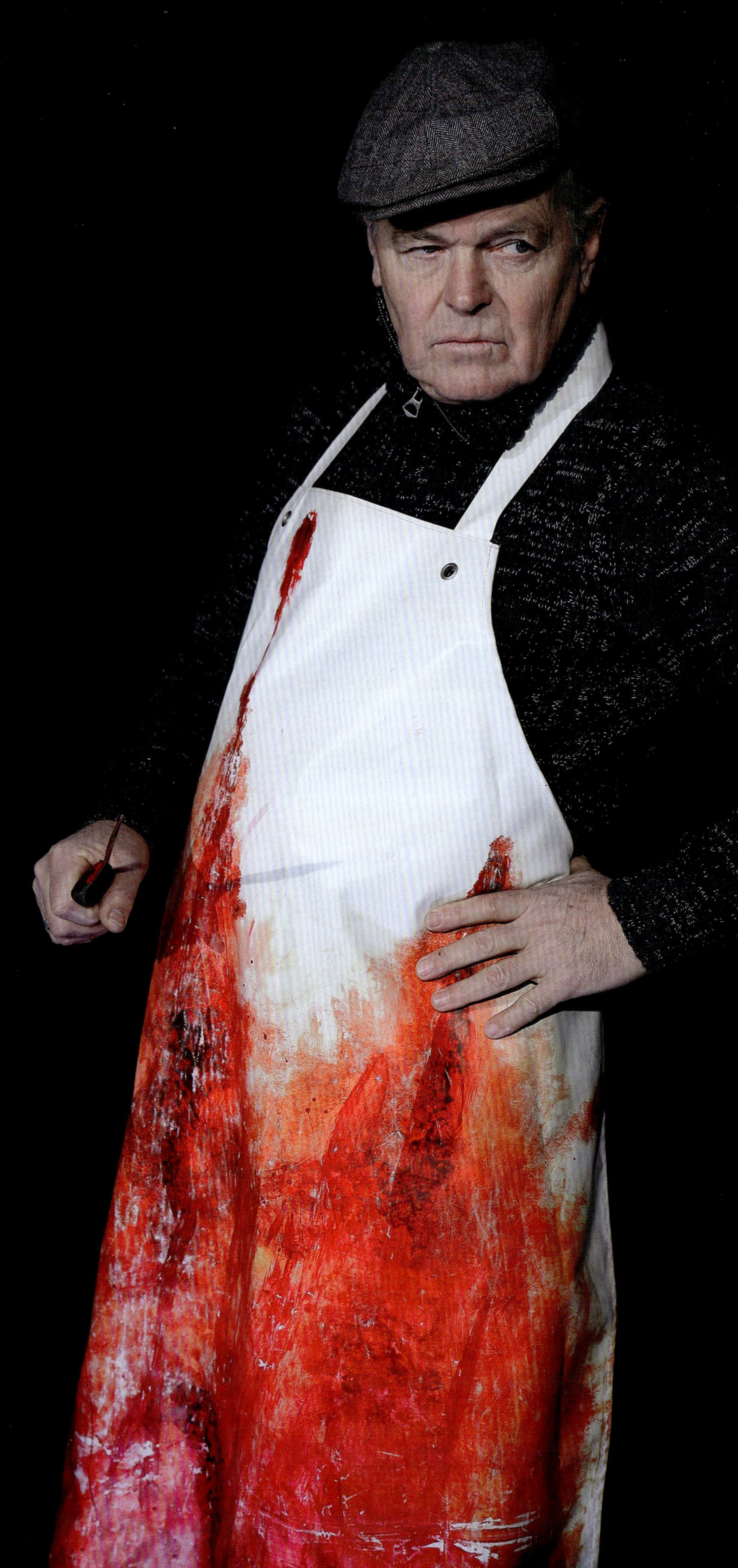

Isch bin der DIRDY DIEDER! Warum isch eusch von de Schlachthof erzähle? Ja, wer soll's denn erzähle? Die annere Kollesch sin doch aal aus Polen, Moldavien, Novosibirsk, aus Uda-Uda und haste net gesehn! Die könne kei Deutsch, die spresche e Dialekt, das kanns gar net verstehe!

Die maloche nur, de knalle des dursch, de maaste sin schlescht aasgebildet (ausgebildet). Mir ham e Verletzungsrade, des gib's gar net! Net bei de Tiere, da is des ja von der Sach her gsehe normal! Isch maan bei uns. Und das bei de schleschde Bezahlung!

Der Kerle aus Warschawa da und de aus Uda-Uda de, de geht als schnell wedder zurück mit sane paar Piepe, aber isch? Isch mach des scho fünfezwonzig Johr!

Isch bin vorn in de Kedd, de Stesche! De Blutentzug, des mach isch. Schlachte heißt Blutenzug nach Betäubung. Die Betäubung wird vollzoche mit Bolzeschuss, Elektrozange oder mit Gas und danach stesche, zerteile, zerhagge bis zum fertische Paket in de Kühltruh. Isch steh vorn in de Kedd und hinde kommt de Mortadella raus!

Tausend Schwane in de Schischt. 300 Dache, fünfezwonzig Johr, das kannst ma ausreschne! Schlaumeier! Siebe Millione fünfhunderttausend Schwane hab isch bis jetz gstoche, hast net gsehen!

De lustige Grillpardys mit de saftige Fleischlabbe, aaner muss es doch stesche, zerdeile, zerhagge!

Aber glaabt net, dass es mir nix aasmacht! Mer kommt sisch manschmal vor wie in e Killermovie oder wie de Wurstinador persönlisch!

Und isch bin tierlieb, hast net gsehen! Du hättst misch mal erlebe solle mit mei Lilly, mei erste Zwerschpudelin, da war isch so was von vernarrt drin, de hat so treue Aache (Augen) ghabt. Da hab isch ihr aals durschgehe lasse. Un aanes Daches, da hat se gekläfft un gezappelt un gebisse un vergesse, wen se vor sisch hat: de Stesche! (er sticht imaginär den Hund ab)

Is an sisch net bös gmeint gwäse, gel. Abe man is net imme gut druff, wenn ma von de Dienst kummt, da kann des passiere. Isch hab mir immer wiede e neue Zwersch-Pudelin aus de Tierham geholt!

Der Psyschader sacht: „Dirdy Diede, des is e ‚Deformation professionelle', des bringt de Dienst so mit sisch." De Psyschader hat aach drauf bstande, dass mer de Therapie nur telefonisch mache däd... Isch waaß net, was der hat, der Kerle. Isch hab jetzt e Katz, die is schneller, die schafft des!

Naja, Dienst is Dings, haste net gsehen, und Schnaps gib's späder!

Zur Mordadella!

TEXT: PAGO BALKE

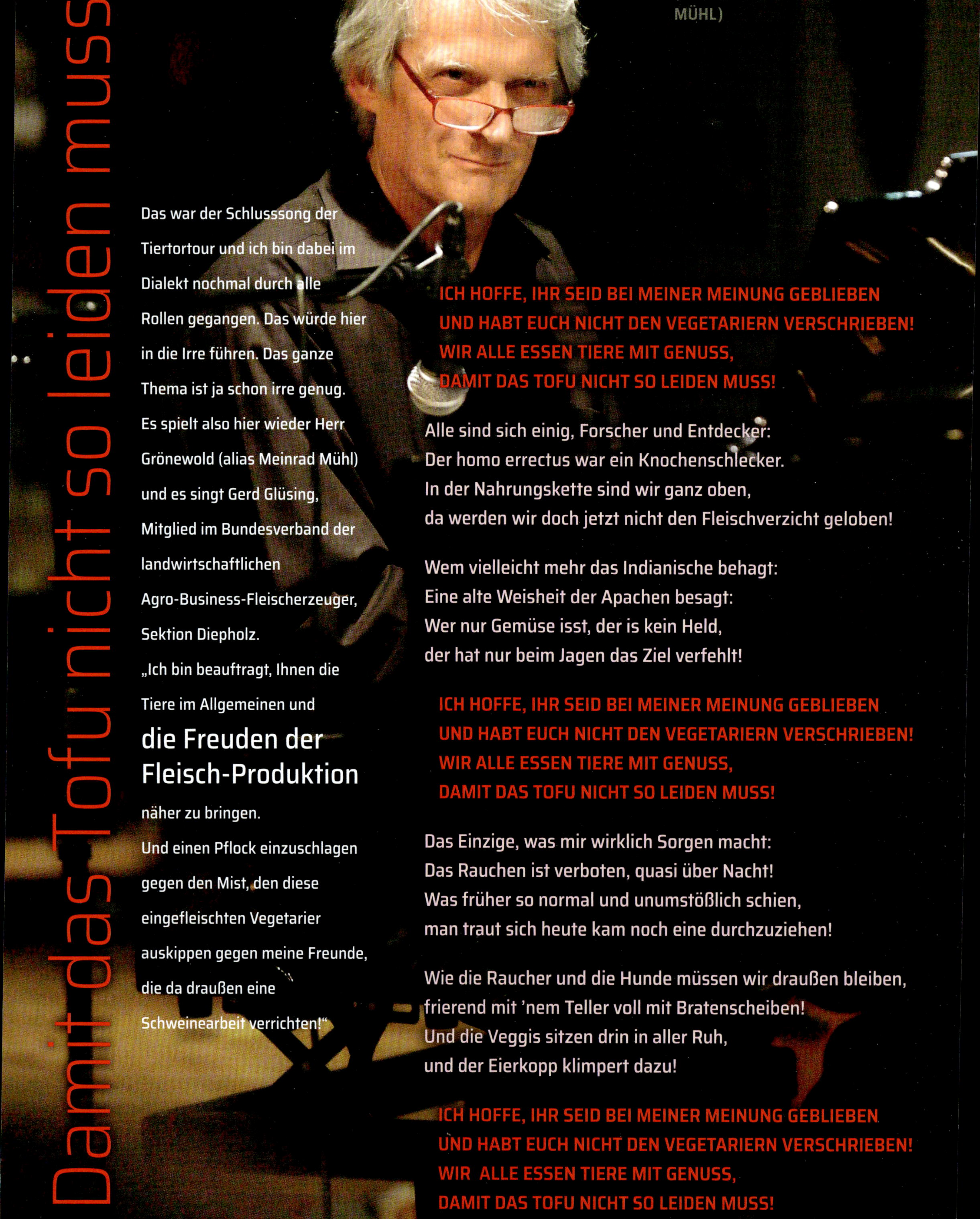

MÜHL)

Damit das Tofu nicht so leiden muss

Das war der Schlusssong der Tiertortour und ich bin dabei im Dialekt nochmal durch alle Rollen gegangen. Das würde hier in die Irre führen. Das ganze Thema ist ja schon irre genug. Es spielt also hier wieder Herr Grönewold (alias Meinrad Mühl) und es singt Gerd Glüsing, Mitglied im Bundesverband der landwirtschaftlichen Agro-Business-Fleischerzeuger, Sektion Diepholz.

„Ich bin beauftragt, Ihnen die Tiere im Allgemeinen und

die Freuden der Fleisch-Produktion

näher zu bringen.

Und einen Pflock einzuschlagen gegen den Mist, den diese eingefleischten Vegetarier auskippen gegen meine Freunde, die da draußen eine Schweinearbeit verrichten!“

ICH HOFFE, IHR SEID BEI MEINER MEINUNG GEBLIEBEN
UND HABT EUCH NICHT DEN VEGETARIERN VERSCHRIEBEN!
WIR ALLE ESSEN TIERE MIT GENUSS,
DAMIT DAS TOFU NICHT SO LEIDEN MUSS!

Alle sind sich einig, Forscher und Entdecker:
Der homo errectus war ein Knochenschlecker.
In der Nahrungskette sind wir ganz oben,
da werden wir doch jetzt nicht den Fleischverzicht geloben!

Wem vielleicht mehr das Indianische behagt:
Eine alte Weisheit der Apachen besagt:
Wer nur Gemüse isst, der is kein Held,
der hat nur beim Jagen das Ziel verfehlt!

ICH HOFFE, IHR SEID BEI MEINER MEINUNG GEBLIEBEN
UND HABT EUCH NICHT DEN VEGETARIERN VERSCHRIEBEN!
WIR ALLE ESSEN TIERE MIT GENUSS,
DAMIT DAS TOFU NICHT SO LEIDEN MUSS!

Das Einzige, was mir wirklich Sorgen macht:
Das Rauchen ist verboten, quasi über Nacht!
Was früher so normal und unumstößlich schien,
man traut sich heute kam noch eine durchzuziehen!

Wie die Raucher und die Hunde müssen wir draußen bleiben,
frierend mit ’nem Teller voll mit Bratenscheiben!
Und die Veggis sitzen drin in aller Ruh,
und der Eierkopp klimpert dazu!

ICH HOFFE, IHR SEID BEI MEINER MEINUNG GEBLIEBEN
UND HABT EUCH NICHT DEN VEGETARIERN VERSCHRIEBEN!
WIR ALLE ESSEN TIERE MIT GENUSS,
DAMIT DAS TOFU NICHT SO LEIDEN MUSS!

Damit das Tofu nicht so leiden muss

TEXT UND MUSIK: PAGO BALKE

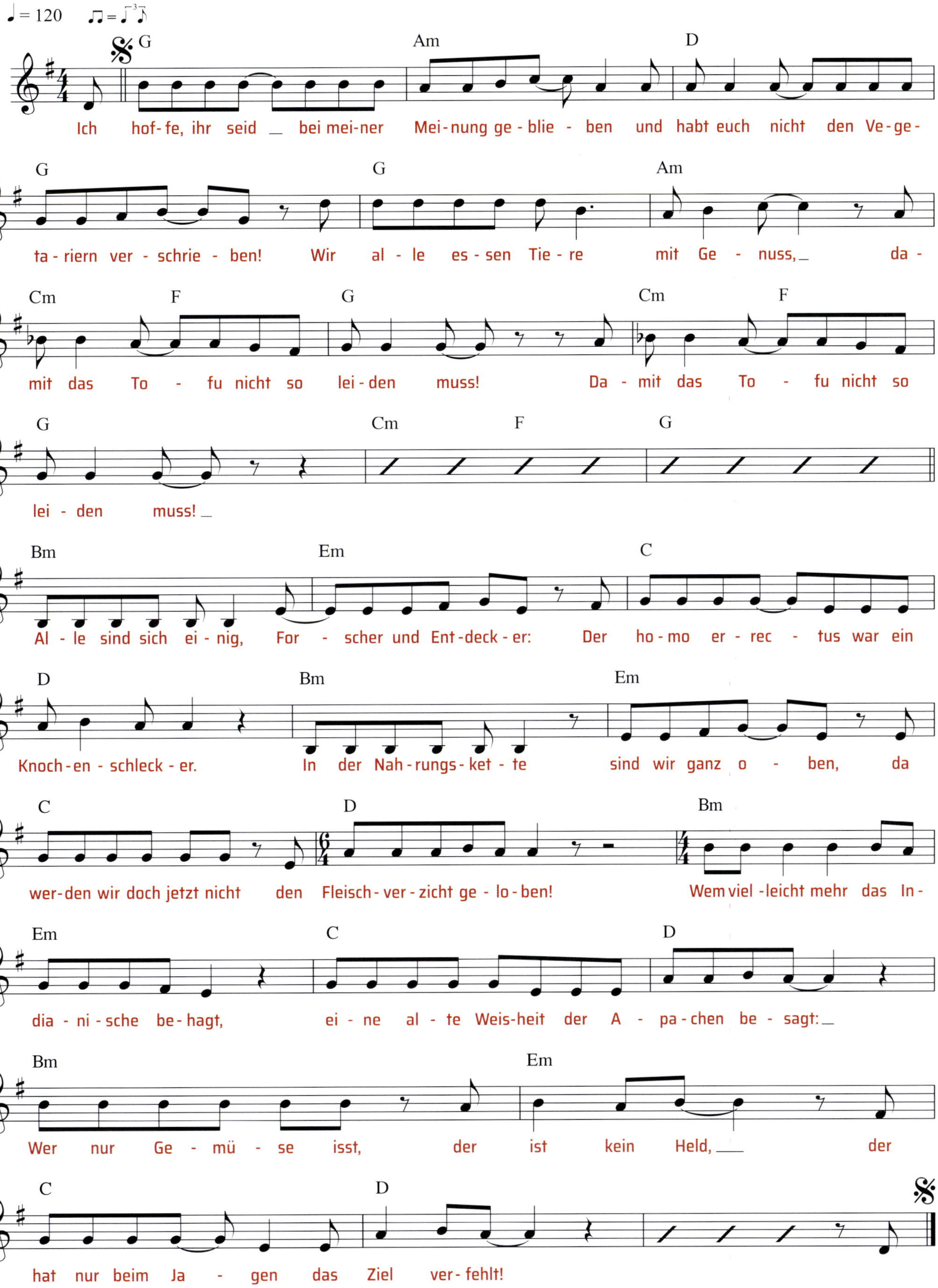

♩ = 120

G Am D
Ich hof-fe, ihr seid _ bei mei-ner Mei-nung ge-blie - ben und habt euch nicht den Ve-ge-

G G Am
ta-riern ver - schrie - ben! Wir al - le es-sen Tie-re mit Ge - nuss, _ da -

Cm F G Cm F
mit das To - fu nicht so lei-den muss! Da - mit das To - fu nicht so

G Cm F G
lei - den muss! _

Bm Em C
Al - le sind sich ei - nig, For - scher und Ent-deck-er: Der ho-mo er-rec - tus war ein

D Bm Em
Knoch-en - schleck - er. In der Nah-rungs-ket - te sind wir ganz o - ben, da

C D Bm
wer-den wir doch jetzt nicht den Fleisch-ver-zicht ge - lo-ben! Wem viel-leicht mehr das In-

Em C D
dia - ni-sche be-hagt, ei - ne al - te Weis-heit der A - pa-chen be - sagt: _

Bm Em
Wer nur Ge - mü - se isst, der ist kein Held, _ der

C D
hat nur beim Ja - gen das Ziel ver-fehlt!

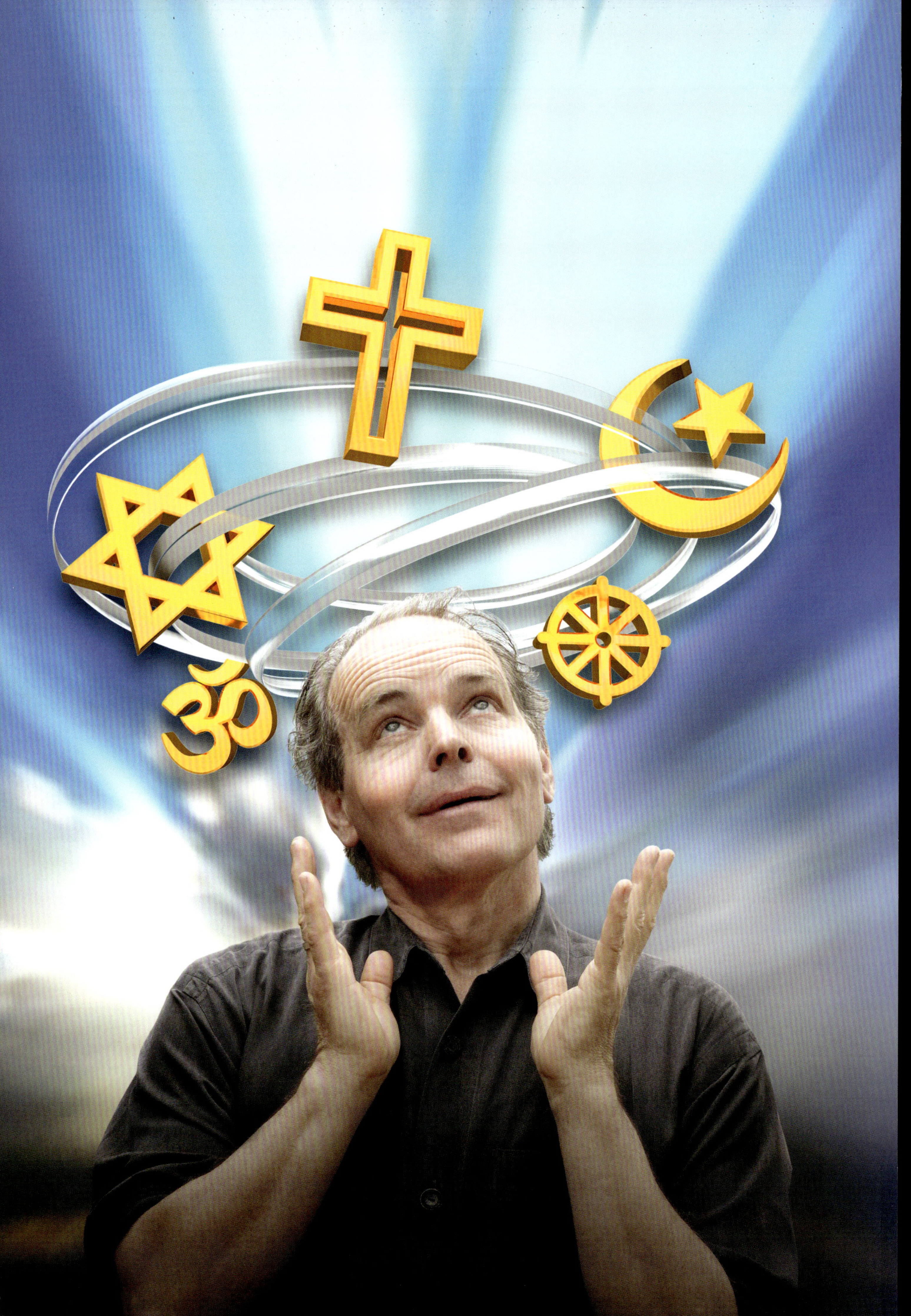

Unglaublich

Das Religionsprogramm, das ich mit dem Marimbaspieler **Gerhard Stengert** und dem Regisseur und Co-Autoren **Alvaro Solar** ‚aus der Taufe' gehoben habe. Da fängt es schon wieder an, wie schön man mit Metaphern und Zitaten die Religionen dieser Welt interpretieren und belächeln kann. Es ist und war ein himmlisches Vergnügen!

Gott sei Dank (da ist er schon wieder) wurden wir von den Fundamentalisten jeglicher Couleur weitestgehend verschont. Bis auf einen empörten christlichen Leserbrief und böse Blicke einiger ZuschauerInnen ernteten wir viel Gelächter und Applaus.

Hier ein paar Ausschnitte aus **„unglaublich"**, beginnend mit dem Papst, dem Deutschen. Er durfte auch bei unserem **best-of-Programm ERNTE 23** nicht fehlen. Und da war er doch grade erst gestorben! Pago, wie pietätlos, mokierten sich einige meiner Freunde! Aber, Entschuldigung, wer sich selbst den ‚Stellvertreter Gottes' auf Erden nennt, der muss doch auch die Bürde der Satire ertragen können!

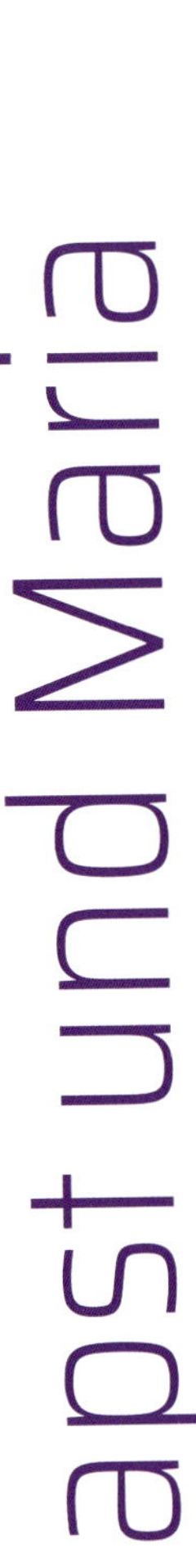

Liebe Gläubige und Gläubigerinnen, pilgern Sie nach Altötting, meiner geistlichen Heimat. Der Herr hat mir das große Glück geschenkt, ganz in der Nähe von Altötting geboren zu sein. Und so gehören die gemeinsamen Wallfahrten mit meinen Eltern und Geschwistern an den Gnadenort der heiligen Maria, der Jungfrauen aller Jungfrauen zu meinen schönsten Eri....Ero...Er..Erinnerungen!

Schon im Kindergarten in Titt-Titt-Monning habe ich den heiligen Entschluss gefasst, einmal Kardinal oder gar der Stellvertreter Gottes auf Erden zu werden! Und so hat's mir der Herr gegeben!

Ich rufe euch zu: Ihr Sünderinnen -
und von mir aus auch ihr Sünder - tut Buße!
Denn der Satan ist unter euch! Pilgert, soweit die Füße tragen,
von Pontius nach Pilates! Schleppt euch nach Altötting,
dem Herzen Bayerns und einem der Herzen Europas!

Und so sage ich euch: Amen und Pfirti forever!

The most beautiful sound I've ever heard:
Maria, Maria, Maria, Maria,
All the beautiful sounds of the world in a single word.
Maria, Maria, Maria, Maria, Maria, Maria, Maria!
I've just met a girl named Maria,
And suddenly that name will never be the same to me. Maria!
I've just kissed a girl named Maria,
And suddenly I found, how wonderful a sound can be! Maria!
Say it loud and the music's playing
say it soft and it's almost like praying!
Maria, I never stop saying: Maria!
The most beautiful sound I've ever heard: Maria!

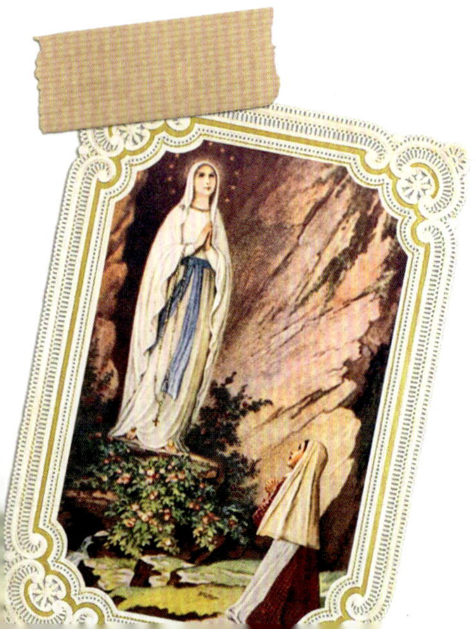

TEXT: PAGO BALKE
MUSIK: LEONARD BERNSTEIN

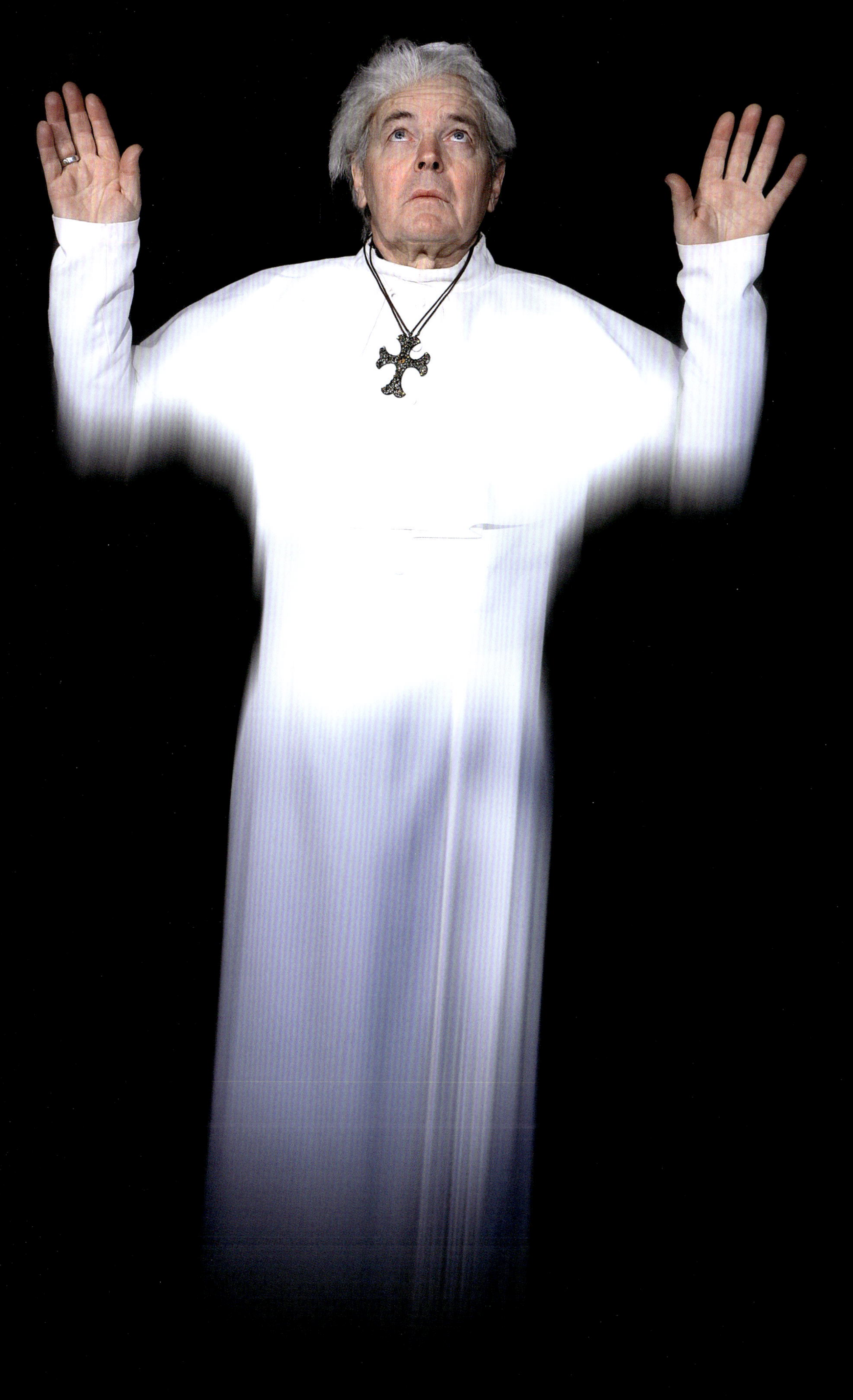

Einer den man wirklich liebt

Ich weiß ja nicht, wie bibelfest ihr seid, war ja früher wichtiger als Abitur, aber ist ja heute kaum noch einer. Aber Matthäus 5/28 kennt ihr, nicht? Da sagt Jesus zu seinen Jüngern:
„Wer eine fremde Frau auch nur lüstern ansieht, hat in seinem Herzen schon Ehebruch mit ihr begangen. Wenn dich dein rechtes Auge zum Bösen verführt, dann reiß es aus und wirf es weg!"
Ich bin mir sicher wenn wir die Worte des Herrn wirklich befolgt hätten, dann hätten wir es allerorten mit einer kompletten Versammlung von

einäugigen Zyklopen

zu tun!
Das führt mich direkt zum Thema Selbstbefriedigung! Wir hatten zuhause ein katholisches Aufklärungsbuch, aus dem mir mein Bruder immer lauthals vorgelesen hat, darin stand:
„Wenn dich die Lust anfällt, dann leg dich neben das Bett auf den kalten Boden und siehe, Bruder Esel, dein Körper, beruhigt sich wieder." Ich habe mir auf diese Weise eine chronische Lungenentzündung geholt!

„Wenn dich deine Hand zum Bösen verführt,
dann hau sie ab, ehe noch mehr passiert.
Es ist besser, nur mit einer Hand durch's Leben zu gehen,
als mit allen Gliedern ewig in der Hölle zu stehen!"

So hat zu seinen Jüngern der Herr Jesus gesagt,
vielleicht kommt daher, dass uns das Gewissen plagt,
wenn man ohne Partner sich der Lust hingibt...

ONANIE IST SEX MIT EINEM, DEN MAN WIRKLICH LIEBT!

Rückenmarksschwund, Blindheit bis zum Nerventod,
was hat man uns bisher nicht alles angedroht.
Auch für solche Sünden wird die Beichte auferlegt:
„Du Lieber Gott, ich habe wieder Hand an mich gelegt!"

Ohne Zwang und Stress, was kann es Schöneres geben?
Die Lust führt allermeistens zu 'nem lustigen Leben
und darum singe ich: Merci, dass es dich gibt!

ONANIE IST SEX MIT EINEM, DEN MAN WIRKLICH LIEBT!

Einer den man wirklich liebt

TEXT UND MUSIK: PAGO BALKE, REFRAINZEILE VON WOODY ALLEN

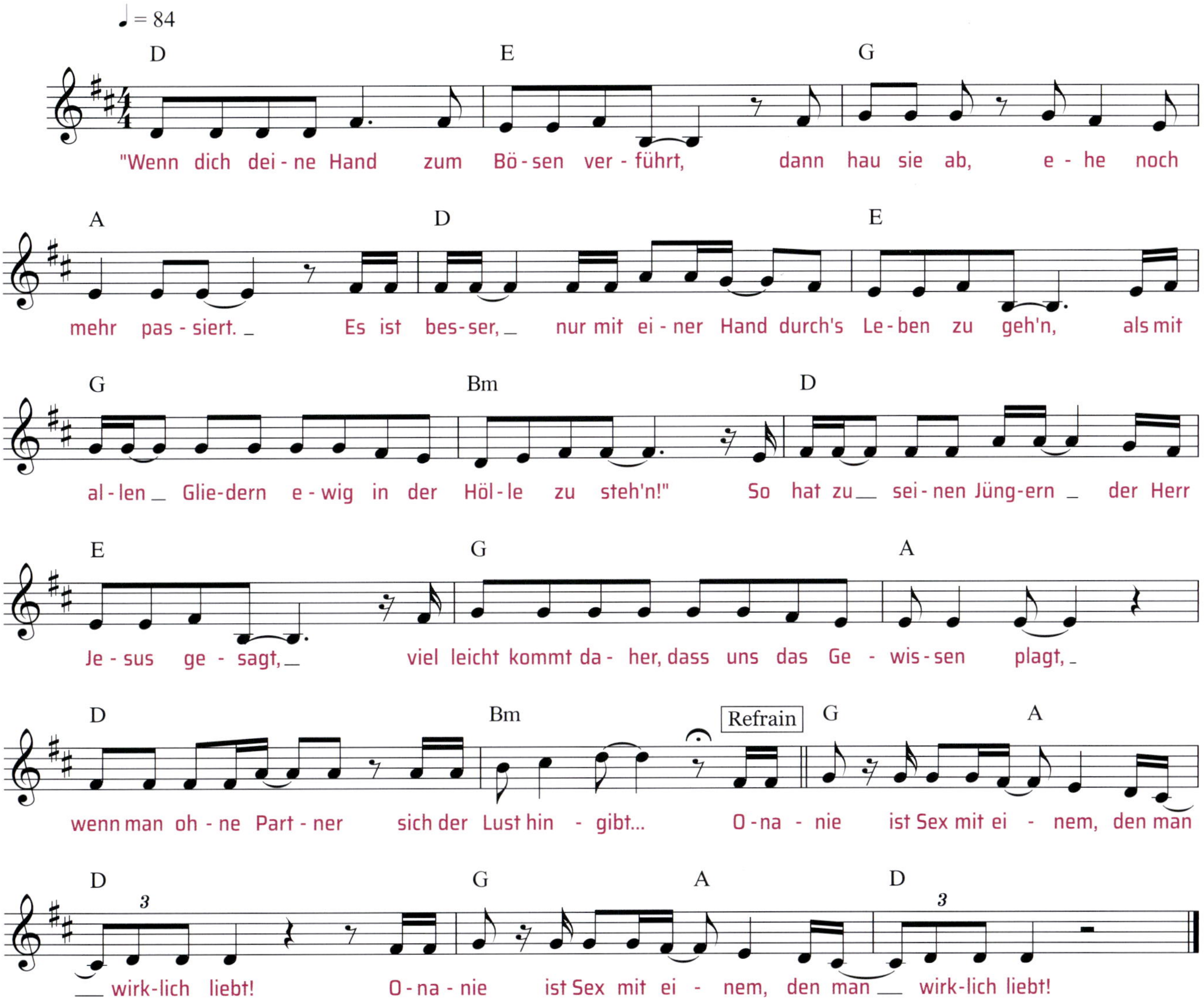

♩ = 84

D E G
"Wenn dich dei - ne Hand zum Bö - sen ver - führt, dann hau sie ab, e - he noch

A D E
mehr pas - siert. _ Es ist bes - ser, _ nur mit ei - ner Hand durch's Le - ben zu geh'n, als mit

G Bm D
al - len _ Glie - dern e - wig in der Höl - le zu steh'n!" So hat zu _ sei - nen Jüng - ern _ der Herr

E G A
Je - sus ge - sagt, _ viel leicht kommt da - her, dass uns das Ge - wis - sen plagt, _

D Bm Refrain G A
wenn man oh - ne Part - ner sich der Lust hin - gibt... O - na - nie ist Sex mit ei - nem, den man

D G A D
_ wirk - lich liebt! O - na - nie ist Sex mit ei - nem, den man _ wirk - lich liebt!

Die Laura mit der Aura

Schon wieder hab ich in die Kiste mit hessisch gegriffen! Und dann noch bei Margit Sponheimer geklaut! Also ehrlisch,

des dud mer doch nisch!

Zum Religions-Programm gehören einfach auch die Potbourri-Religionen und das Esotherische. Mit der Esoterik und dem Aberglauben werden in Deutschland jedes Jahr 25 Milliarden Euro Umsatz gemacht.
Aber, aber an einen Aber-Glauben, da glaub ich aber! Über die Schulter spucken und toi,toi,toi vor der Aufführung. Das wirkt immer! Lass ich mir auch nicht ausreden! Von keinem Atheisten.

Isch bin so esoterisch,
ach, liebe Gott, was wär isch
ohne maine Horoskobe,
isch braach kaan Priester, kaanen Pope,
die Sterne sachen alles aus,
main Ascendent im dritte Haus
gel, der läßt misch net, gel, der läßt misch net,
gel, der läßt misch net im Stisch! (wdh.)

Hallo! Isch bin die Laura! Die mit de Aura!
Ei, des is ja des Scheine (Schöne), ma kann sisch heut sei persönlische Relischion z'sammestelle. Ganz auf mei Charakte zugschnidden's Glaubens-Potbourri! E bissi Franziscus, e bissi Meditation, Bachblüte ohne Mozartkuchele, e groß Portion Dalai Lama, FengShui, Bagwhan, Thich Nhat Hanh, Jakobsweg und das Herrlischste:
Ei, des sind die Engelscher! gel? (Engel)

Isch bin so esotherisch,
war frühe luthererisch,
getauft und rischtisch konfirmiert,
danach vom Glaube desertiert.
Isch schubs de Herrgodd von sei Thron,
bau mir ne Patchwork-Religion,
denn die läßt misch net, gel, die läßt misch net,
gel, die läßt misch net im Stisch! (wdh.)

Isch bin so esotherisch,
ach, lieber Gott, was wär isch
ohne Astro-Aura
wär isch net die Laura!
Un is des Glück aach noch so fern,
isch hab de Schwachsinn gelle gern,
denn der läßt misch net, gel, der läßt misch net
gel, der läßt misch net im Stisch! (wdh.)

VIDEO

Die Laura mit der Aura

TEXT UND MUSIK: PAGO BALKE

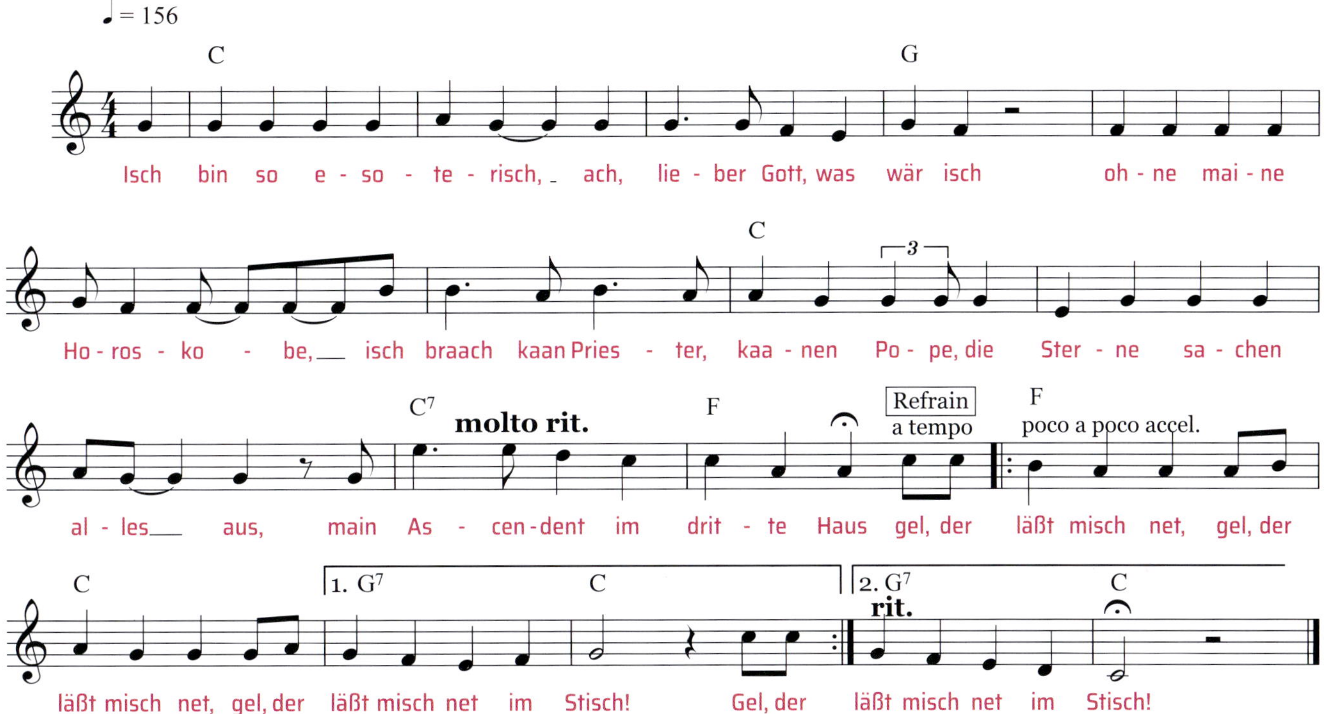

VIDEO

Das sanctum praeputium

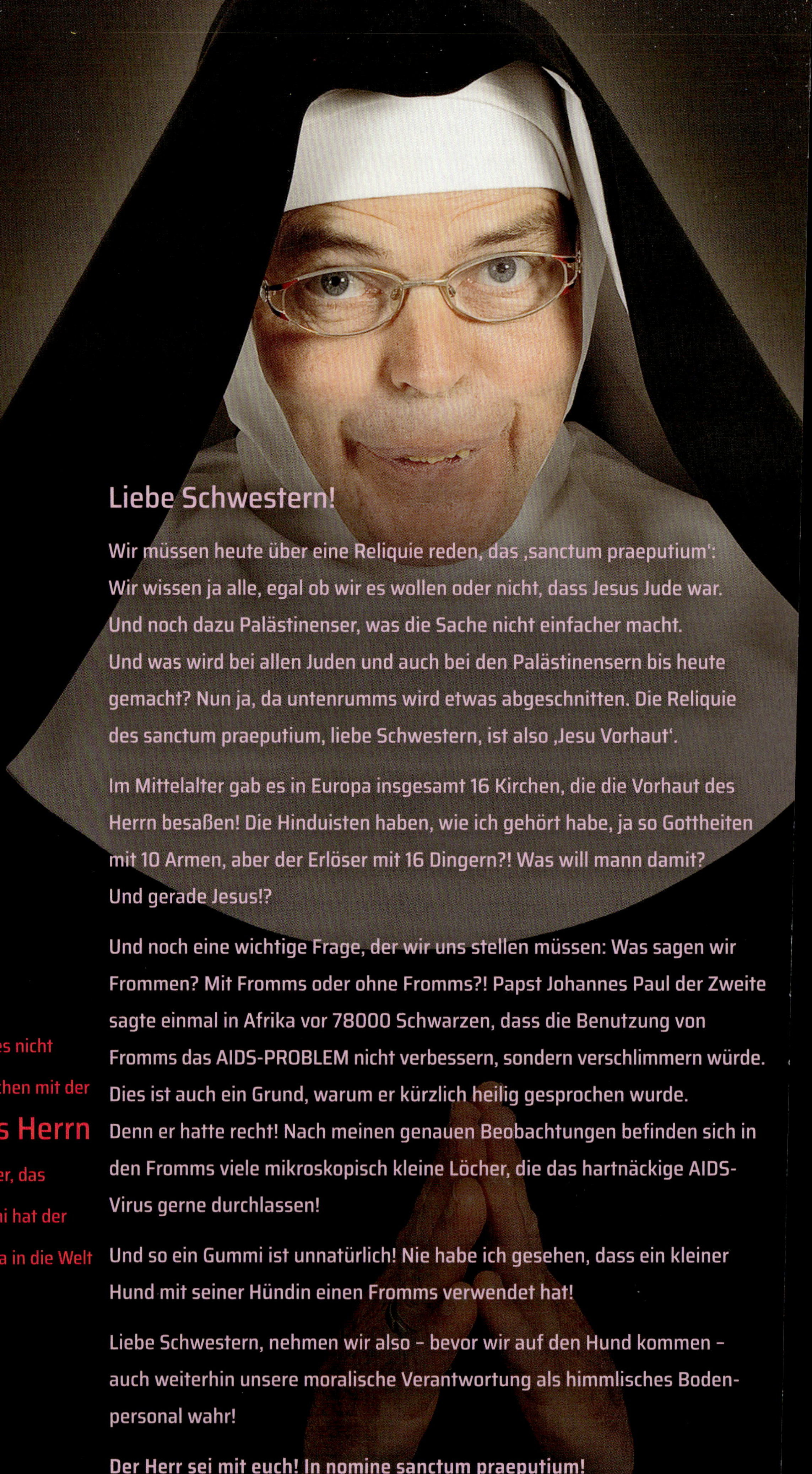

Liebe Schwestern!

Wir müssen heute über eine Reliquie reden, das ‚sanctum praeputium': Wir wissen ja alle, egal ob wir es wollen oder nicht, dass Jesus Jude war. Und noch dazu Palästinenser, was die Sache nicht einfacher macht. Und was wird bei allen Juden und auch bei den Palästinensern bis heute gemacht? Nun ja, da untenrumms wird etwas abgeschnitten. Die Reliquie des sanctum praeputium, liebe Schwestern, ist also ‚Jesu Vorhaut'.

Im Mittelalter gab es in Europa insgesamt 16 Kirchen, die die Vorhaut des Herrn besaßen! Die Hinduisten haben, wie ich gehört habe, ja so Gottheiten mit 10 Armen, aber der Erlöser mit 16 Dingern?! Was will mann damit? Und gerade Jesus!?

Und noch eine wichtige Frage, der wir uns stellen müssen: Was sagen wir Frommen? Mit Fromms oder ohne Fromms?! Papst Johannes Paul der Zweite sagte einmal in Afrika vor 78000 Schwarzen, dass die Benutzung von Fromms das AIDS-PROBLEM nicht verbessern, sondern verschlimmern würde. Dies ist auch ein Grund, warum er kürzlich heilig gesprochen wurde. Denn er hatte recht! Nach meinen genauen Beobachtungen befinden sich in den Fromms viele mikroskopisch kleine Löcher, die das hartnäckige AIDS-Virus gerne durchlassen!

Und so ein Gummi ist unnatürlich! Nie habe ich gesehen, dass ein kleiner Hund mit seiner Hündin einen Fromms verwendet hat!

Liebe Schwestern, nehmen wir also – bevor wir auf den Hund kommen – auch weiterhin unsere moralische Verantwortung als himmlisches Bodenpersonal wahr!

Der Herr sei mit euch! In nomine sanctum praeputium!

P.S. Das ist fast alles nicht gelogen. Die 16 Kirchen mit der **Vorhaut des Herrn** gab es im Mittelalter, das unnatürliche Gummi hat der Bischof von Pretoria in die Welt gesetzt etc. pp.

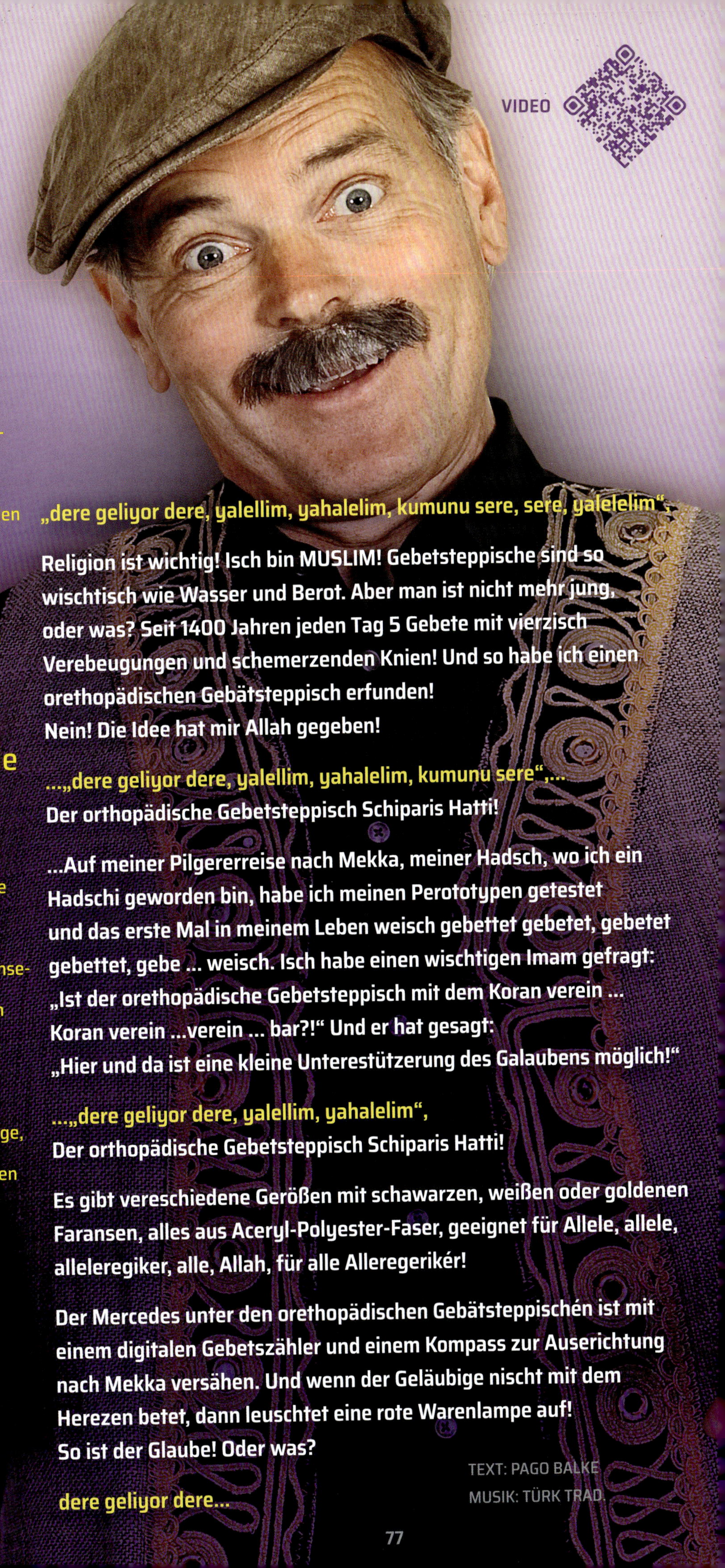

Der orthopädischer Gebetsteppich

VIDEO

Also wenn ich nicht im WESER-KURIER, der größten Zeitung Bremens, einen Artikel gefunden hätte, in dem ein Ingenieur wirklich stolz von seiner Erfindung des orthopädischen Gebetsteppichs geschwärmt hätte und noch behauptete,

Allah hätte ihm die Idee eingegeben,

dann hätte ich mich nicht getraut, eine solche Persiflage auf die Bühne zu bringen. Aber schließlich mussten in unserem unglaublichen Programm alle Religionen dran glauben! Das Lied ist ein sehr altes, schönes Liebeslied, das Einzige, was ich gut auf türkisch singen kann.

„dere geliyor dere, yalellim, yahalelim, kumunu sere, sere, yalelelim",

Religion ist wichtig! Isch bin MUSLIM! Gebetsteppische sind so wischtisch wie Wasser und Berot. Aber man ist nicht mehr jung, oder was? Seit 1400 Jahren jeden Tag 5 Gebete mit vierzisch Verebeugungen und schemerzenden Knien! Und so habe ich einen orethopädischen Gebätsteppisch erfunden!
Nein! Die Idee hat mir Allah gegeben!

...„dere geliyor dere, yalellim, yahalelim, kumunu sere",...
Der orthopädische Gebetsteppisch Schiparis Hatti!

...Auf meiner Pilgererreise nach Mekka, meiner Hadsch, wo ich ein Hadschi geworden bin, habe ich meinen Perototypen getestet und das erste Mal in meinem Leben weisch gebettet gebetet, gebetet gebettet, gebe ... weisch. Isch habe einen wischtigen Imam gefragt: „Ist der orethopädische Gebetsteppisch mit dem Koran verein ... Koran verein ...verein ... bar?!" Und er hat gesagt: „Hier und da ist eine kleine Unterestützerung des Galaubens möglich!"

...„dere geliyor dere, yalellim, yahalelim",
Der orthopädische Gebetsteppisch Schiparis Hatti!

Es gibt vereschiedene Gerößen mit schawarzen, weißen oder goldenen Faransen, alles aus Aceryl-Polyester-Faser, geeignet für Allele, allele, alleleregiker, alle, Allah, für alle Alleregerikér!

Der Mercedes unter den orethopädischen Gebätsteppischén ist mit einem digitalen Gebetszähler und einem Kompass zur Auserichtung nach Mekka versähen. Und wenn der Geläubige nischt mit dem Herezen betet, dann leuchtet eine rote Warenlampe auf!
So ist der Glaube! Oder was?

dere geliyor dere...

TEXT: PAGO BALKE
MUSIK: TÜRK TRAD.

Glauben Sie an Brahman?

Glauben Sie an Brahman, Shiva oder Buddha,
Beten Sie zu Allah oder Gottes Mudda?
Jesses und Maria! Sie lieben die Sharia?,
finden Ihre Seelenruh bei Vishnu, Krishna, Manetou?
Oder sind Sie gar voll Spott
längst im Religions-Boykott?
Oh Gott!

All ihr Gotteskrieger oder Djihaddisten,
radikale Christen, Fundamentalisten,
beim Glauben hört der Spass ja auf,
richtet euren Flintenlauf
nicht auf meinen Lästerkopp,
ich mache hier nur meinen Job,
und ob!

Auf den Erleuchtungspfaden,
wo sie rutschen oder baden,
komm ich einfach nicht mehr mit,
hab ein Glaubens-Defizit,
bin „in diesen heil'gen Hallen"
von den Heil'gen abgefallen!
Und zwar von allen!

Verschonet mich mit eurer Rache,
wenn ich spotte oder lache!
Statt Gewehre zu gebrauchen,
lasst uns Friedenspfeifen rauchen
und in 1001 Nacht,
gar von Engelein bewacht,
wenn der Mensch den Menschen liebt

und das Anders-Sein vergibt...
Allah, Gott und Manetou
winken milde lächelnd zu,
es gibt Wein und süße Trauben,
überall gebratene Tauben...
Können Se glauben!"

FINALE RELIGIOSO

„Gegrüßet seist du, Maria, omani patma, Du bist gebenedeit unter den Frauen, omani patma allah akbar, gebenedeit ist die Frucht: Shalom omani padme hum: Jesus, der in uns den Shabatt, Shalom Glauben, Allah Akbar, vermehre. Heilige Maria, omani Allah Jesus Akbar hum, Amen und Schalom!"

POWER-PILGERN

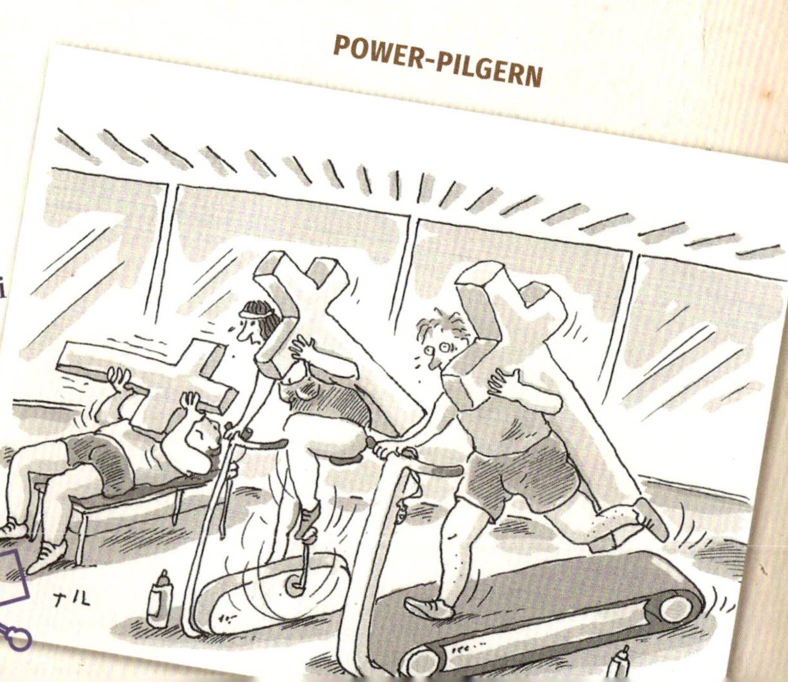

KARIKATUR: TIL METTE

VIDEO 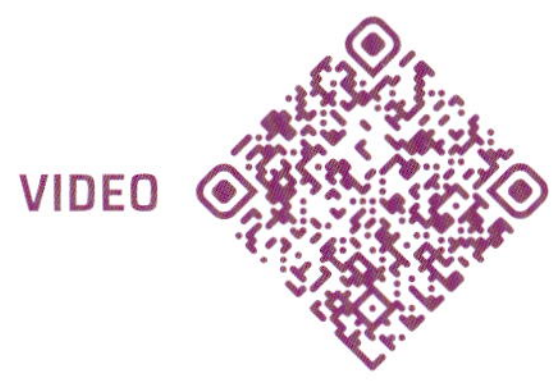

Glauben Sie an Brahman?

TEXT UND MUSIK: PAGO BALKE

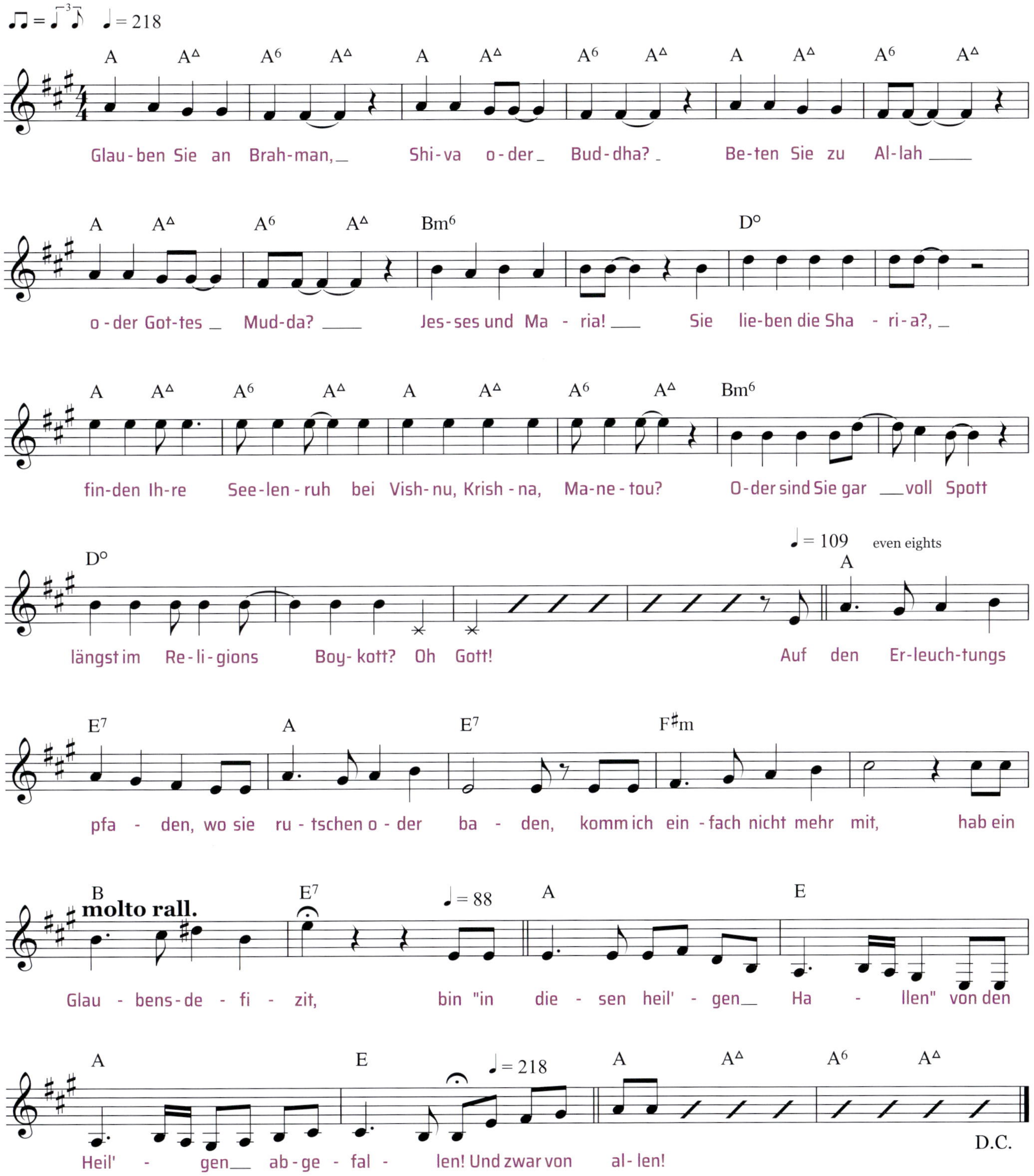

♩♪ = ♩ ♪ (triplet) ♩ = 218

A A△ A6 A△ A A△ A6 A△ A A△ A6 A△

Glau-ben Sie an Brah-man, _ Shi-va o-der _ Bud-dha? _ Be-ten Sie zu Al-lah ____

A A△ A6 A△ Bm6 D°

o-der Got-tes _ Mud-da? ____ Jes-ses und Ma - ria! ___ Sie lie-ben die Sha - ri-a?, _

A A△ A6 A△ A A△ A6 A△ Bm6

fin-den Ih-re See-len-ruh bei Vish-nu, Krish-na, Ma-ne-tou? O-der sind Sie gar ___ voll Spott

D° ♩ = 109 even eights A

längst im Re-li-gions Boy-kott? Oh Gott! Auf den Er-leuch-tungs

E7 A E7 F♯m

pfa - den, wo sie ru-tschen o-der ba - den, komm ich ein-fach nicht mehr mit, hab ein

B molto rall. E7 ♩ = 88 A E

Glau - bens-de - fi - zit, bin "in die - sen heil' - gen _ Ha - llen" von den

A E ♩ = 218 A A△ A6 A△

Heil' - gen _ ab-ge - fal - len! Und zwar von al-len!

D.C.

Danke

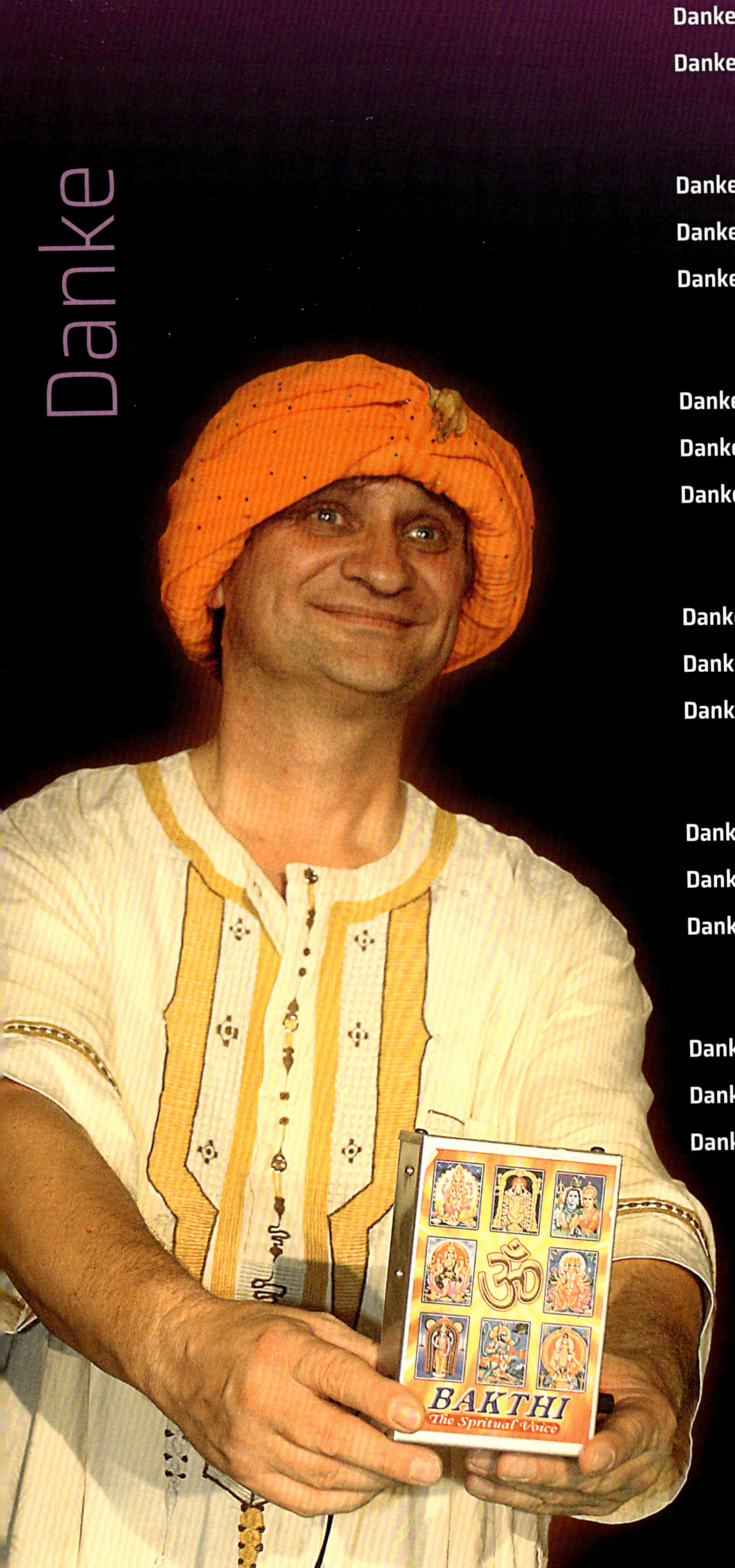

Danke für jede Eintrittskarte,
Danke, ihr seid so supernett,
Danke, dass ihr hier wart,
aber jetzt geht auch mal ins Bett!

Danke für jedes Händeklatschen,
Danke für manchen Lacher auch,
Danke, doch leider brauchen
wir jetzt dringend was im Bauch!

Danke, dass ihr es weiterflüstert,
Danke, dass ihr nur Gutes denkt,
Danke, dass auch die Presse
uns nur mit viel Lob beschenkt!

Danke, für alles Liebe, Danke,
Danke, dass ihr nicht eher geht,
Danke, bis auch der Letzte
kauft unser CD-Paket!

Danke, wir können echt nicht mehr!
Danke, nun lasst uns doch in Ruh!
Danke wir machen jetzt den
Vorhang und die Äuglein zu!

Danke, für all die Freude mit euch,
Danke, es war ein Hochgenuss!
Danke! Verdammt noch mal,
aber jetzt ist auch wirklich Schluss!

(GERHARD STENGERT)

Danke

TEXT: PAGO BALKE, MUSIK: M. G. SCHNEIDER

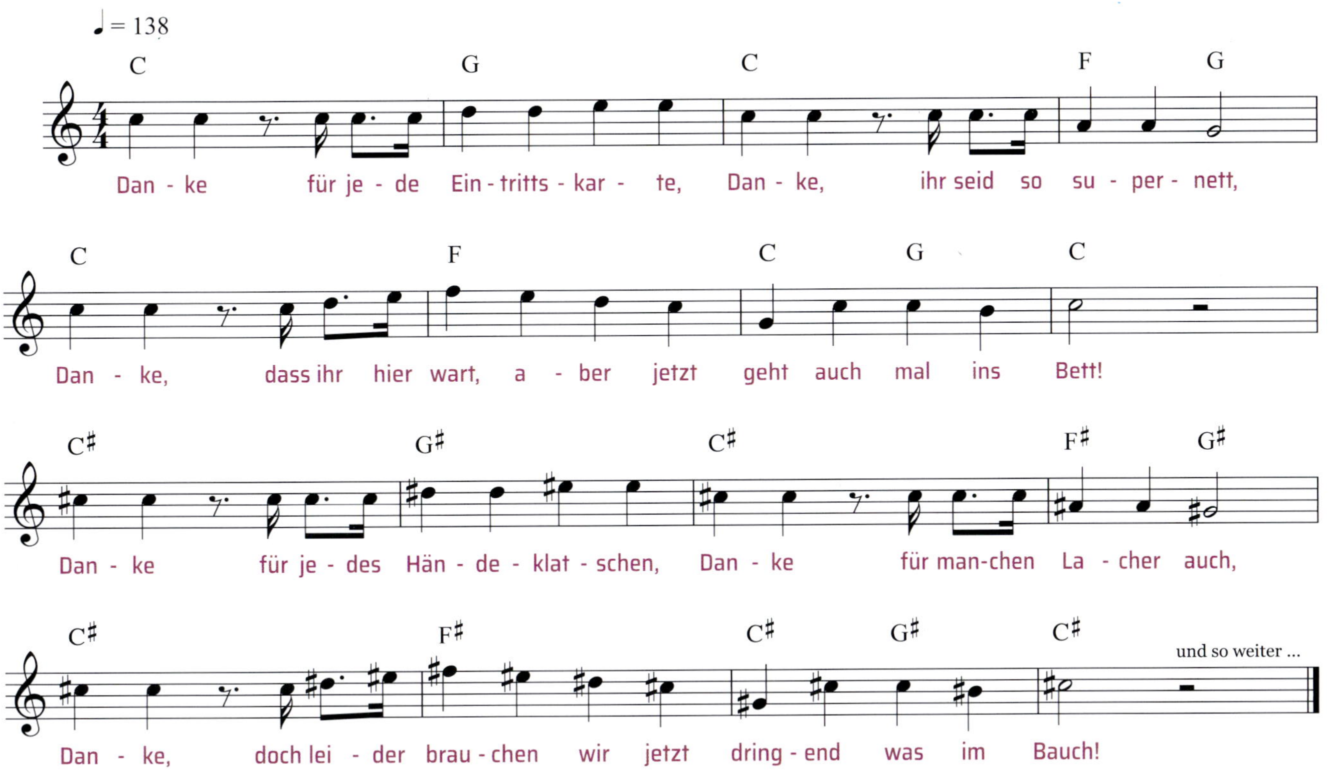

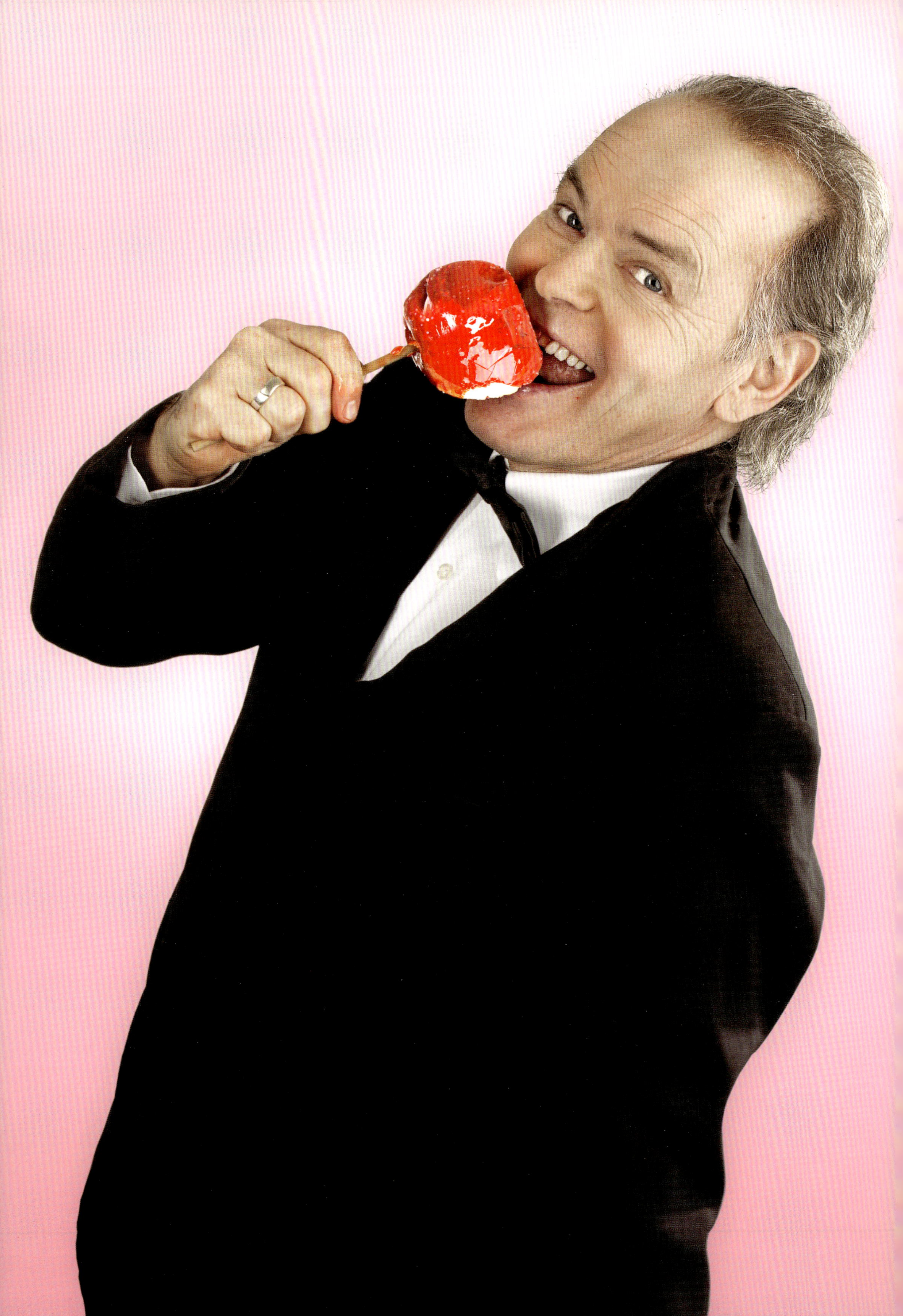

Liebeslieder,
amouröse, böse und seriöse Songs

(Regie: Alvaro Solar)

Mit **Gerhart Stengert** an der Marimba, am Klavier und Percussion hatte ich 2016 das Bedürfnis, mich ganz der Liebe zu verschreiben! Mal zu sammeln, was es da schon gibt in den Katakomben meiner Ordner und neue Liebeslieder zu texten und zu komponieren.

„Ein Wahnsinn der Götter“, so nannten die alten Griechen die Liebe. Und sie kannten natürlich auch schon die Erfüllung, die Exstase und die Abstürze. Ikarus kam der Sonne zu nahe und bezahlte den Höhenflug mit dem Leben. Die lustbetonte Antike wurde durch die christliche Anti-Liebes-Keule abgelöst.
Dann kam die Vernunft: Immanuel Kant bekannte:
„Die Ehe ist ein Gesellschaftsvertrag zur gegenseitigen Nutzung der Geschlechtsorgane!“

Das können wir so nicht stehen lassen! All das kann doch nicht umsonst gewesen sein: Das Auf und Ab, die großen Verliebtheiten, die Sehnsüchte, der Liebeskummer, all das Suchen und Finden beim anderen oder beim eigenen Geschlecht, die Umwege, die Durststrecken der Einsamkeit, die fröhliche Ankunft oder das Dümpeln im Ehehafen!
Ich bereue nichts! Je ne regrette riens!

Und weil ich ehrlich sein will, fang ich gleich mal ganz vorne an – sehr autobiographisch – bei der Ersten Liebe und dann bei meinen vergeblichen Versuchen das Tanzen zu lernen.

Erste Liebe

Ich hatte keinen blassen Schimmer,
was an Genüssen in mir steckt,
du hast in meinem Jugendzimmer
die zarten Triebe aufgeweckt.

Du hast mich mit dem ersten Kuss
ins große Thema eingeführt
und alle weiteren Tabus
mit Freuden ignoriert.

Vielleicht war es nicht schlau,
weil ich erst vierzehn war
und du die schöne, reife Frau,
doch für mich war's wunderbar!

Immer mehr und Stück für Stück
hast du von dir frei gegeben,
das allererste Liebesglück
durfte ich mit dir erleben.

Riskantes Spiel in jungen Jahren,
du warst ja schon verlobt
und hätt mein Bruder es erfahren,
er hätte schwer getobt.

Mir kam nicht der Gedanke,
dass es nicht richtig war
und heut sag ich nur: Danke!
Für mich war's wunderbar!

Erste Liebe

TEXT: PAGO BALKE, MUSIK: TRAD.

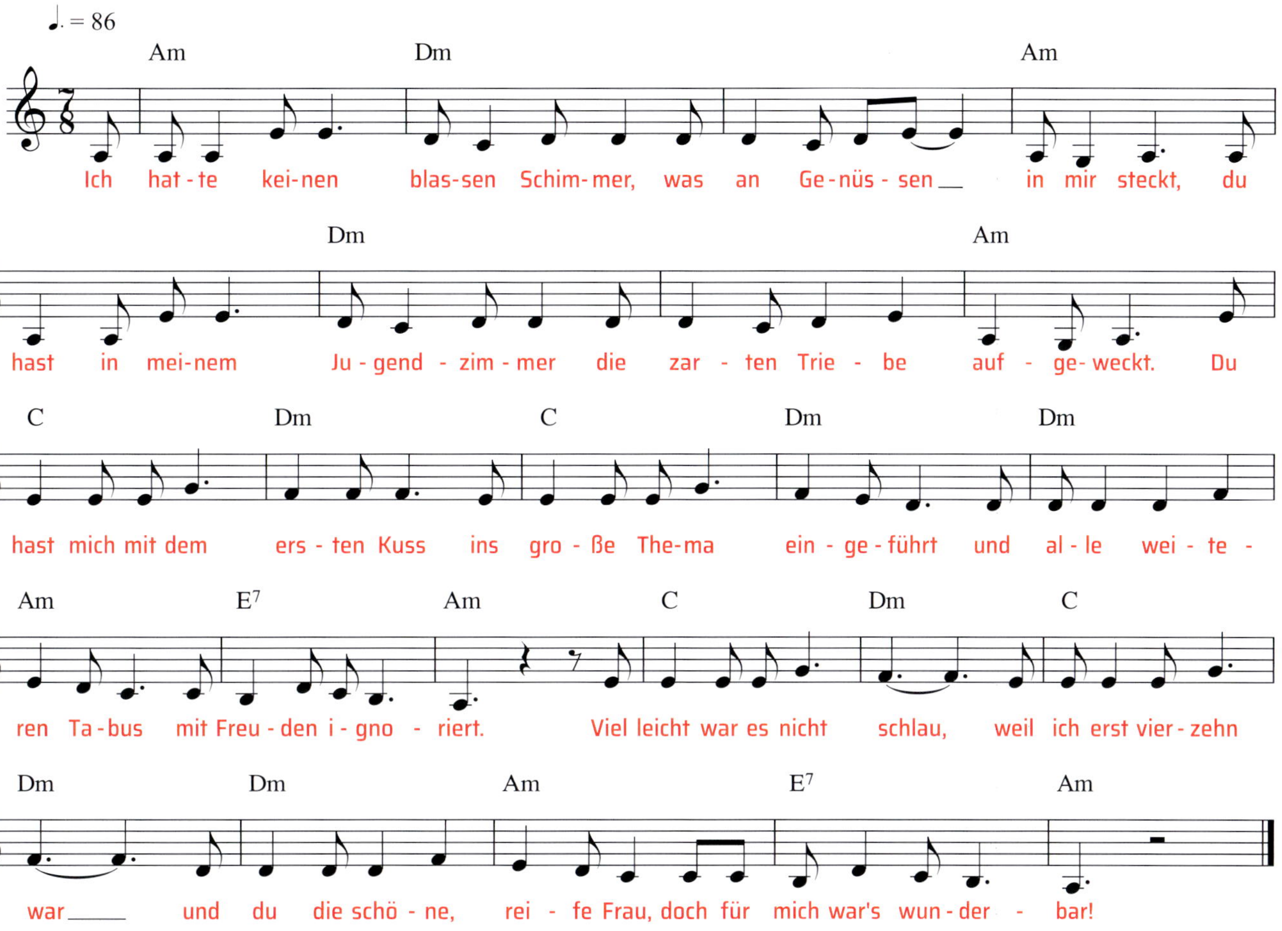

♩. = 86

Am Dm Am

Ich hat - te kei-nen blas-sen Schim- mer, was an Ge - nüs - sen __ in mir steckt, du

Dm Am

hast in mei-nem Ju - gend - zim - mer die zar - ten Trie - be auf - ge- weckt. Du

C Dm C Dm Dm

hast mich mit dem ers - ten Kuss ins gro - ße The-ma ein - ge - führt und al - le wei - te -

Am E7 Am C Dm C

ren Ta - bus mit Freu - den i - gno - riert. Viel leicht war es nicht schlau, weil ich erst vier - zehn

Dm Dm Am E7 Am

war ____ und du die schö - ne, rei - fe Frau, doch für mich war's wun - der - bar!

Tanzstunde

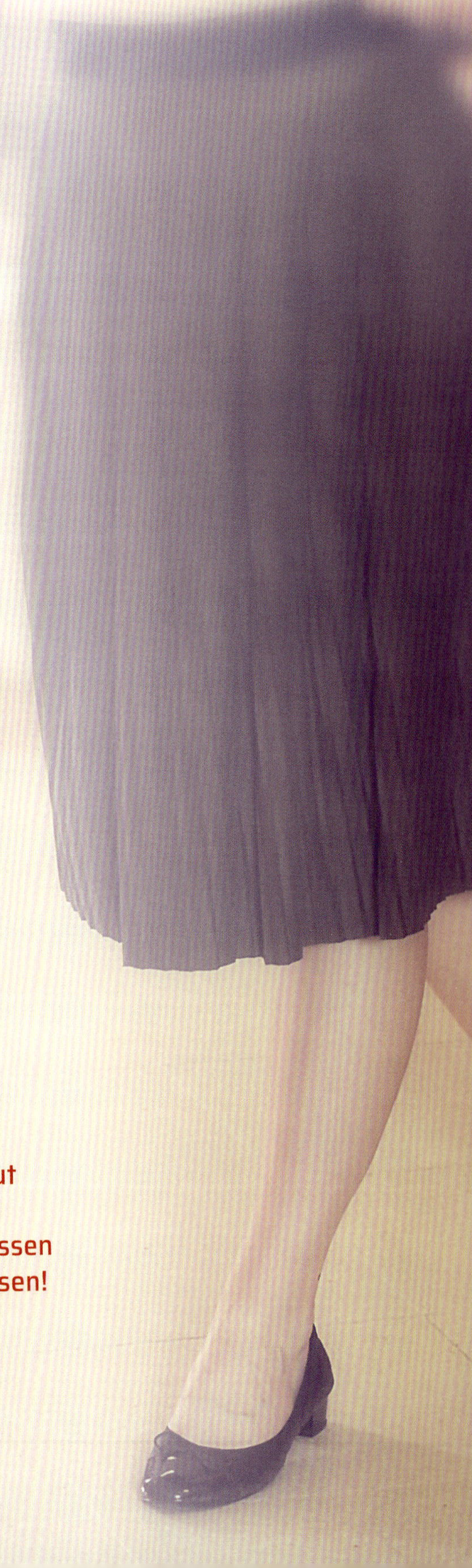

Ach, ich war immer der Jüngste der Klasse
und auch beim Prügeln fehlte die Masse,
der Sportunterricht war nichts anderes als stressig
und im Fußball-Tor hielt ich nur mittelmäßig,
doch fing die Katastrophe richtig erst an,
als schließlich die Tanzstunde begann!

Ich bin nur mit Jungs zur Schule gegangen,
wir konnten mit Mädchen rein gar nichts anfangen!
Ich verstand zwar auch damals zu reden, zu scherzen,
doch wie erobert man Frauenherzen?
All das Gesabbel, es konnt mich nicht retten,
die anderen Jungs hatten Bartkoteletten!

DAS TANZEN LERN ICH IM LEBEN NICHT
JEDE WANZE KANN TANZEN BESSER ALS ICH!

Ich empfing ihr Urteil, die Hände schwitzig,
meine Tanzdame sagte: „Nur nett und witzig!"
Ich taugte mehr als Modell ‚kleiner Bruder'
und kam bei den Mädchen nicht wirklich ans Ruder.
Deren Füße und Knöchel haben ziemlich gelitten,
ich verhaspel mich heut noch bei Walzerschritten!

Ich hatt' keine Schnitte bei den schönen Damen,
ein mageres girl hatte schließlich Erbarmen,
wir kamen beim Chachacha heftig ins Holpern
und mußten sogar beim Foxtrott stolpern.
Als dann endlich der Abschlussball war,
erhielten wir den Preis für das komischste Paar!

DAS TANZEN LERN ICH IM LEBEN NICHT
JEDE WANZE KANN TANZEN BESSER ALS ICH!

Ich dachte, das kann's nicht gewesen sein
und schrieb mich zum zweiten Tanzkurs ein,
jetzt schon im Vorsprung und ziemlich erfahren
und ja auch reicher an Bartwuchs und Jahren.
Also, um wirklich ehrlich zu sein:
ich war noch immer zu jung und zu klein!

Doch Constanze, sie fand beim Tanz zu mir hin
- sie war ja wie ich auch Pfadfinderin -,
wir lernten nie tanzen, doch verstanden uns gut
und küssten uns unter'm Pfadfinderhut.
Wir liebten uns schüchtern und dann wie besessen
und ich konnte das Tanzstundendrama vergessen!

DAS TANZEN LERN ICH WOHL NIEMALS IM LEBEN
DOCH MÖCHT ICH NUR EINMAL SO FREI UND GALANT
OHNE RUMPELN UND RAMMEN
SO HERRLICH ZUSAMMEN
ÜBER DEN TANZBODEN SCHWEBEN!

Tanzstunde

TEXT: PAGO BALKE, MUSIK: GERHARD STENGERT

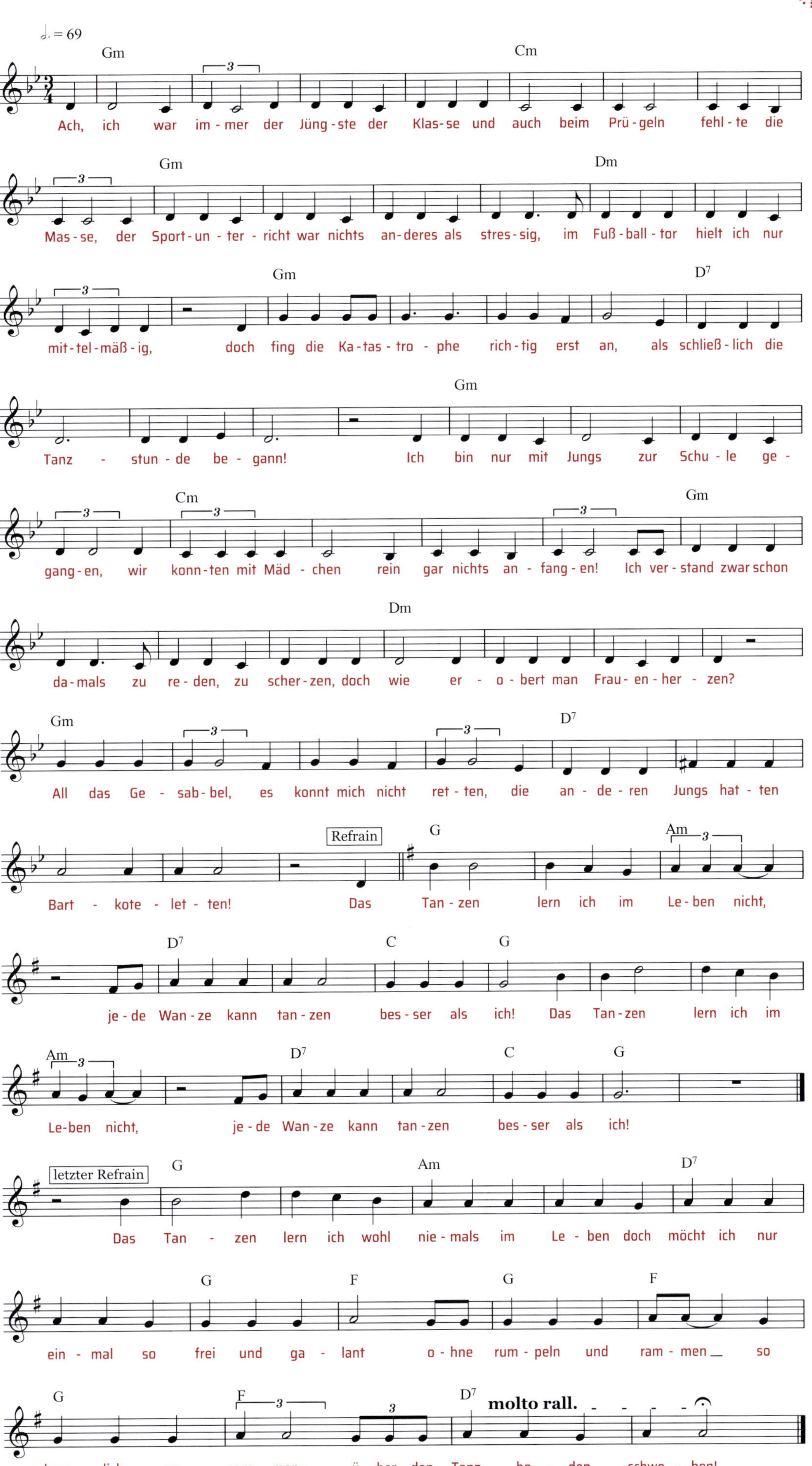

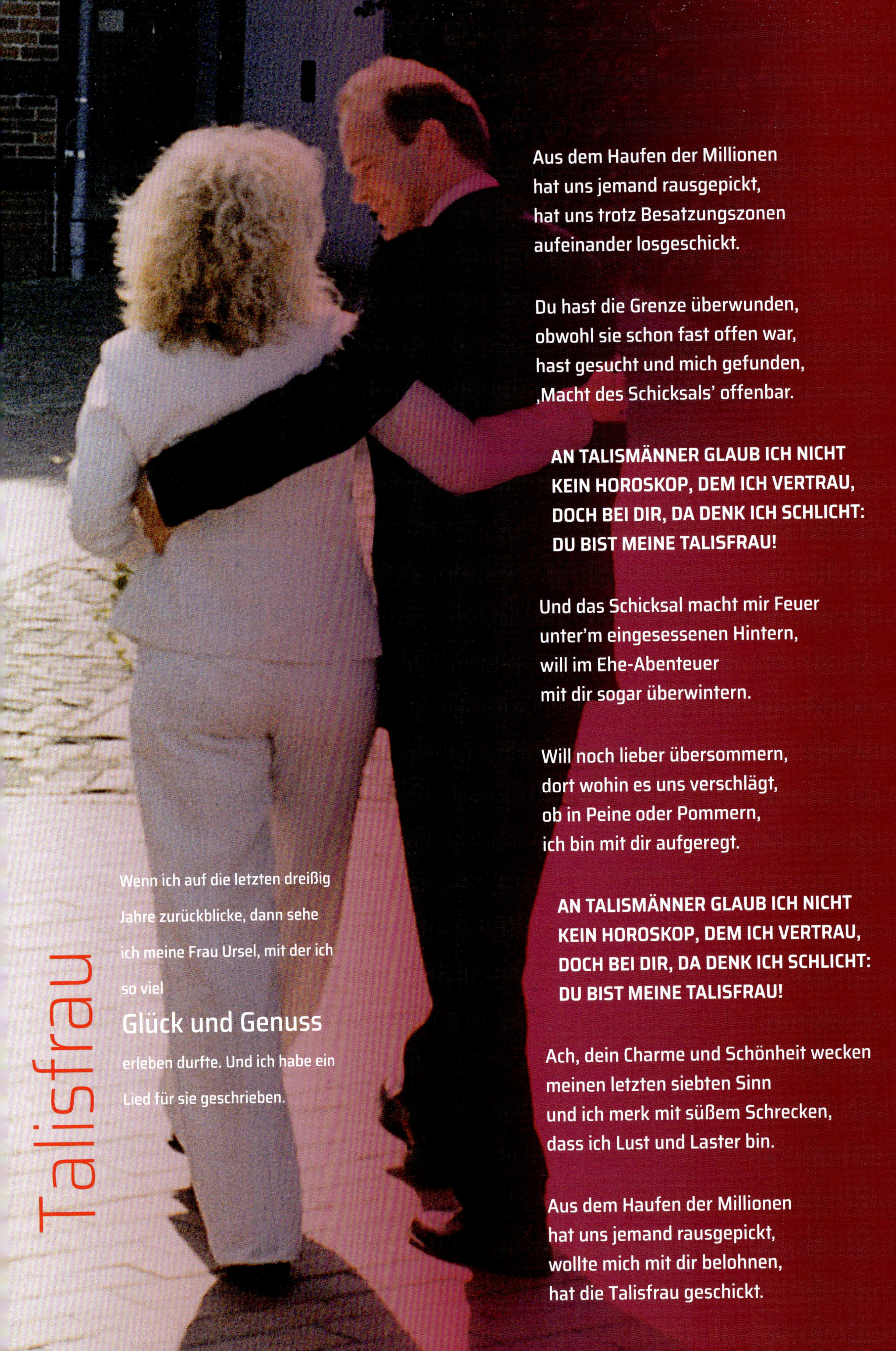

Talisfrau

Wenn ich auf die letzten dreißig Jahre zurückblicke, dann sehe ich meine Frau Ursel, mit der ich so viel

Glück und Genuss

erleben durfte. Und ich habe ein Lied für sie geschrieben.

Aus dem Haufen der Millionen
hat uns jemand rausgepickt,
hat uns trotz Besatzungszonen
aufeinander losgeschickt.

Du hast die Grenze überwunden,
obwohl sie schon fast offen war,
hast gesucht und mich gefunden,
‚Macht des Schicksals' offenbar.

**AN TALISMÄNNER GLAUB ICH NICHT
KEIN HOROSKOP, DEM ICH VERTRAU,
DOCH BEI DIR, DA DENK ICH SCHLICHT:
DU BIST MEINE TALISFRAU!**

Und das Schicksal macht mir Feuer
unter'm eingesessenen Hintern,
will im Ehe-Abenteuer
mit dir sogar überwintern.

Will noch lieber übersommern,
dort wohin es uns verschlägt,
ob in Peine oder Pommern,
ich bin mit dir aufgeregt.

**AN TALISMÄNNER GLAUB ICH NICHT
KEIN HOROSKOP, DEM ICH VERTRAU,
DOCH BEI DIR, DA DENK ICH SCHLICHT:
DU BIST MEINE TALISFRAU!**

Ach, dein Charme und Schönheit wecken
meinen letzten siebten Sinn
und ich merk mit süßem Schrecken,
dass ich Lust und Laster bin.

Aus dem Haufen der Millionen
hat uns jemand rausgepickt,
wollte mich mit dir belohnen,
hat die Talisfrau geschickt.

Talisfrau

TEXT: PAGO BALKE, MUSIK: PAGO BALKE/ MEINRAD MÜHL

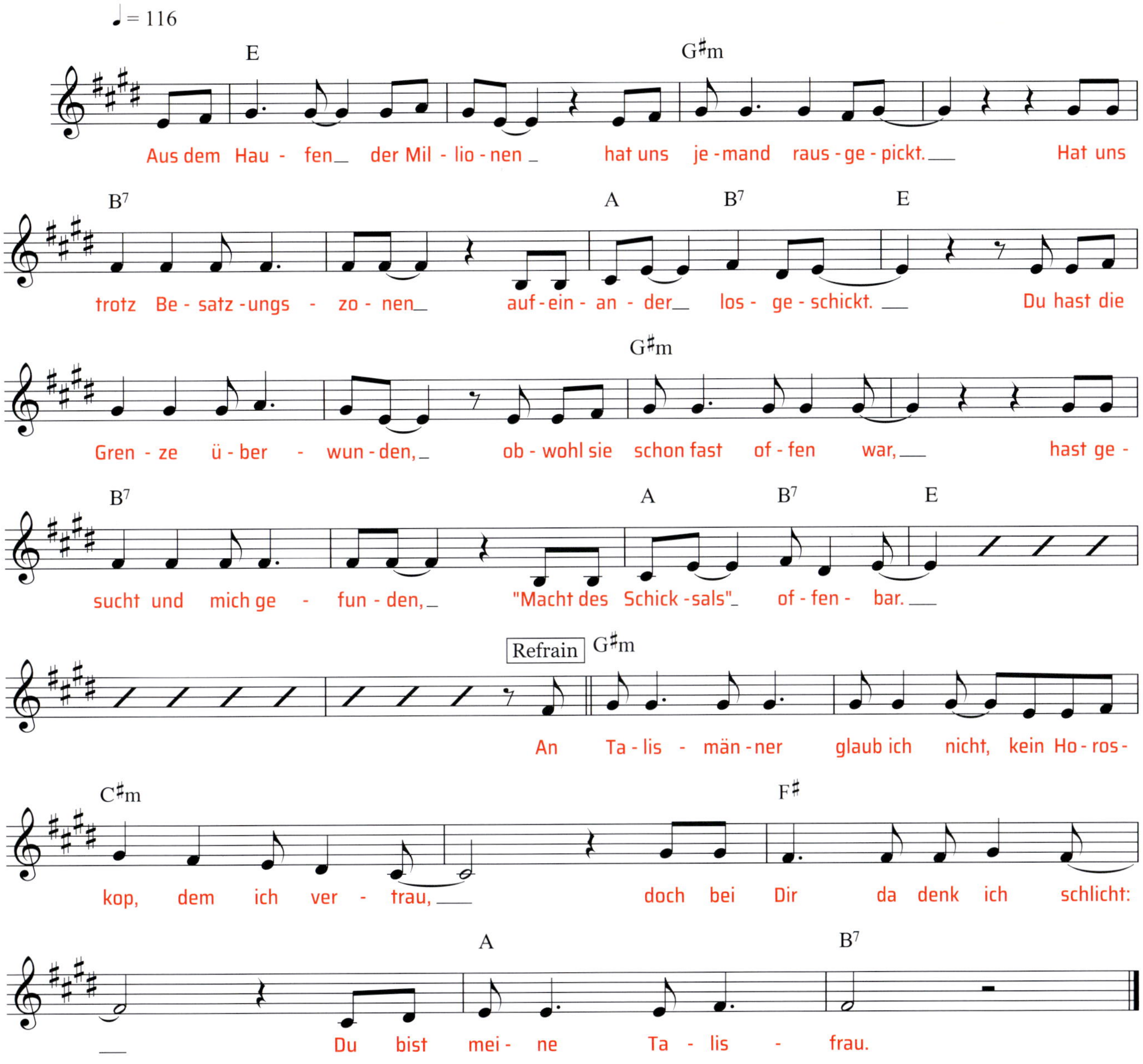

♩ = 116

E G♯m
Aus dem Hau - fen_ der Mil - lio - nen _ hat uns je - mand raus - ge - pickt.___ Hat uns

B7 A B7 E
trotz Be - satz - ungs - zo - nen_ auf - ein - an - der_ los - ge - schickt. ___ Du hast die

G♯m
Gren - ze ü - ber - wun - den,_ ob - wohl sie schon fast of - fen war,___ hast ge -

B7 A B7 E
sucht und mich ge - fun - den,_ "Macht des Schick - sals"_ of - fen - bar. ___

Refrain G♯m
An Ta - lis - män - ner glaub ich nicht, kein Ho - ros -

C♯m F♯
kop, dem ich ver - trau, ___ doch bei Dir da denk ich schlicht:

A B7
___ Du bist mei - ne Ta - lis - frau.

Wie ein Einmachglas

Ein bitteres Lied, das ich in den 80ern nach einem Essay von Alexander Kluge geschrieben habe. Es war mir ab und zu eine Warnung vor **halbherzigen Beziehungen.**

WIE EIN EINMACHGLAS WOLLTE ER SIE AUFBEWAHREN
und dann eintauschen zu gegebener Zeit.
Er sammelte auf Vorrat Trennungsenergie
und provozierte darum öfters Streit.

Ob es Liebe war mit Gabi wusste er noch nie,
diese Klebemasse war vielleicht der Rest.
Dachte er an Trennung, wurde ihm warm um's Herz
und das hielt ihn immer wieder fest.

WIE EIN EINMACHGLAS WOLLTE ER SIE AUFBEWAHREN
und dann eintauschen zu gegebener Zeit.
Dann fuhr sie Richtung Stuttgart auf der Autobahn,
doch sah man im Nebel nicht sehr weit.

Nach dem Unfall konnte Erwin nicht mehr desertieren,
Gabi blieb für immer verletzt.
Er hatte das Verhältnis nicht gewollt und nicht gelöst
und dabei die Gefahr unterschätzt.

WIE EIN EINMACHGLAS WOLLTE ER SIE AUFBEWAHREN
und dann eintauschen zu gegebener Zeit.
Sie brachte in die Ehe eine Polstergarnitur
und schenkte diese ihm aus Dankbarkeit.

Sie bestellte zum Geburtstag ein Buch über Chirurgen
und schrieb darein für's neue Lebensjahr:
„In ew'ger Treue, Gabi.“, sie mussten beiden weinen,
sie wussten ja, dass das furchtbar war.

Wie ein Einmachglas

TEXT: PAGO BALKE/ A. KLUGE, MUSIK: PAGO BALKE

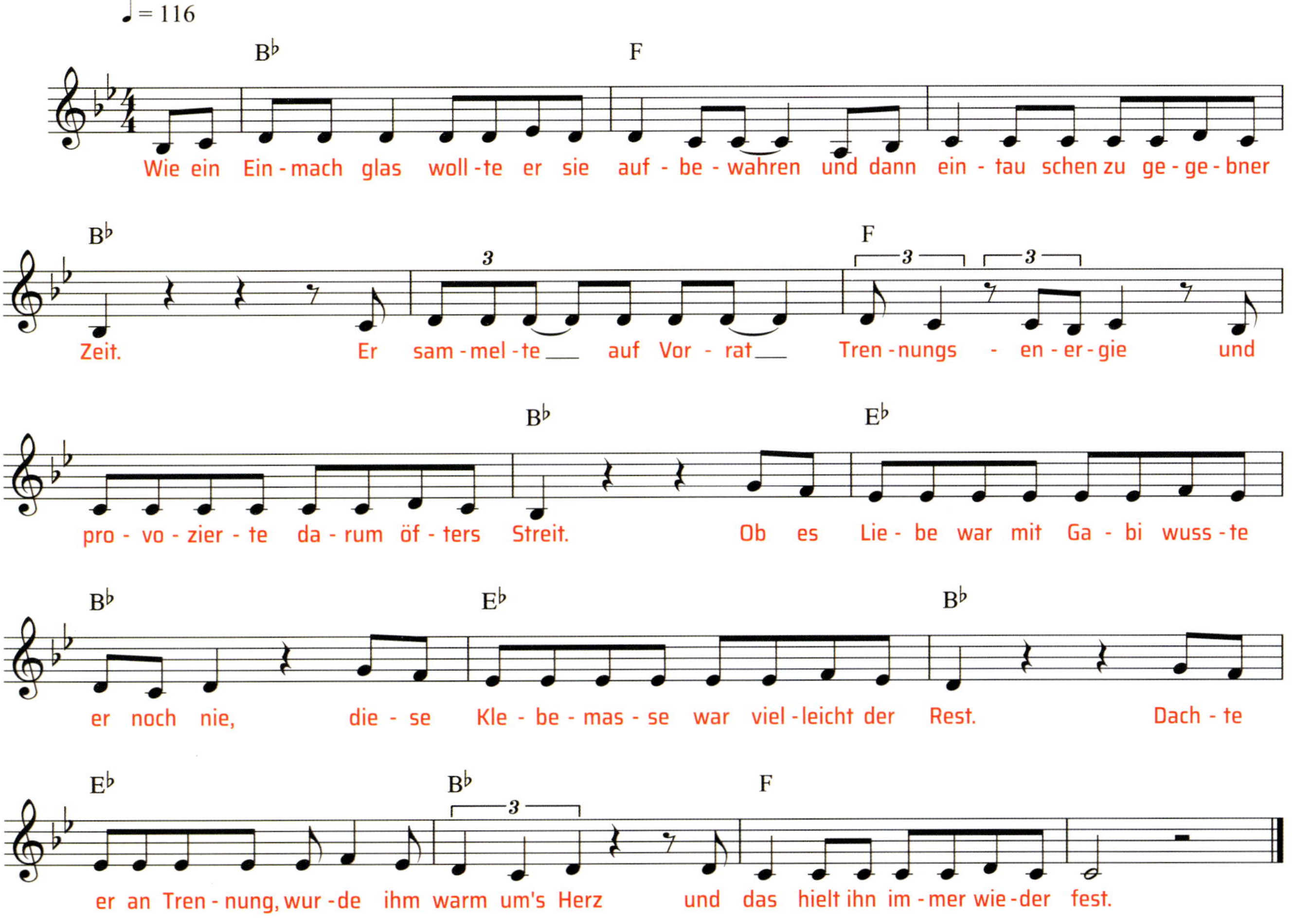

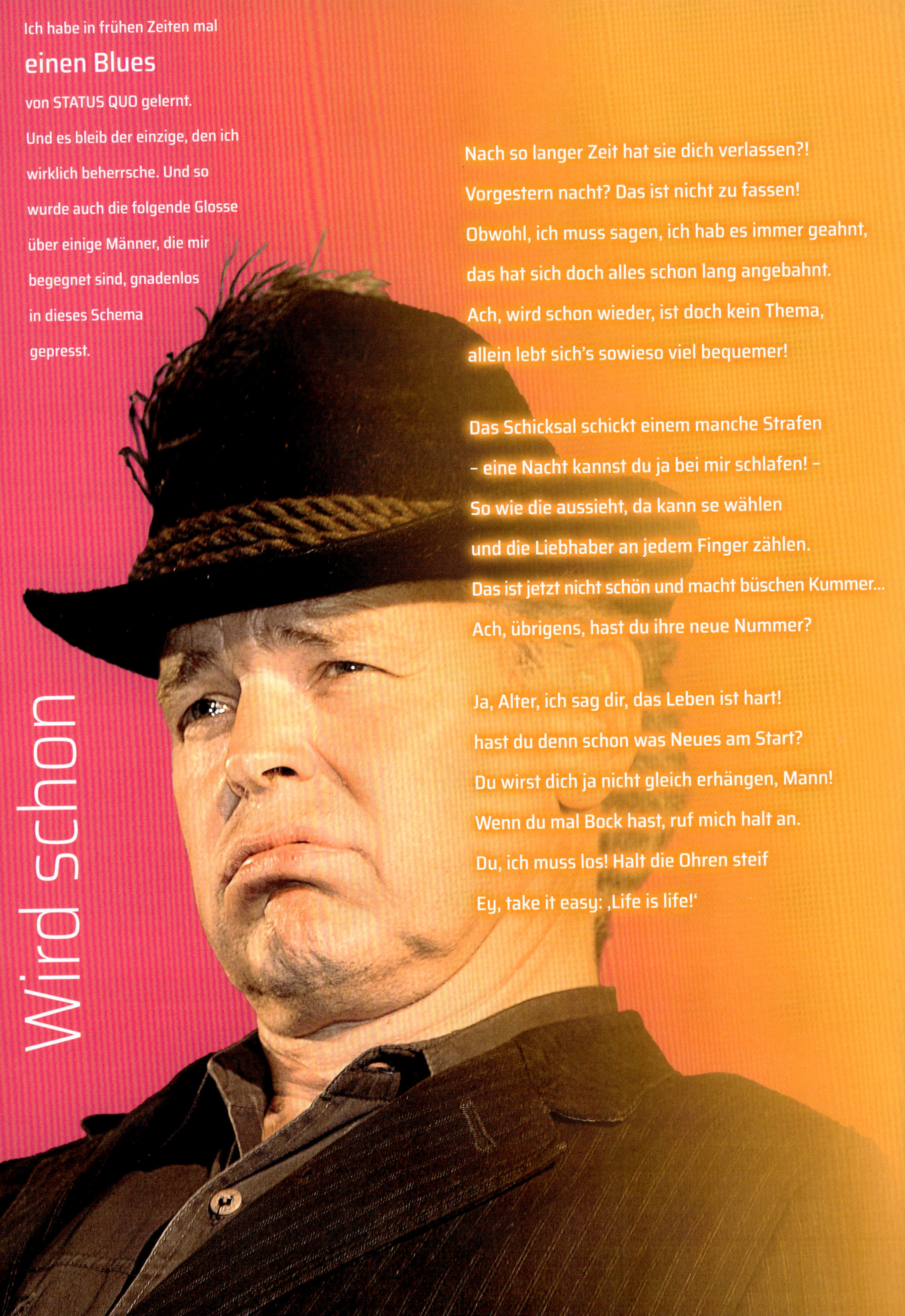

Wird schon

Ich habe in frühen Zeiten mal **einen Blues** von STATUS QUO gelernt. Und es bleib der einzige, den ich wirklich beherrsche. Und so wurde auch die folgende Glosse über einige Männer, die mir begegnet sind, gnadenlos in dieses Schema gepresst.

Nach so langer Zeit hat sie dich verlassen?!
Vorgestern nacht? Das ist nicht zu fassen!
Obwohl, ich muss sagen, ich hab es immer geahnt,
das hat sich doch alles schon lang angebahnt.
Ach, wird schon wieder, ist doch kein Thema,
allein lebt sich's sowieso viel bequemer!

Das Schicksal schickt einem manche Strafen
– eine Nacht kannst du ja bei mir schlafen! –
So wie die aussieht, da kann se wählen
und die Liebhaber an jedem Finger zählen.
Das ist jetzt nicht schön und macht büschen Kummer...
Ach, übrigens, hast du ihre neue Nummer?

Ja, Alter, ich sag dir, das Leben ist hart!
hast du denn schon was Neues am Start?
Du wirst dich ja nicht gleich erhängen, Mann!
Wenn du mal Bock hast, ruf mich halt an.
Du, ich muss los! Halt die Ohren steif
Ey, take it easy: ‚Life is life!'

Wird schon

TEXT UND MUSIK: PAGO BALKE

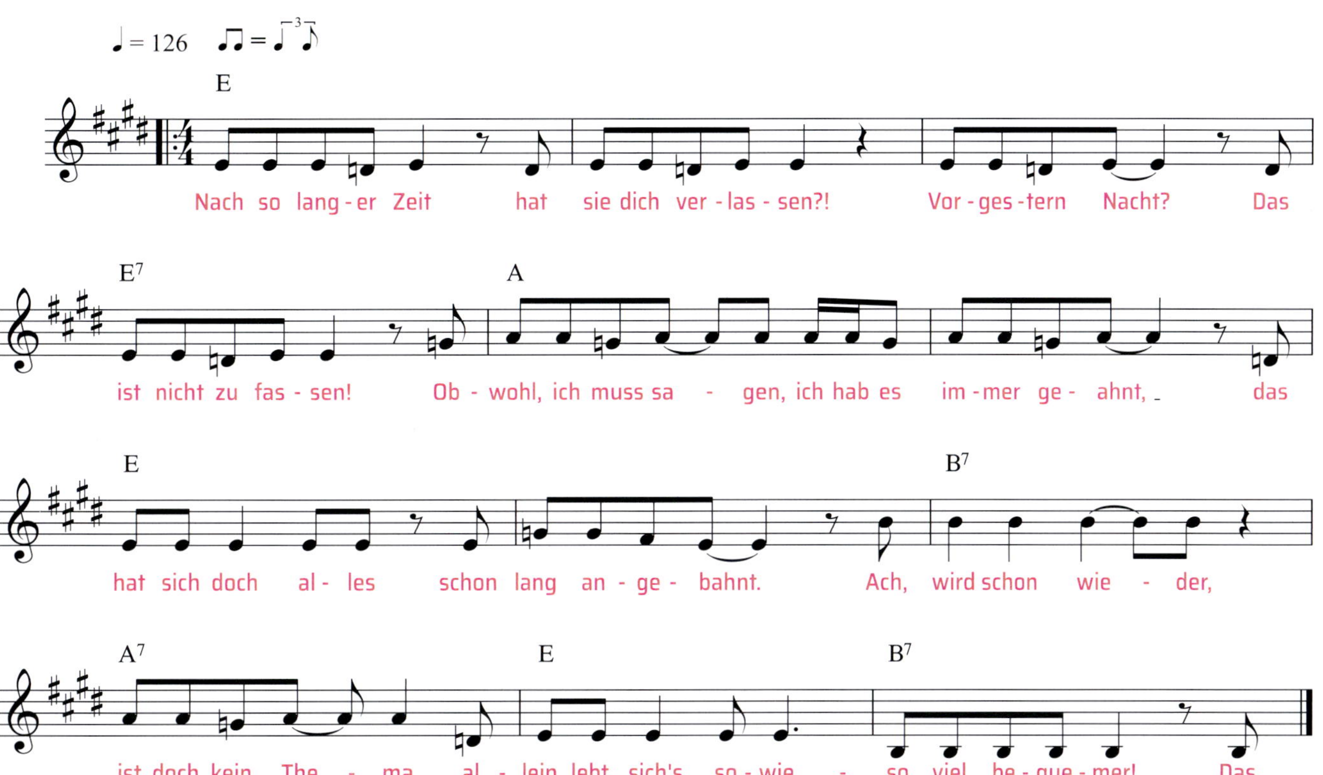

Badinerie

Ich habe ca. zwei Jahre Marimba-Unterricht gehabt. Mein Lehrmeister Gerhard hat mir beim Erlernen dieses schönen

Stücks von Bach

empfohlen:

„Du musst nicht nur das Stück spielen, du musst damit eine Geschichte erzählen“

Das musste er mir nicht zweimal sagen. Nur Pech für ihn, weil er dann auch mitsingen musste, was nicht seine Lieblings-Disziplin ist.

SIE: Schatz, machst du bitte die Glotze mal aus!

ER: Liebling, das ist ein Computer!

SIE: Glotze ist Glotze, wir gehen mal raus!

ER: Wozu soll ich mich raus begeben?
In meinem Rechner tobt das Leben!

SIE: Lass uns mal zu Freunden gehen!

ER: Die können wir auch auf facebook sehen!

SIE: Was ich dir schon lange sagen wollte:
Du bist einer den man gar nicht mehr für irgendwas begeistern kann!

ER: Von wegen begeistern, ich liebe die Welt, die ich mit dem großen, weiten Internetz fische.

SIE: Du warst mal vor Jahren mein wirklicher Held. Jetzt bist du nur noch Bildschirmgleiter.

ER: Dafür bild' ich mich täglich weiter.

SIE: Deine Bildung macht dich fett!

ER: Das ist aber jetzt nicht nett!
Lass mir meine Rettungsringe, es gibt wichtigere Dinge, über die man diskutieren und streiten kann!

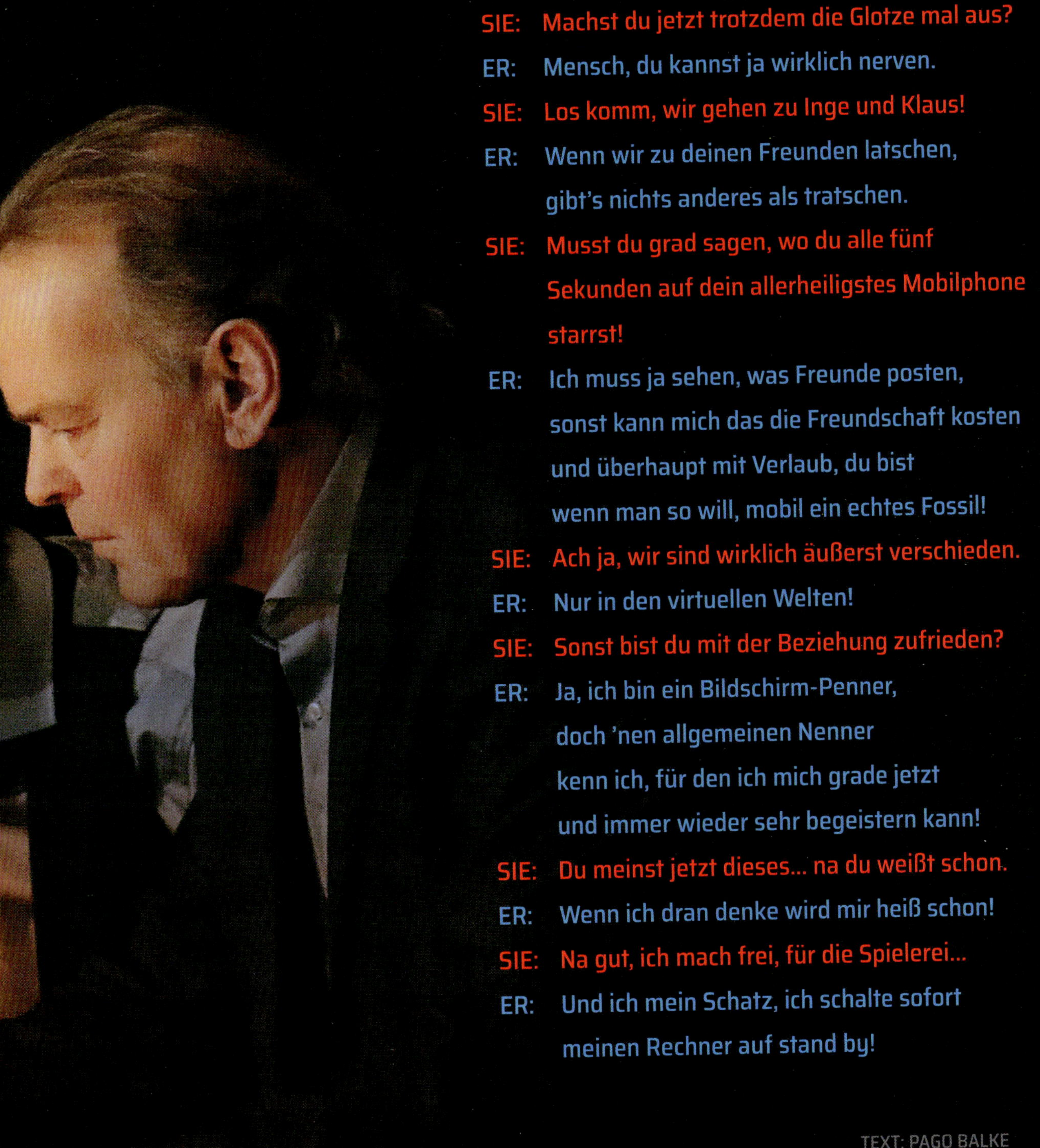

SIE: Machst du jetzt trotzdem die Glotze mal aus?
ER: Mensch, du kannst ja wirklich nerven.
SIE: Los komm, wir gehen zu Inge und Klaus!
ER: Wenn wir zu deinen Freunden latschen,
gibt's nichts anderes als tratschen.
SIE: Musst du grad sagen, wo du alle fünf
Sekunden auf dein allerheiligstes Mobilphone
starrst!
ER: Ich muss ja sehen, was Freunde posten,
sonst kann mich das die Freundschaft kosten
und überhaupt mit Verlaub, du bist
wenn man so will, mobil ein echtes Fossil!
SIE: Ach ja, wir sind wirklich äußerst verschieden.
ER: Nur in den virtuellen Welten!
SIE: Sonst bist du mit der Beziehung zufrieden?
ER: Ja, ich bin ein Bildschirm-Penner,
doch 'nen allgemeinen Nenner
kenn ich, für den ich mich grade jetzt
und immer wieder sehr begeistern kann!
SIE: Du meinst jetzt dieses... na du weißt schon.
ER: Wenn ich dran denke wird mir heiß schon!
SIE: Na gut, ich mach frei, für die Spielerei...
ER: Und ich mein Schatz, ich schalte sofort
meinen Rechner auf stand by!

TEXT: PAGO BALKE
MUSIK: J. S. BACH, BADENERIE

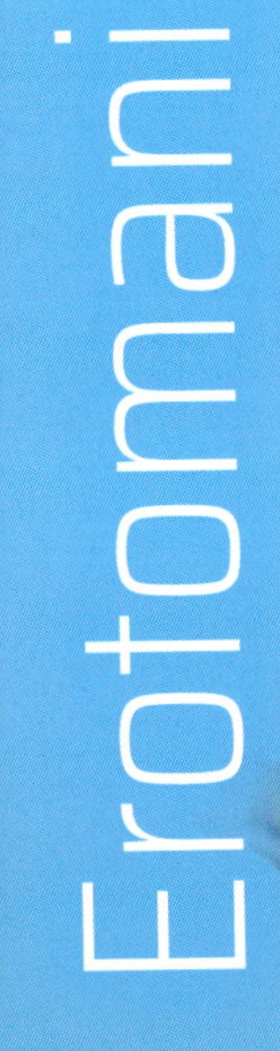

Zu dem Stück haben wir einen wirklich schönen Film gemacht. Anklicken!

Ansonsten bewegt es sich knapp über der Gürtellinie. Aber zu meiner Verteidigung führe ich an: Der Ursprungsvers ist von Robert Gernhardt.

Der hat angefangen!

„Ach du liebe Feine,
komm mit mir ins Reine,
wir spielen dann Bräutigam und Braut
und haben das ganze Bett versaut!"

So lauten Gernhardt's Lüste
und wie liebt man an der Küste?
„Ach, du lewe seute Deern,
ik hev di wohl so bannig gern,
mok Schluss mit Frust un Jammer
un kum in mine Kammer!"

Wie die Bayern sich bemühen,
das hören wir im Alpenglühen:
„Du Reini, sei die meini,
kimmst du ins Bett jetzt eini?
Do wern mir vegeln oder schnatzeln,
uns liam wie die Eichelkatzeln!"

Die Liebe und der Wind sind stark
auch im Staate Dänemark:
„Mit Jertes uskylds-rene,
kom deel min nyrete kene,-
Wi nüer den som gom ou brud,
til elting ser forfærd'lit ud."

Das ging fast in die Hosen
wir hören jetzt den Franzosen:
„Oh mon amour, oh ma cherie,
tres comfortable est mon lit,
nous jouons la reine et le roi,
voulez vous coucher avec moi?!"

Das klingt doch schön und weicher
ganz wie die Österreicher:
„Jo mei, du lieb Feine,
bitt schön, komm ins Reine!
Im Bett, jo wos möchtst du dann,
da wer'm mir a bissel pudern!"

So liebt ein echter Wiener,
doch wie liebt man in China?
„a, wo xin ai de gu niang
lai wo zhun bei de chuang shang
rang wo wei ni tui qu yi shang
jiu xiang xin lang wei xin niang"

Man sagt Erotomanier
sind nur die echten Spanier:
„Te quiero amorcito,
te adoro coranzoncito,
tus besos, tus ojitos,
tu hermoso traserito!

Ob Ausland oder Inland
man treibt es auch in Finnland:
„Tule mulle tyttö kulta,
annan sulle täyttä tulta.
Viis mä veisaan muista nyt
kun on sinuun yhtynyt.
yhtynyt.
yhtynyt.
yhtynyt."

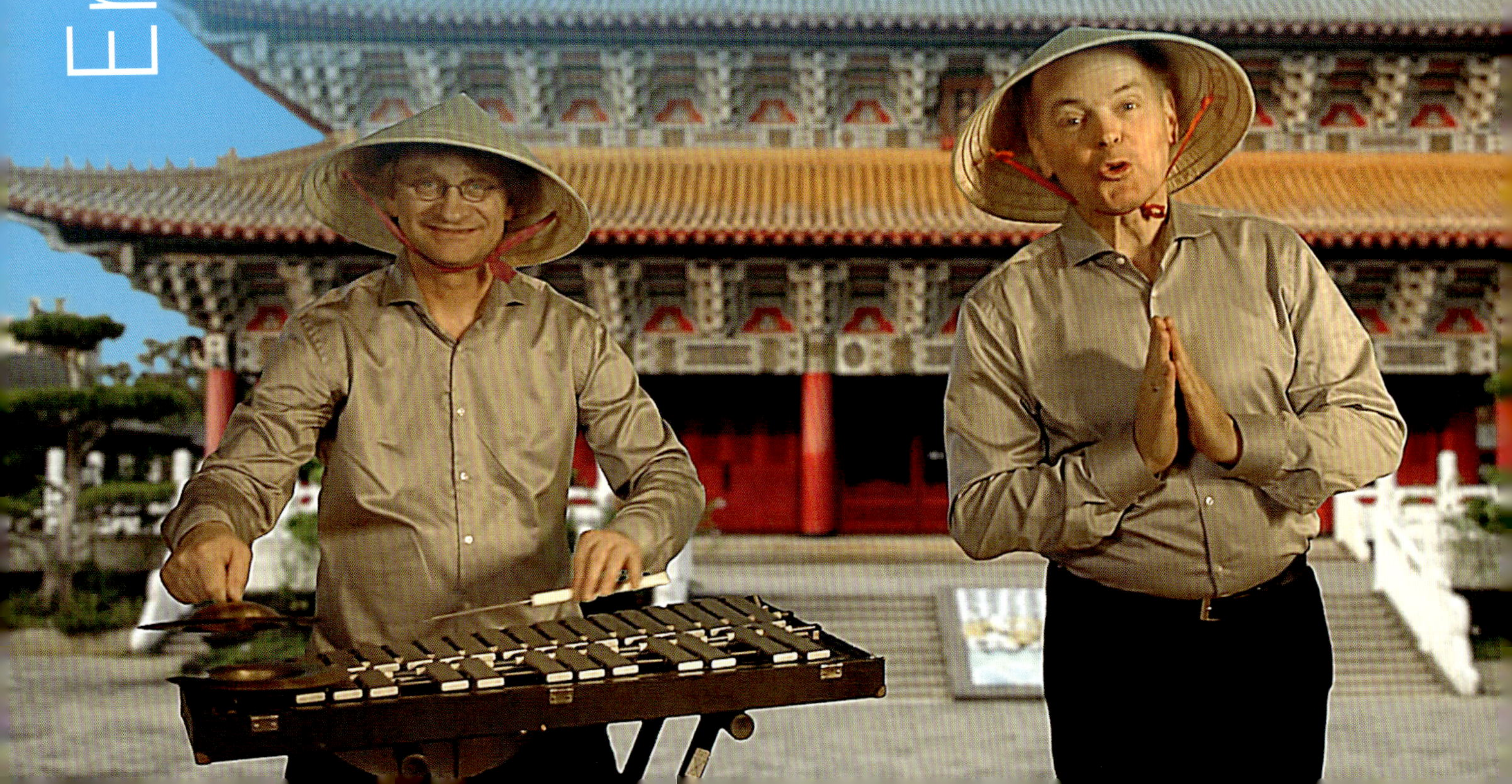

Erotomania

TEXT UND MUSIK: PAGO BALKE

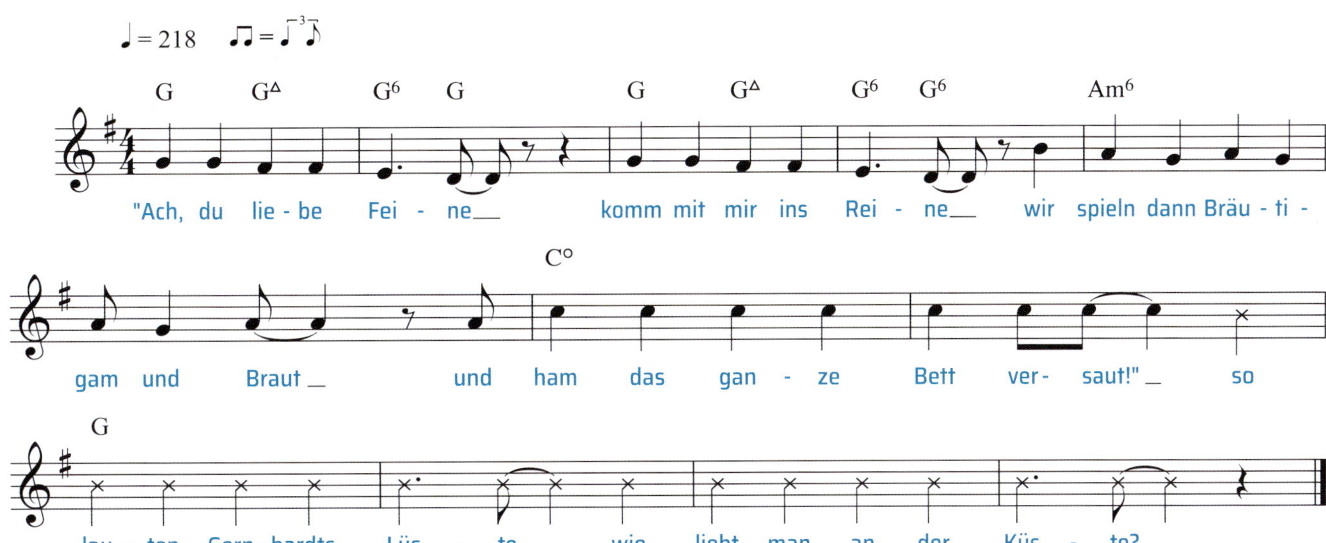

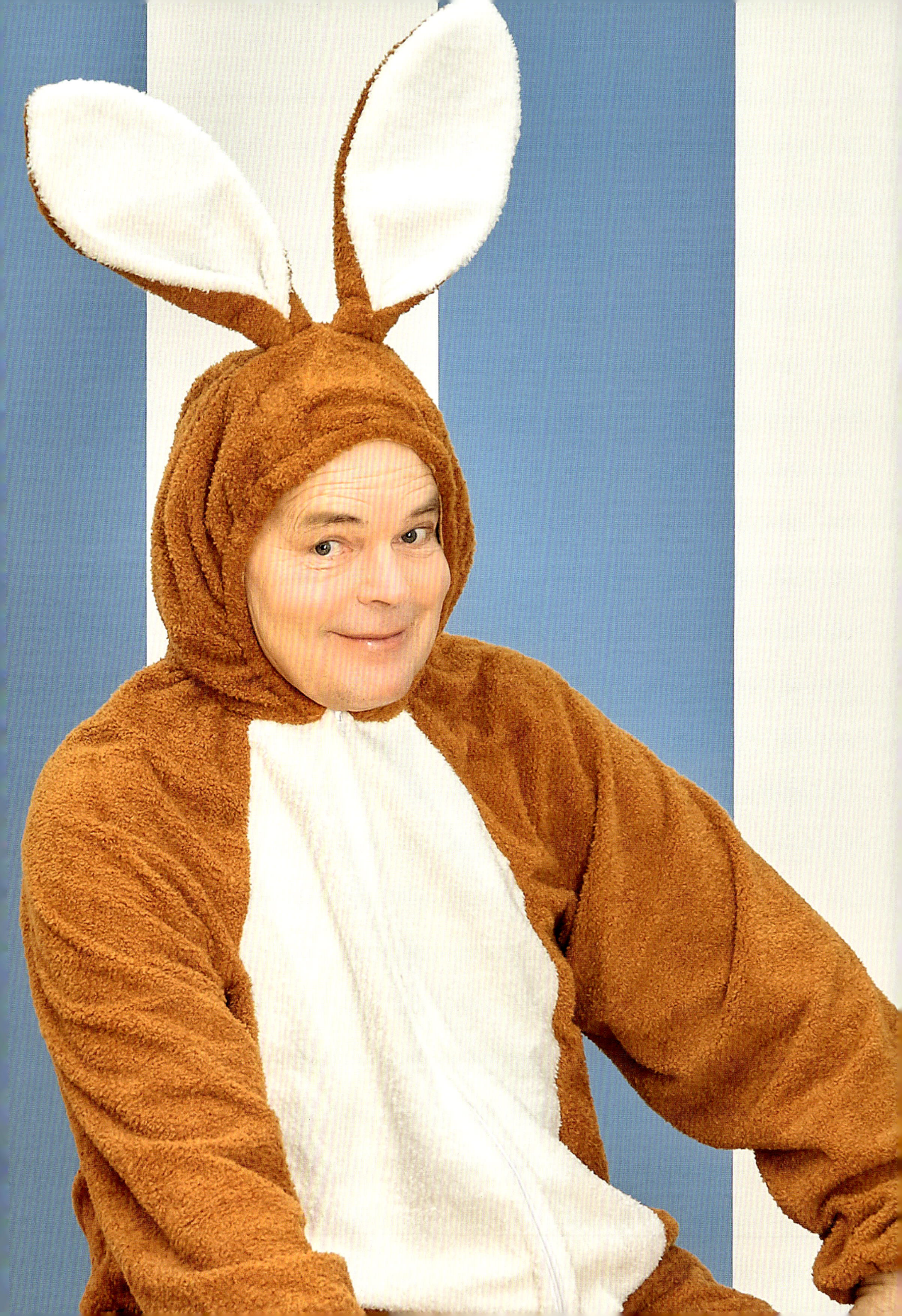

satirische Führungen

Das kann ich eigentlich hier nicht wirklich wiedergeben.
Aber die musikalisch-satirischen Museumsführungen sind seit ca. 15 Jahren meine kleine „Rennstrecke“ geworden.
Angefangen hat es im **Focke-Museum** 2009 mit der Sonderausstellung **„Manieren“**.
Ich habe dann dort mit dem größten Vergnügen und mit recht viel Erfolg weitere zwölf verschiedene satirische Führungen jeweils zu den Sonderausstellungen, aber auch zu der Dauerausstellung entwickelt. Aus der Führung **„Brem bleib Brem“** hier der Schlusssong.
(Den Titel habe ich dann auch bei der Hymne der ZOLLHAUSBOYS verwendet, ist aber etwas ganz anderes!)

Brem bleib Brem

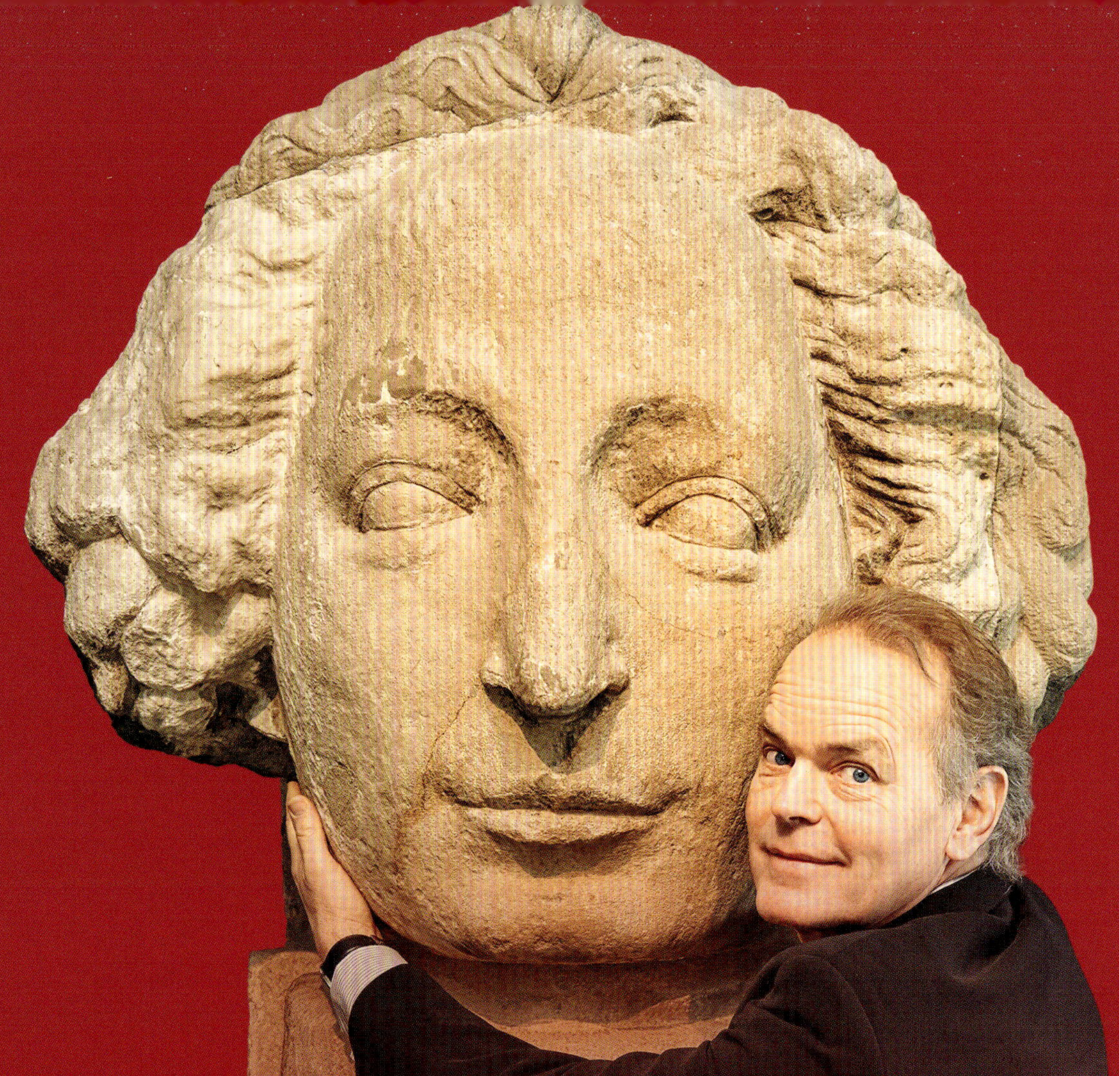

Wir haben gesehn und gehört,
wolang Bremens Geschichte führt,
einen Streifzug hab ich euch gegem.
BREM BLEIB BREM!

Der Roland, er war niemals hier
und ist doch unser Wappentier.
Er hilft uns beim Freiheitstrem:
BREM BLEIB BREM!

Wir sahen viel Totschlag und Mord,
geführt auch mit heiligem Wort,
Fanatismus bleibt ein Problem,
NICHT NUR IN BREM!

Im 30-jährigen Krieg,
da gab es viel Tod und kein' Sieg,
doch hier lebte man schön und bequem,
DIE SCHWEIZ WAR IN BREM!

Unser Herkules ist melancholisch
und ist vielleicht darum symbolisch
für die Schulden, die über uns schwem,
BLEIB BREM BREM!?

Die Franzosen, die wurden verjagt
auch durch die Bremer Jeanne d'Arc.
Auf Anna wollen wir einen hem!
BREM BLEIB BREM!

Von hier aus, da ging's über'n Teich,
damit wurde manch Bremer reich,
auch Amerika könnte mal gem
EINEN DANK NACH BREM!

Der Rundgang hier rückte uns nah,
was in den Weltkriegen geschah,
dafür muss man sich heute noch schäm,
NICHT NUR IN BREM!

Doch wenn wir es richtig anstellen
und die Fanatiker heftig verbellen,
dann können wir die Weichen stellen,
die Zukunft Bremens erhellen,
denn eigentlich finde ich,
kann man doch hier echt gut lem…
BREM BLEIB BREM!

Brem bleib Brem

TEXT UND MUSIK: PAGO BALKE

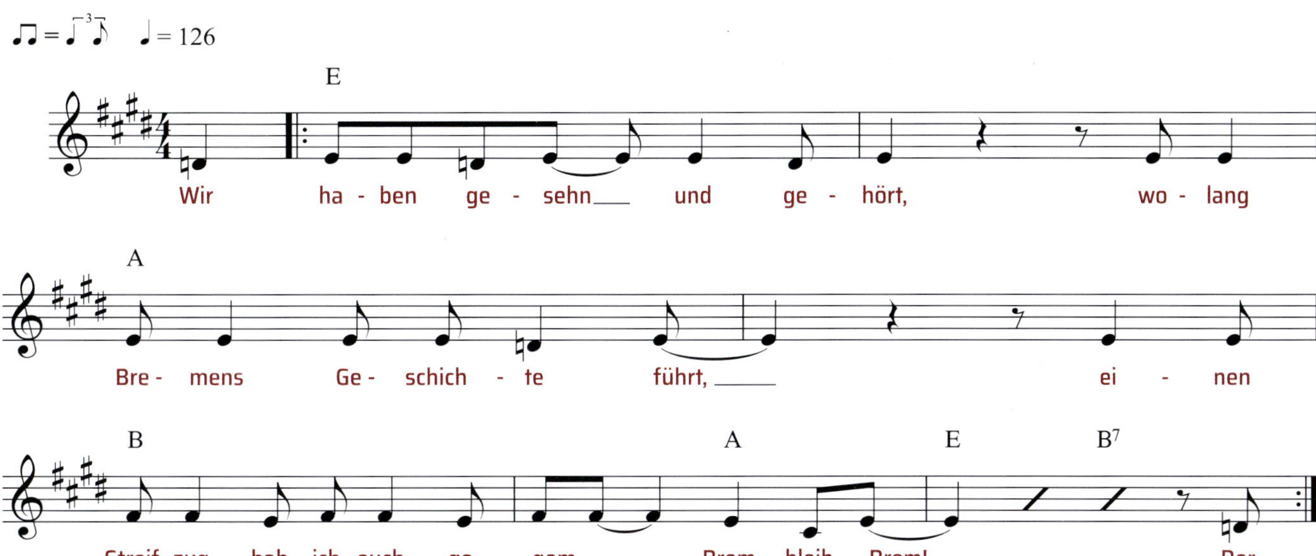

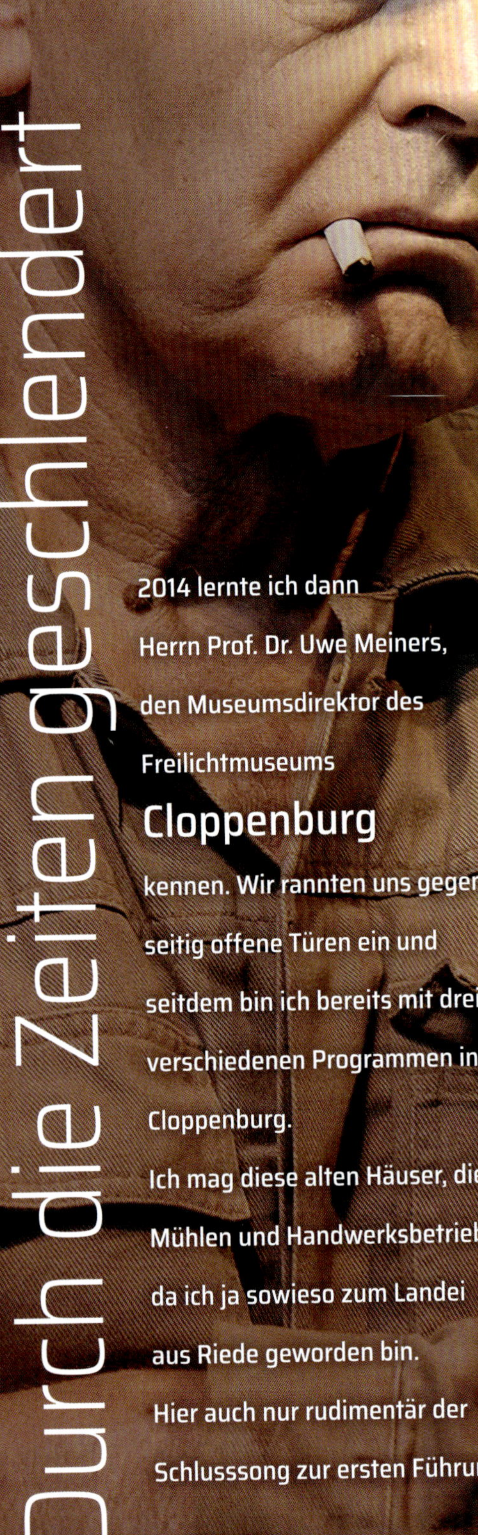

Durch die Zeiten geschlendert

2014 lernte ich dann Herrn Prof. Dr. Uwe Meiners, den Museumsdirektor des Freilichtmuseums **Cloppenburg** kennen. Wir rannten uns gegenseitig offene Türen ein und seitdem bin ich bereits mit drei verschiedenen Programmen in Cloppenburg.

Ich mag diese alten Häuser, die Mühlen und Handwerksbetriebe, da ich ja sowieso zum Landei aus Riede geworden bin.

Hier auch nur rudimentär der Schlusssong zur ersten Führung.

SO SIND WIR DURCH DIE ZEITEN GESCHLENDERT,
WAS IST GEBLIEBEN? WAS HAT SICH VERÄNDERT?
VIELLEICHT IST UNS JA DIE ÜBUNG GEGLÜCKT
UND WIR SIND DEN MENSCHEN VOR UNS
EIN STÜCK NÄHER GERÜCKT.

Wie haben sie gelebt? Wie haben sie gelitten?
Haben sie sich geliebt oder meist gestritten?
Hat der Glaube sie bestärkt und beflügelt?
Und wie oft wurden Anders-Gläubige verprügelt?

Wir können es nur ahnen, was es hieß zu überleben
und im Kampf mit der Natur nicht aufzugeben.
Die Leute wurde immer schlauer und raffiniert
und genauso hat man leider auch den Krieg perfektioniert.

SO SIND WIR DURCH DIE ZEITEN GESCHLENDERT,
WAS IST GEBLIEBEN? WAS HAT SICH VERÄNDERT?
VIELLEICHT IST UNS JA DIE ÜBUNG GEGLÜCKT
UND WIR SIND DEN MENSCHEN VOR UNS
EIN STÜCK NÄHER GERÜCKT.

Wir sind dem Zeitalter der Postkutsche entronnen
und haben Atomkraft und Cyberspace gewonnen.
Wir haben neue Sorgen und zig moderne Plagen,
wahrscheinlich alles besser als am Hungertuch zu nagen.

Den Hunger hat man hierzulande eleminiert,
die Unterschiede und das Elend globalisiert.
In einem bin ich froh, die Zeiten sind verschiedenen,
sie hatten meistens Krieg, wir haben meistens Frieden.

SO SIND WIR DURCH DIE ZEITEN GESCHLENDERT,
WAS IST GEBLIEBEN? WAS HAT SICH VERÄNDERT?
VIELLEICHT IST UNS JA DIE ÜBUNG GEGLÜCKT
UND WIR SIND DEN MENSCHEN VOR UNS
EIN STÜCK NÄHER GERÜCKT.

Durch die Zeiten geschlendert

TEXT UND MUSIK: PAGO BALKE

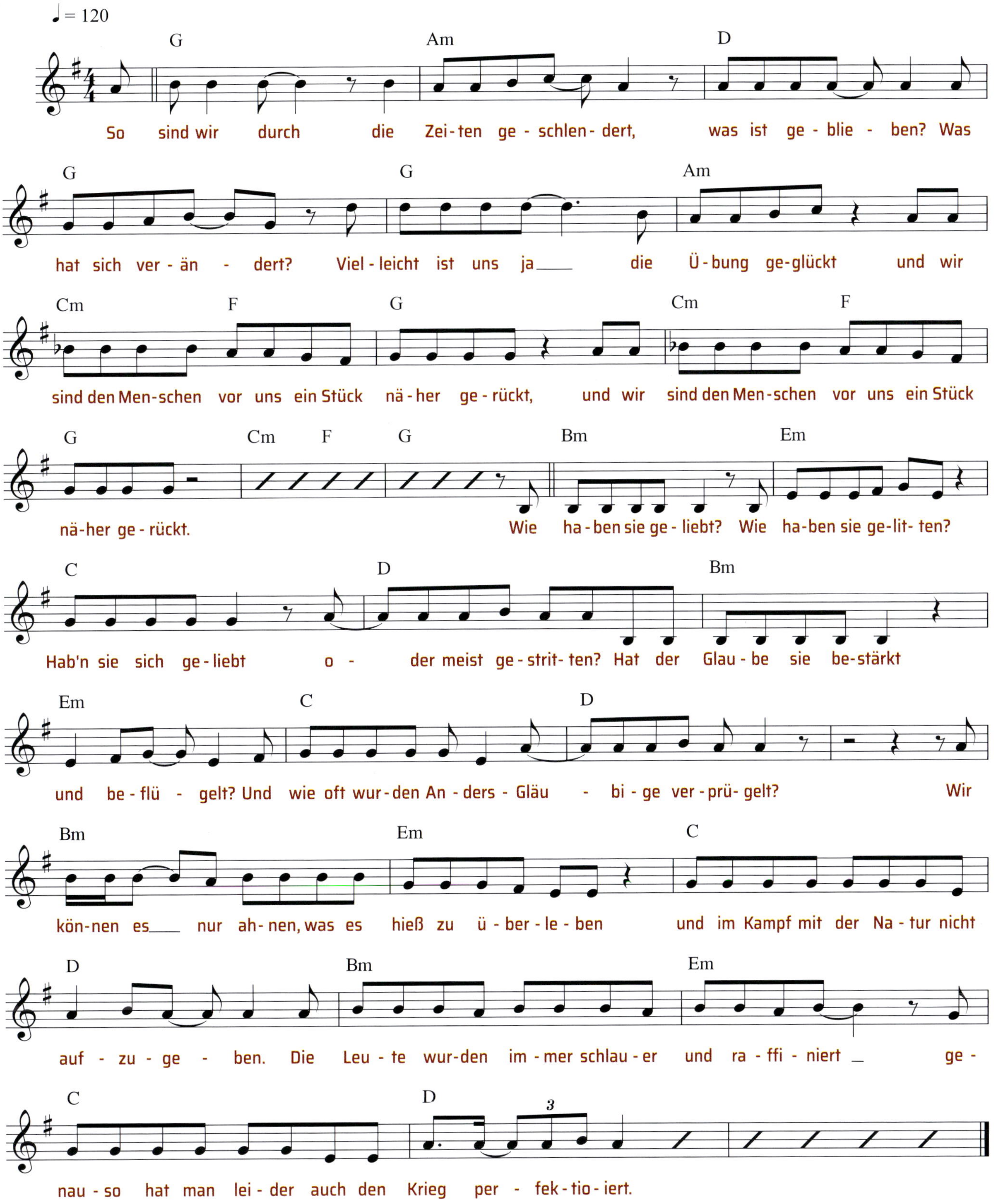

♩= 120

G Am D
So sind wir durch die Zei-ten ge-schlen-dert, was ist ge-blie-ben? Was

G G Am
hat sich ver-än-dert? Viel-leicht ist uns ja___ die Ü-bung ge-glückt und wir

Cm F G Cm F
sind den Men-schen vor uns ein Stück nä-her ge-rückt, und wir sind den Men-schen vor uns ein Stück

G Cm F G Bm Em
nä-her ge-rückt. Wie ha-ben sie ge-liebt? Wie ha-ben sie ge-lit-ten?

C D Bm
Hab'n sie sich ge-liebt o-der meist ge-strit-ten? Hat der Glau-be sie be-stärkt

Em C D
und be-flü-gelt? Und wie oft wur-den An-ders-Gläu-bi-ge ver-prü-gelt? Wir

Bm Em C
kön-nen es___ nur ah-nen, was es hieß zu ü-ber-le-ben und im Kampf mit der Na-tur nicht

D Bm Em
auf-zu-ge-ben. Die Leu-te wur-den im-mer schlau-er und ra-ffi-niert_ ge-

C D
nau-so hat man lei-der auch den Krieg per-fek-tio-iert.

Unter der Erde, da ist es schön!

Last but not least:
Das Alte Pumpwerk Findorff.
Auch eine homebase von mir!
Dort habe ich schon alle kabarettistischen Programme, aber auch Maskenspiele mit der ‚Twist-a-gang' oder mit Blaumeier aufgeführt.
Und zum 100-jährigen Jubiläum 2015 entwickelte ich – eigentlich nur zum einmaligen Gebrauch bestimmt – die satirische Führung

„shit happens".

Doch diese war wider Erwarten so ein Erfolg und macht mir so viel Spass, dass sie sich schon weitere acht Jahre dort gehalten hat.
Zu guter letzt in diesem Kapitel wiederum das letzte Lied von „shit happens", quasi unter Tage. Mit den ‚blauen Engeln' werden landläufig die Mitarbeiter-Innen der Firma hanseWasser bezeichnet.

Unter der Erde, da ist es schön, holladihi, holladiho,
da kann man uns, die ‚blauen Engel' sehn, holladihihadiho
Wir halten Bremens Hintern sauber
als die Unterwelten-Schrauber,
kämpfen mutig und entschieden
gegen Bremens Hämorriden!
Und verstopft mal der Kanal,
kommt das Keller-Personal!
Wir krauchen und tauchen,
riechen und kriechen,
reparieren und schmieren
auch auf allen Vieren...

JA, WIR SIND DIE GUTEN HELDEN
AUS DEN BREMER UNTERWELTEN!

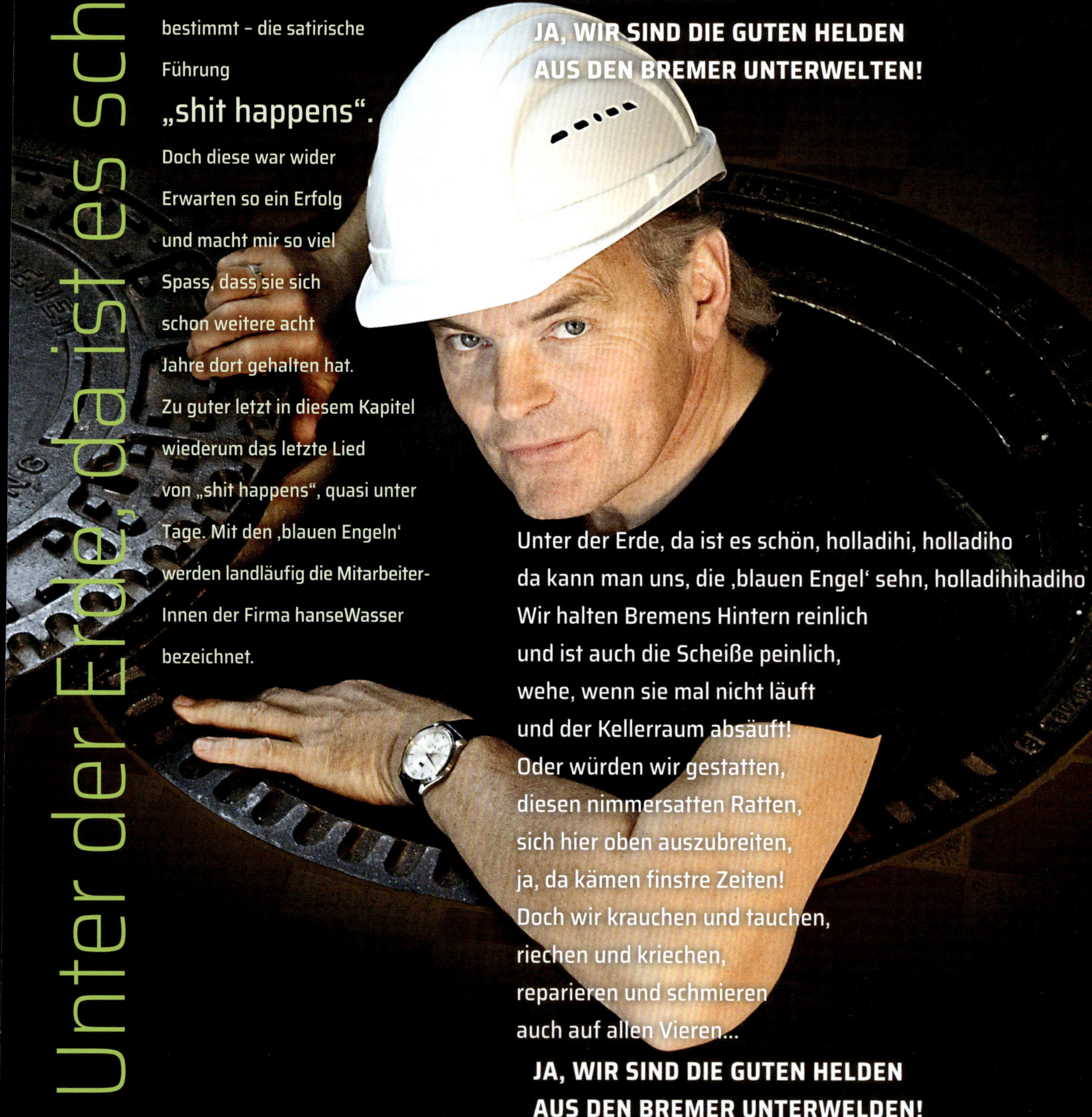

Unter der Erde, da ist es schön, holladihi, holladiho
da kann man uns, die ‚blauen Engel' sehn, holladihihadiho
Wir halten Bremens Hintern reinlich
und ist auch die Scheiße peinlich,
wehe, wenn sie mal nicht läuft
und der Kellerraum absäuft!
Oder würden wir gestatten,
diesen nimmersatten Ratten,
sich hier oben auszubreiten,
ja, da kämen finstre Zeiten!
Doch wir krauchen und tauchen,
riechen und kriechen,
reparieren und schmieren
auch auf allen Vieren...

JA, WIR SIND DIE GUTEN HELDEN
AUS DEN BREMER UNTERWELDEN!

Unter der Erde, da ist es schön!

TEXT: PAGO BALKE, MUSIK: AUGSBURGER PUPPENKISTE („KALLE WIRSCH“)

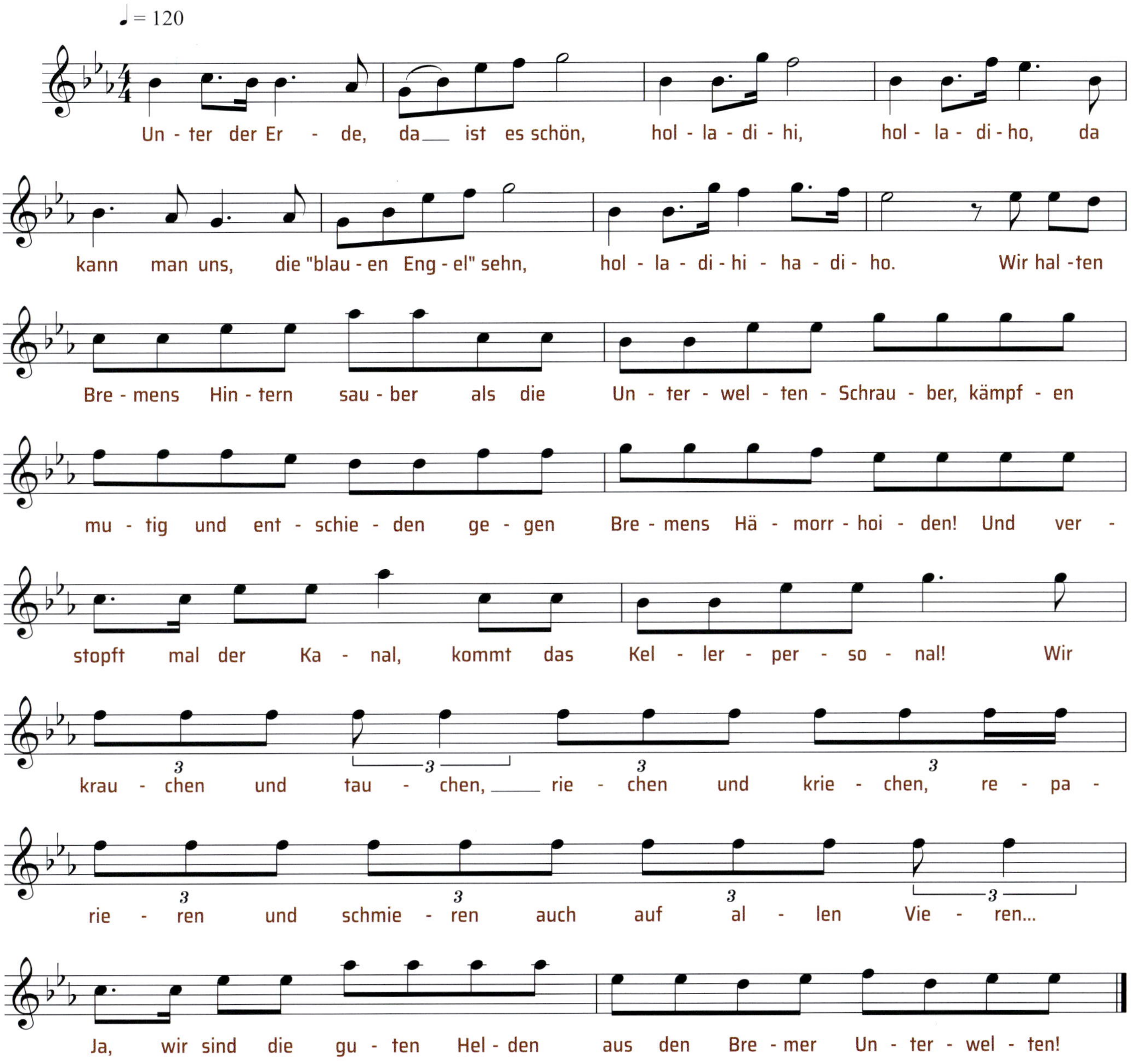

♩ = 120

Un - ter der Er - de, da ist es schön, hol - la - di - hi, hol - la - di - ho, da

kann man uns, die "blau - en Eng - el" sehn, hol - la - di - hi - ha - di - ho. Wir hal - ten

Bre - mens Hin - tern sau - ber als die Un - ter - wel - ten - Schrau - ber, kämpf - en

mu - tig und ent - schie - den ge - gen Bre - mens Hä - morr - hoi - den! Und ver -

stopft mal der Ka - nal, kommt das Kel - ler - per - so - nal! Wir

krau - chen und tau - chen, rie - chen und krie - chen, re - pa -

rie - ren und schmie - ren auch auf al - len Vie - ren...

Ja, wir sind die gu - ten Hel - den aus den Bre - mer Un - ter - wel - ten!

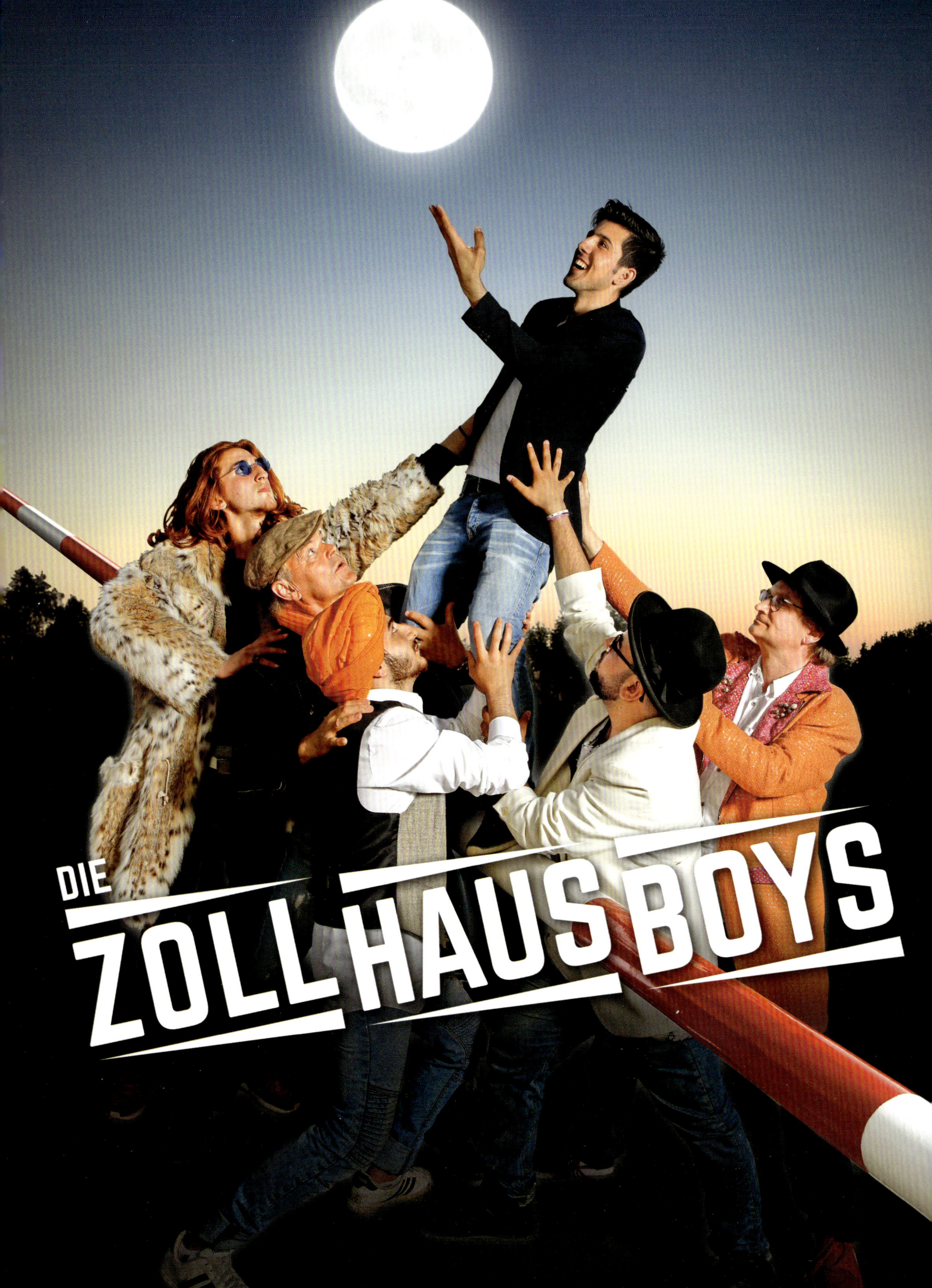
DIE
ZOLL HAUS BOYS

Die Zollhausboys 1

Ich weiß gar nicht, wie ich diese Gruppe genug würdigen kann. Es gibt immer wieder nur Sätze wie: „Hey Jungs, ich zieh vor euch den Hut!“ oder „Mir ist seit Jahren nichts Besseres passiert“. Ich danke allen, die an diesem wertvollen, beflügelnden und wichtigen Projekt mitgewirkt haben!

Die **ZOLLHAUSBOYS** halten mich jetzt schon seit sechs Jahren in Atem und es fühlt sich immer noch an wie ein Geschenk, dass ich meine Kraft, Kreativität und Musikalität mit diesen wunderbaren Menschen teilen durfte. Ich hoffe, dass ihr die Freude und Faszination, die ich fast ausnahmslos mit dieser Gruppe empfinde, auf den folgenden Seiten nachempfinden könnt.

Wir haben insgesamt ca. 60 Stücke in unseren drei Programmen entwickelt. Ich gebe hier nur die wieder, an denen ich massgeblich beteiligt war. Allerdings ist fast alles gemeinsam entstanden. Aus Notizen, Erzählungen, Prosa wurden Lieder. Aus brainstorming-Ideen wurden satirische Szenen. Einige brachten Musik-Ideen mit, oder gleich ganze Kompositionen. Und dann ist beim Proben mit viel Zeit, Anstrengung, Auseinandersetzung, aber fast immer mit sehr viel Lachen etwas draus geworden.
Schaut und hört es euch an! (www.zollhausboys.de)

Aleppo

Eines unserer ersten Lieder. Geschrieben Ende 2016, nachdem wir uns im Zollhaus, einem Hostel für Geflüchtete in der Bremer Überseestadt, zusammengefunden haben: Ismaeel, Azad, Shvan, Delyar aus Syrien und am Anfang noch Bilal aus Afghanistan. Die Jungs waren damals noch ‚Jungs', zwischen 15 und 17 Jahre alt und ich schon Ü 60!

Oh Gott! Maschallah!

Wenn die Leute uns heute erleben, kann man es sich kaum vorstellen, wie alles begonnen hat: fast kein Deutsch, fast keine Musikinstrumente konnten sie spielen und wir mussten erst zu Freunden werden. Aber wir haben Geschichten erzählt, die damals – und vielleicht noch heute – die Gesellschaft brauchte und die Brücken geschlagen haben zwischen den Geflüchteten und den deutschen Leuten, denen die neue Situation nach der ‚Flüchtlingswelle' noch fremd war.

Ich hab mal ein Bild von Bremen gesehen,
da blieb kein Stein auf dem anderen stehen.
Neunzehnhundertfünfundvierzig war die schöne Stadt
zerbombt, am Boden, einfach platt.

So sieht jetzt heute meine Stadt aus,
siehst du die Bilder, das hältst du nicht aus!
Das ist die Stadt, in der ich aufgewachsen bin,
vier Millionen Leute und ich mittendrin!

DAS IST ALEPPO! DA KOMME ICH HER.
ICH FLOH ÜBER LAND, ICH KAM ÜBER'S MEER!

Wißt ihr was das Schönste an Aleppo war?
An jeder Ecke grillen sie! Es riecht wunderbar!
Ich hatte mit paar Freunden, es ist gar nicht lange her
einen kleinen Hügel im großen Häusermeer.

Den hatten sie vielleicht vergessen zu bebauen,
da haben wir uns jeden Tag ins Gras gehauen.
Was haben wir da gemacht? Geraucht und gechillt!
Und natürlich jede Menge meat gegrillt!

DAS IST ALEPPO! DA KOMME ICH HER.
ICH FLOH ÜBER LAND, ICH KAM ÜBER'S MEER!

Meine Stadt war das Zentrum der Wirtschaft im Land,
bei uns auch „kreatives Chaos" genannt.
Überall business, Fabriken und Gewühl,
es war echt was los, ein geiles Gefühl!

Meine Stadt ist 10000 Jahre alt,
die Vergangenheit ist ausgelöscht, das läßt mich nicht kalt!
Ich würde gerne wieder durch Basare streifen,
die gibt es nicht mehr, kaum zu begreifen!

DAS IST ALEPPO! DA KOMME ICH HER.
ICH FLOH ÜBER LAND, ICH KAM ÜBER'S MEER!

In Aleppo lebten alle Religionen gut,
Muslime, Christen, Aleviten und Jud.
Moscheen und Kirchen, dicht an dicht,
alles kein Problem... nur heiraten nicht.

In Aleppo standen fünf Parteien im Krieg,
einige prahlen jetzt mit ihrem Sieg.
Doch bei all der ganzen Scheiße ist kein Ende in Sicht,
so friedlich wie früher wird es jedenfalls nicht!

DAS IST ALEPPO! DA KOMME ICH HER.
ICH FLOH ÜBER LAND, ICH KAM ÜBER'S MEER!
DAS IST ALEPPO! DA KOMME ICH HER.
SO WIE ES WAR, DAS GIBT ES NICHT MEHR!

(ISMAEEL FOUSTOK)

Aleppo

TEXT: PAGO BALKE/ISMAEL FOUSTOUK, MUSIK: PAGO BALKE

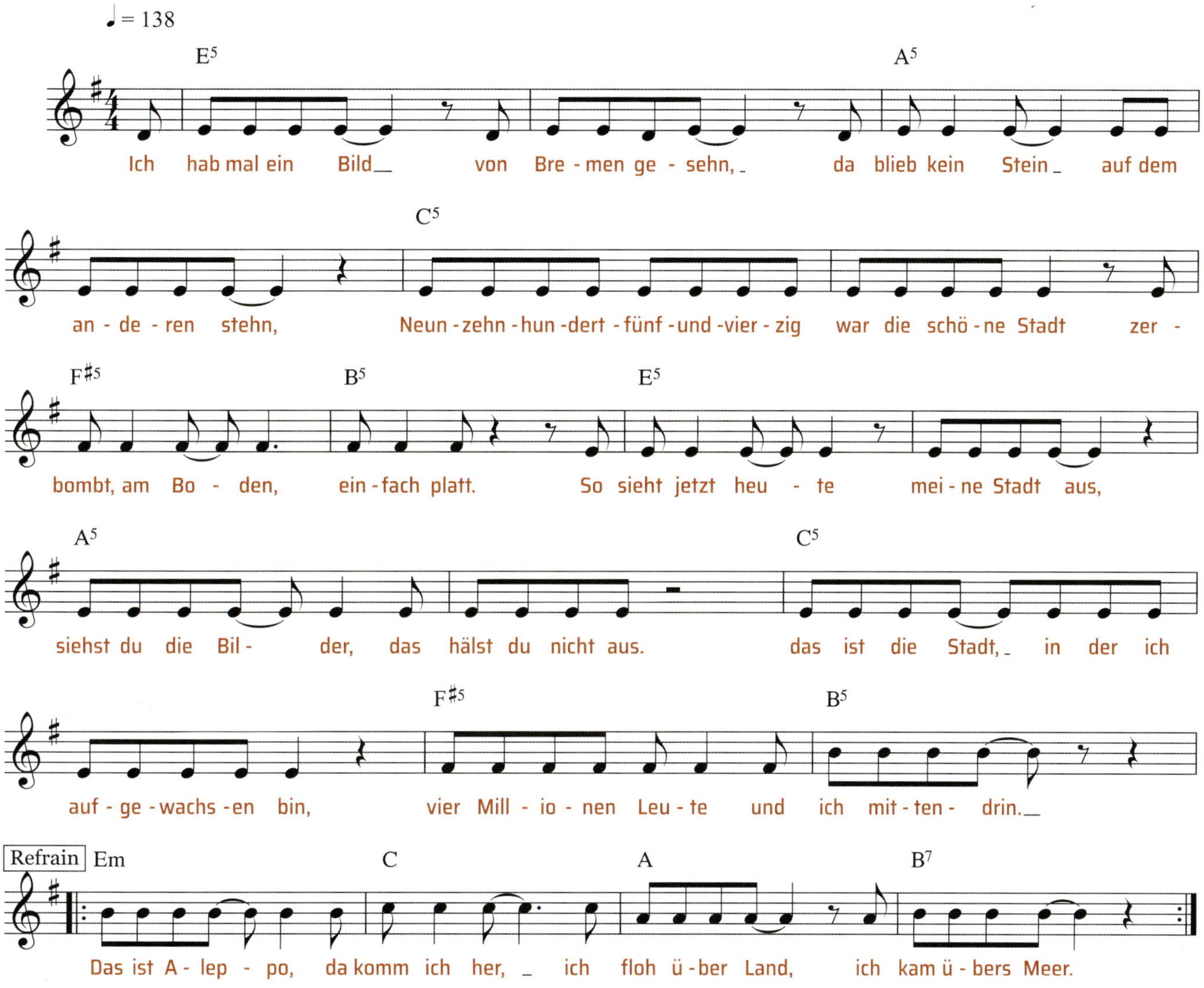

♩ = 138

E5 — A5

Ich hab mal ein Bild__ von Bre - men ge - sehn, _ da blieb kein Stein _ auf dem

C5

an - de - ren stehn, Neun - zehn - hun - dert - fünf - und - vier - zig war die schö - ne Stadt zer -

F♯5 — B5 — E5

bombt, am Bo - den, ein - fach platt. So sieht jetzt heu - te mei - ne Stadt aus,

A5 — C5

siehst du die Bil - der, das hälst du nicht aus. das ist die Stadt, _ in der ich

F♯5 — B5

auf - ge - wachs - en bin, vier Mill - io - nen Leu - te und ich mit - ten - drin.__

Refrain

Em — C — A — B7

Das ist A - lep - po, da komm ich her, _ ich floh ü - ber Land, ich kam ü - bers Meer.

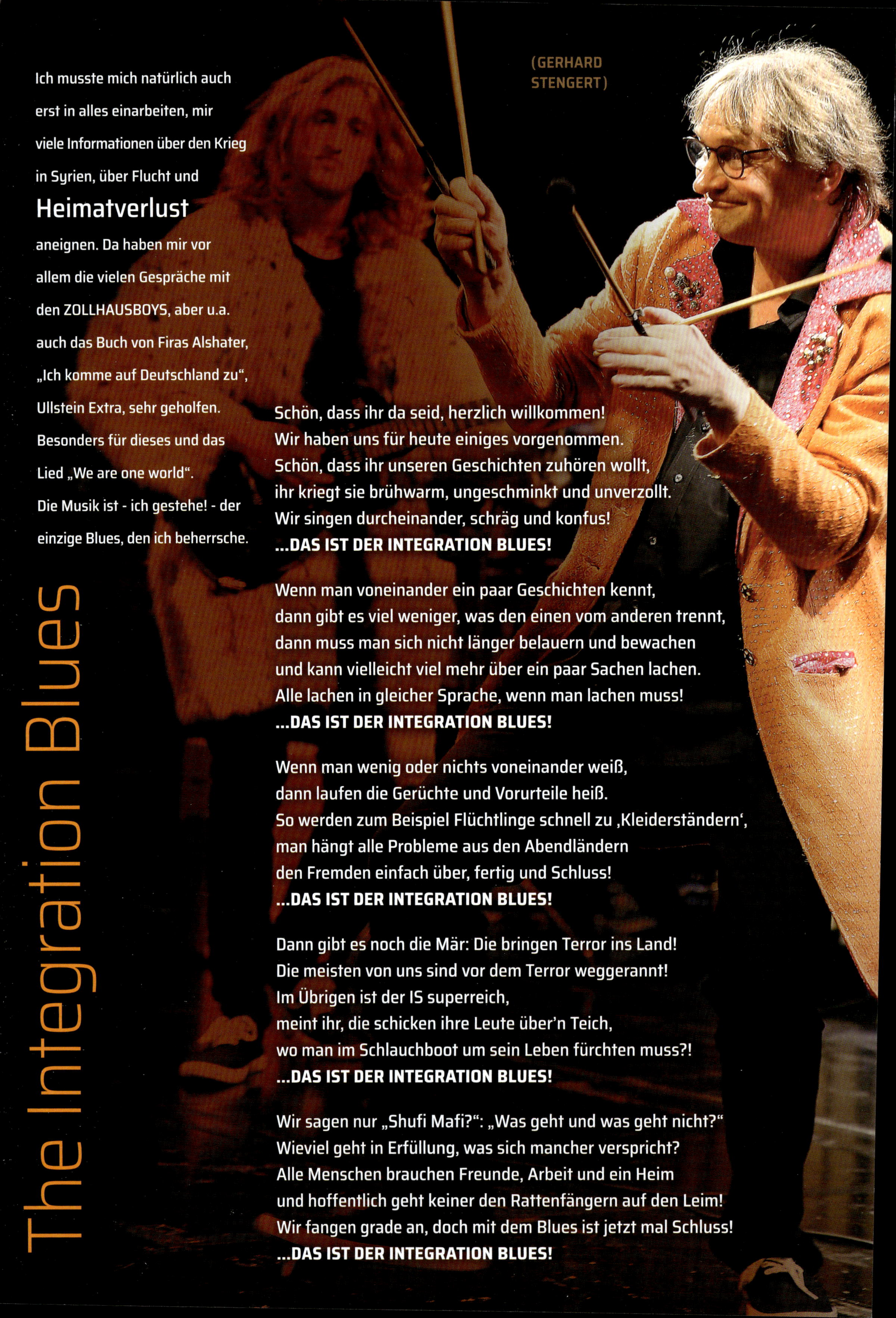

The Integration Blues

Ich musste mich natürlich auch erst in alles einarbeiten, mir viele Informationen über den Krieg in Syrien, über Flucht und **Heimatverlust** aneignen. Da haben mir vor allem die vielen Gespräche mit den ZOLLHAUSBOYS, aber u.a. auch das Buch von Firas Alshater, „Ich komme auf Deutschland zu", Ullstein Extra, sehr geholfen. Besonders für dieses und das Lied „We are one world". Die Musik ist - ich gestehe! - der einzige Blues, den ich beherrsche.

(GERHARD STENGERT)

Schön, dass ihr da seid, herzlich willkommen!
Wir haben uns für heute einiges vorgenommen.
Schön, dass ihr unseren Geschichten zuhören wollt,
ihr kriegt sie brühwarm, ungeschminkt und unverzollt.
Wir singen durcheinander, schräg und konfus!
...DAS IST DER INTEGRATION BLUES!

Wenn man voneinander ein paar Geschichten kennt,
dann gibt es viel weniger, was den einen vom anderen trennt,
dann muss man sich nicht länger belauern und bewachen
und kann vielleicht viel mehr über ein paar Sachen lachen.
Alle lachen in gleicher Sprache, wenn man lachen muss!
...DAS IST DER INTEGRATION BLUES!

Wenn man wenig oder nichts voneinander weiß,
dann laufen die Gerüchte und Vorurteile heiß.
So werden zum Beispiel Flüchtlinge schnell zu ‚Kleiderständern',
man hängt alle Probleme aus den Abendländern
den Fremden einfach über, fertig und Schluss!
...DAS IST DER INTEGRATION BLUES!

Dann gibt es noch die Mär: Die bringen Terror ins Land!
Die meisten von uns sind vor dem Terror weggerannt!
Im Übrigen ist der IS superreich,
meint ihr, die schicken ihre Leute über'n Teich,
wo man im Schlauchboot um sein Leben fürchten muss?!
...DAS IST DER INTEGRATION BLUES!

Wir sagen nur „Shufi Mafi?": „Was geht und was geht nicht?"
Wieviel geht in Erfüllung, was sich mancher verspricht?
Alle Menschen brauchen Freunde, Arbeit und ein Heim
und hoffentlich geht keiner den Rattenfängern auf den Leim!
Wir fangen grade an, doch mit dem Blues ist jetzt mal Schluss!
...DAS IST DER INTEGRATION BLUES!

The Integration Blues

TEXT UND MUSIK: PAGO BALKE

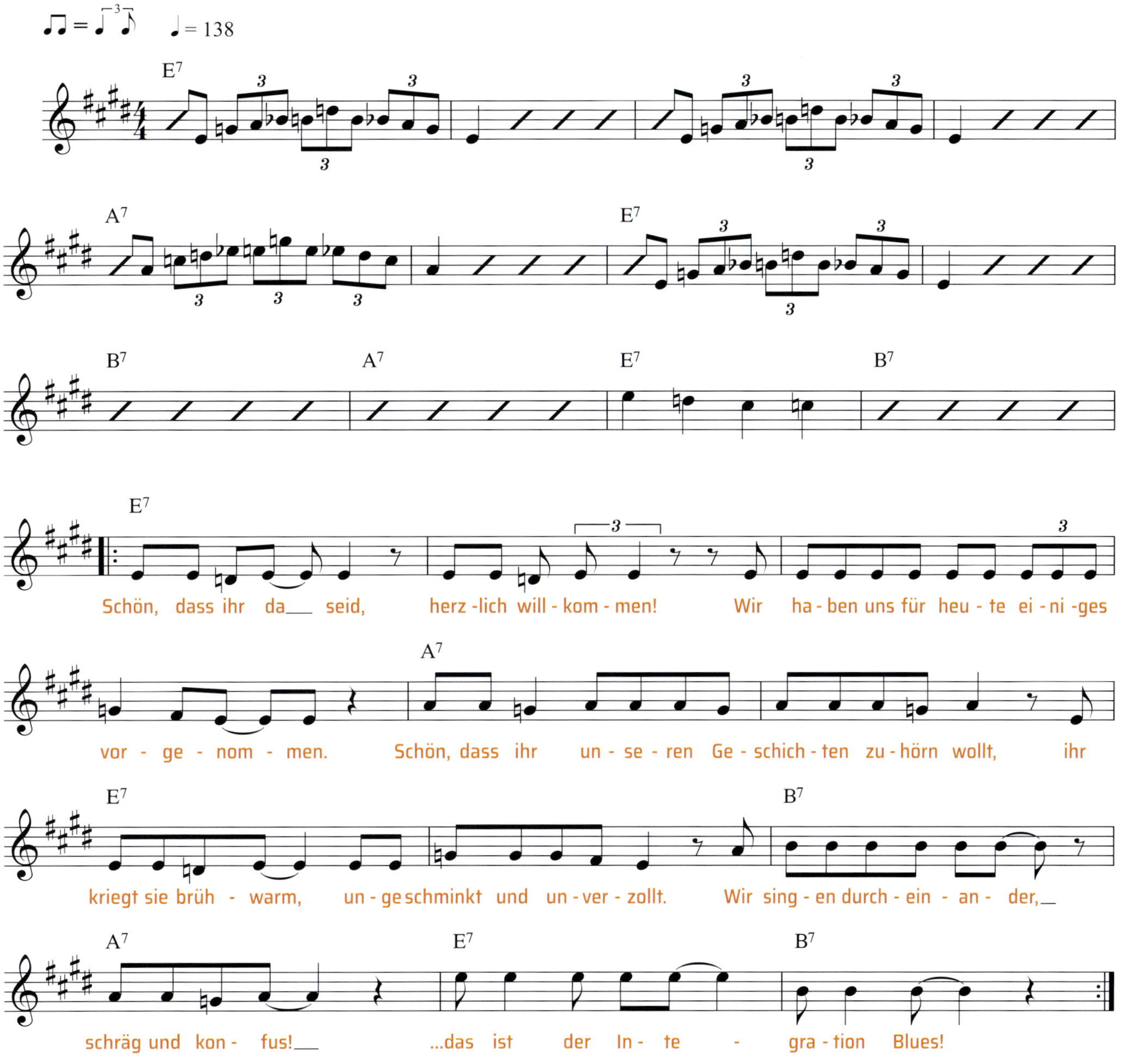

♩ = 138

E7 | | | | A7 | | E7 | | B7 | A7 | E7 | B7

Schön, dass ihr da__ seid, herz-lich will-kom-men! Wir ha-ben uns für heu-te ei-ni-ges

vor - ge - nom - men. Schön, dass ihr un - se - ren Ge - schich - ten zu - hörn wollt, ihr

kriegt sie brüh - warm, un - ge schminkt und un - ver - zollt. Wir sing - en durch - ein - an - der,__

schräg und kon - fus!__ ...das ist der In - te - gra - tion Blues!

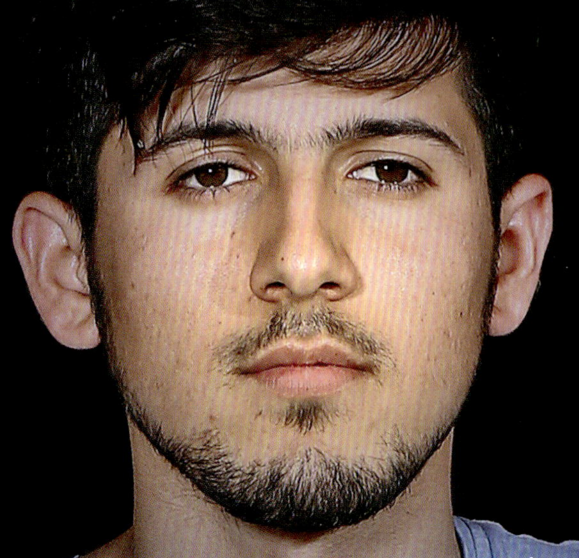

(AZAD KOUR)

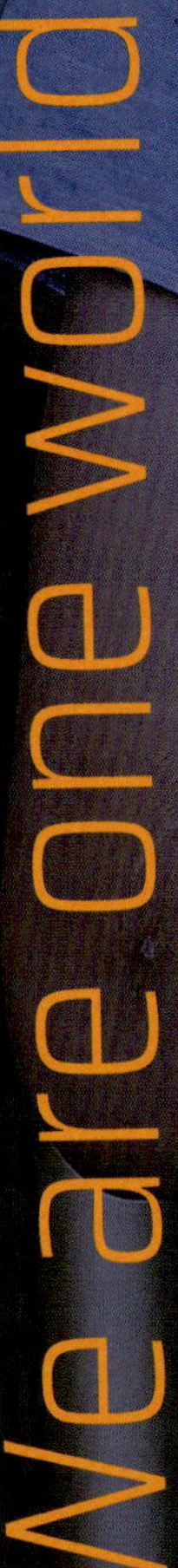

„Hallo Flüchtling", fragt man uns,„warum seid ihr eigentlich hier?
Geht's um Geld und gutes Leben oder wollt ihr unser Bier?"
Ja, natürlich bin ich Flüchtling, doch ich höre das nicht gern,
ich bin einfach Shvan Sheikho und bin noch vom gleichen Stern.

Ich sehe meine Heimat wie durch ein trübes Glas.
Syrien ist zerstört durch Terror, Krieg und Hass.
Vieles existiert nicht mehr und wenn mit Trauerflor,
die Erinn'rungen sind irreal und kommen mir kitschig vor.

WE ARE ONE WORLD!
WE ARE ONE!

Ihr müsst euch das mal so vorstellen: Eine Diktatur,
die's schon vierzig Jahre gibt mit Folter und Zensur.
Oder wie ein Sandkasten, da sitzen ich und du
und Assad als ‚Big Brother' schaut uns beim Spielen zu.

Ihr kennt das ja aus jüngster Zeit aus der DDR,
da machte ein Geheimdienst dem Volk das Leben schwer.
Wieviel STASI'S haben wir? Siebenundzwanzig an der Zahl!
Wirklich nicht gelogen! Es ist echt katastrophal!

WE ARE ONE WORLD!
WE ARE ONE!

Wie in jeder Diktatur herrscht die Angst an allen Orten.
Was du denkst und was du sagst in Liedern und in Worten,
drehst du dreimal hin und her, denn die Wände haben Ohren.
Wer will schon im Gefängnis gerne sterben oder schmoren?

Unter Folter starben allein 12000 Leute
und Assad mordet weiter, morgen oder heute.
Was sich Menschen angetan, das kann man schwer vergessen,
Syrien ist krank, zerrissen und zerfressen.

WE ARE ONE WORLD!
WE ARE ONE!

Nine-Eleven kennt ihr? Da ist er auch geboren:
Baschar Al Assad, zum Herrscher auserkoren!
Der läßt sein Volk mitunter in Giftgasschwaden baden
und hält sich über Wasser nur durch Wladimir Putins Gnaden.

Im Jahr 2011, da gingen die Demos los.
Es starben einige Kinder, die Empörung wurde groß.
Aus den Beerdigungszügen wurd' bald ein Flächenbrand,
er wurde immer stärker und erfasst' das ganze Land.

WE ARE ONE WORLD!
WE ARE ONE!

Assad bekämpft die Freiheit wie ein wundes Tier,
doch seine lahmen Füße nahmen die Kojoten ins Visier:
Al Nusra oder Taliban, sie schritten schnell zur Tat,
die grausamste Hyäne ist der „Islamische Staat"!

Diese Terrorbande hat weiß Gott mit dem Islam
genauso viel zu tun wie der Weihnachtsmann!
Wir nennen sie deshalb DAESCH, das heißt: die ‚Zwietracht säen'
sie können durch Syriens Öl vor Reichtum kaum noch stehen.

WE ARE ONE WORLD!
WE ARE ONE!

So zoffen die Kojoten sich um mein armes Land...
und ich sitz hier in Deutschland, die Gitarre in der Hand.
Das nur mal zu dem Thema: „Warum seid ihr eigentlich hier?"
Ach ja, und auf die Frage: Wir trinken gar kein Bier!

Ich sehe meine Heimat wie durch ein trübes Glas.
Syrien ist zerstört durch Terror, Krieg und Hass.
Wir wollten ein paar Wahrheiten aus unser'm Land erzählen
und dennoch hab'n wir tausend Fragen, die uns täglich quälen.

TEXT UND MUSIK: PAGO BALKE

Schweizer Traum

Ich hatte nen Traum und ich versichere euch, so sehr ich auch täglich den Gedanken verscheuch, ich hab's echt geträumt!
Ich war Schweizer geworden!

Man gab mir den Pass, als wär es ein Orden, ein weißes Kreuz auf stabil-rotem Grund, ich fühlte mich sicher, gerettet, gesund, wie wenn du nach todesgefährlicher Flucht - durch Zufall und Schicksal auf Rettung gebucht - auf einer Trage des Roten Kreuzes bist, in der Hoffnung, dass es noch keine Bahre ist!

In diesem Traum bat mich ein Freund, - der es sonst eigentlich gut mit mir meint -, einer Frau zu helfen. Sie sei wirklich in Not, sie kam in die Schweiz mit 'nem Ruderboot, das nachts bei Sturm über den Bodensee schwamm, natürlich mit Schleppern, das ganze Programm.

Ich sag: **„Das ist furchtbar, nur warum fragst du mich?"**

„Ja, du hast doch den Pass, da gebietet es sich 'n büschen zu helfen, ich hab gute Franken für dich! Es ist alles ganz einfach, die Chance ist da, du sagst zu der armen Frau einfach nur JA!"

„Du meinst jetzt aber nicht ...äh...wie sagt man dazu?"

„Aber natürlich! Es gibt kein Tabu, wenn jemand in Not ist, von Abschiebung bedroht ist, da freut man sich doch, wenn man helfen kann und du bist doch Schweizer und ein lediger Mann! Du bist sonst immer nett und zu allem bereit, da dachte ich einfach, es wär an der Zeit, dass..."

„Halt!" schrie ich, **„du drängst mich moralisch hinein in einen Betrug!? In eine Ehe zum Schein!?"**

„Och, 'n büschen Verstellung, 'n büschen Verkleidung, 5000 Franken bis zur baldigen Scheidung, dann ist alles gegessen, du bist wieder frei! Da ist doch nu echt kein Problem dabei!"

„Mir bedeutet die Liebe, die Ehe sehr viel! Das setzt man nicht einfach so leicht auf's Spiel! Wie heißt sie überhaupt, wenn ich mal fragen darf...?!"

Ja, und das ist das Problem mit der ganzen Geschichte, es ist einfach nur peinlich, allein sowas zu träumen! Idiotisch die ganze Nummer,... sorry, tschuldigung, ich brech' das jetzt hier mal einfach ab!

Leute, wir machen eine spontane Programmänderung! (Ich wende mich an Gerhard) Kannst du vielleicht mal irgendwas klöppeln?

(Gerhard) **„So irgendwas klöppeln!? Du träumst wohl?"**

(zu Ismaeel) Dann sing du bitte nochmal was Schönes aus Aleppo, das war doch ganz gut!

(Ismaeel) **„Nein! Du erzählst weiter!"**

(Shvan) **„Was man angefangen hat, muss man auch zu Ende führen!"**

Oh Mann, ihr seid echt gnadenlos! Also, diese Frau, die ich da heiraten sollte, ich schwöre es, echt nur zum Schein! Das war... also, sie stand plötzlich vor mir, in einem Jacket mit so großen runden Knöpfen. Sie sah ziemlich verhärmt aus, aber doch gut gekleidet, richtig chic! Diese Frau, das war... äh... das war... Angela Merkel! – – –

(Gerhard) **„Okay, soll ich vielleicht doch besser irgendwas klöppeln?"**

(Ismaeel) **„Ich könnte noch was Schönes aus Aleppo singen?"**

(Shvan) **„Man kann auch mal Ausnahmen machen mit ‚dem zu Ende führen'!"**

Nein, verdammt, jetzt hab ich auch meinen Stolz! Es ist hochnotpeinlich, aber was soll's... Frau Merkel aus Deutschland ausgewiesen, sie sollte in ein Land mit Kriegen und Krisen. Ohne die Schlepper wär sie gänzlich verloren, dafür zogen sie ihr das letzte Hemd über die Ohren. Sie mußte ihre ganzen Jacketts verkaufen, um dafür fast im Bodensee zu ersaufen!
Ich sag meinem Freund: **„Aber das gibt's doch nicht!"**

„Doch", meint er, **„wenn man dem Volk verspricht: ‚Wir schaffen das!' Eine Frage der Zeit war es nur, bis die schöne Willkommenskultur, die uns im Ausland viel Ansehen zutrug, in eine Wokommenwirdenndahin-Kultur? umschlug!"**

Ich frage: **„Und wer steckt dahinter, mein Gott?!"**

„Tjaha! das war ein Komplott!"

Vielleicht war's der Mann mit dem Schulz-Effekt! Oder hat es der bayrische Horst ausgeheckt? War es die Petri, die taube Nuss? Oder machte der dicke Gabriel Schluss mit der Ära Merkel, und schob ohne Not sie zu ‚ihren' Flüchtlingen ins schwankende Boot?

Ich weiß es nicht! Vielleicht waren's auch die Millionen von Deutschen, die jetzt viel beengter wohnen! Wir müssen ja alle die Betten teilen mit muslimischen Flüchtlingen, die im Hause verweilen auf Camping-Liegen in Garagen und Kammern, Millionen von Bürgern, die klagen und jammern, dass die Kanzlerin ihnen viel Leid zugefügt und mit ‚Wir schaffen das!' sie nach Strich und Faden belügt!
Wir müssen ja alles Ersparte hergeben, können nichts mehr kaufen, kein Urlaub, kein Leben, kein Weihnachten, nur noch Ramadan feiern! Sie sind alle sauer zwischen Flensburg und Bayern!"

„Au weia! Darf ich trotzdem mal fragen, warum soll grade ICH ihr das Jawort sagen?!" -

Da steht plötzlich sie vor mir! Wie im richtigen Leben und versucht die Mundfurchen zum Lächeln zu heben.

„Frau Merkel! Sie hier?!... äh... Sie wissen schon, die Ausländerbehörde kennt kein Pardon! Die Schweizer bewachen genauso scharf wie in Deutschland, das was man darf und nicht darf!"

„Das weiß ich, Herr Balke!" sagt sie wie in Trance.

„Okay, angenommen, ich geb Ihnen die Chance, dann müssten wir alles voneinander wissen: die Zahnpastasorte, das Lieblingskissen, das Deo, das Essen und all solche Fragen. Ich muss z.B. wissen, seit wann Sie diese Jacketts getragen?! Die löchern uns bestimmt auch nach Liebesgefühlen und wir müssen das Ehebett richtig zerwühlen!"

„Das weiß ich, Herr Balke!" sagt sie guter Stimmung.

**„Ach ja, ich hätt' da noch eine Bedingung: - wenn Sie das bitte jetzt sofort ändern! - Ich hab hier eine Liste von Ländern, in die nicht mehr abgeschoben werden kann... ach, nein, stimmt ja, Sie sind gar nicht mehr dran! Hmm... Okay, dann soll's wohl so sein!
Ich sage nochmal, Frau Merkel, echt nur zum Schein!"**

„Das weiß ich Herr Balke!" nickt sie mir zu.

„Gut, dann würd ich mal sagen, dann sagen wir mal: ‚Du'! Ich bin der Pago, geht das schon mal klar?!"

„Das weiß ich, Herr Balke, ich bin die Angela!"

Ich wache auf, ich schwitze wie Sau, taste schlaftrunken nach meiner Frau, bin unglaublich erleichtert, sie schniefen zu hören, steh leise auf, um sie nicht zu stören. Ich geh in die Küche, koche Kaffee und eile zum Bäcker, kauf 50 Brötchen, die mittlerweile kaum reichen für alle, die auf den Campingliegen sich dicht an dicht aneinander schmiegen in den Garagen, Kammern und anderen Räumen und von einem sicheren Leben träumen. Sie kommen zum Frühstück, das wir integrativ verbringen, wobei wir ‚Im Frühtau zu Berge' singen, dann gehen wir alle froh und heiter zur Schule, zur Arbeit ...und so weiter fließt das Leben wie ein ruhiger Bach...

Kann mich jemand kneifen?

Bin ich wirklich wach?!

TEXT: PAGO BALKE

Männer weinen nicht

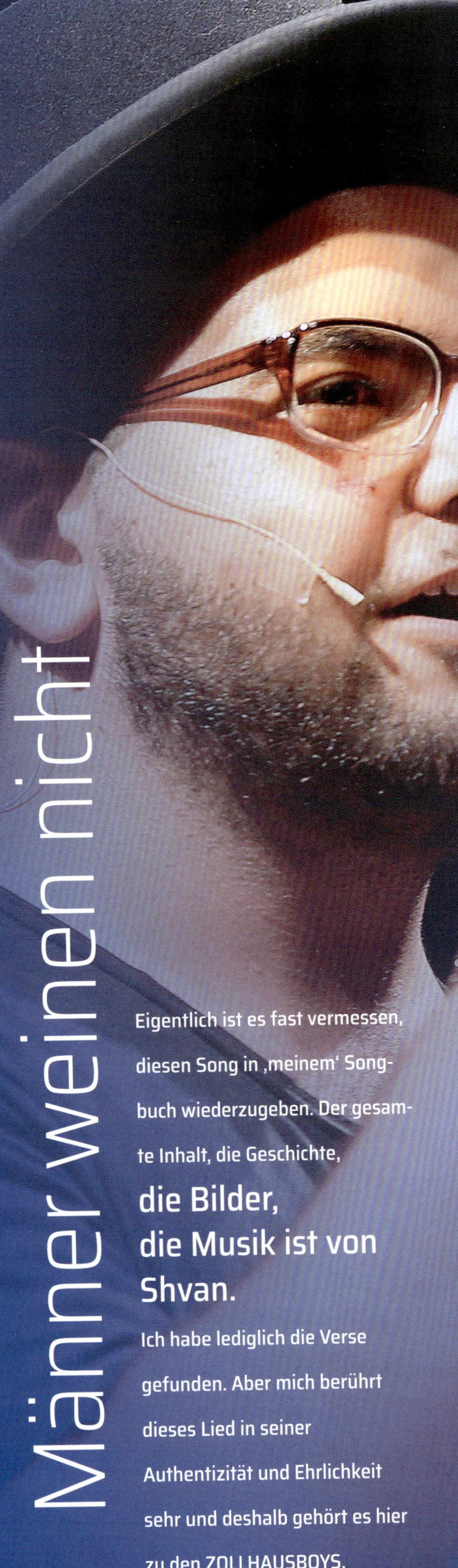

Ein Superheld war mein Vater schon immer für mich,
sein stärkstes Motto war: Männer weinen nicht!
Meine ganze Kindheit versucht' ich mir auf die Lippen zu beißen,
heulen war genauso schlimm, wie in die Hosen zu scheißen!
Als Opa starb, konnt' ich bei meinem Vater nichts entdecken.
Verdammt, was ist der Trick? Wie kann der die Tränen verstecken?!

MÄNNER WEINEN NICHT!

Als Kind hab ich natürlich Fußball und Filme geguckt
und plötzlich sah ich: Da hat einer ne Träne verdrückt!
Der Fußballstar im Schmerz, Spiderman hat geflennt,
als seine Freundin sich von ihm trennt.
Übrig blieb mein Papa, der stärkste Mann der Welt!
Er schafft alles ohne heulen, mein MEGA-Super-Held!

MÄNNER WEINEN NICHT!

Dann legte der Krieg meine Heimatstadt in Schutt,
viele Leute starben, tausende Häuser kaputt.
Wir mussten unsere Stadt verlassen, um zu überleben,
eine Heimat wird es lang nicht mehr für uns geben.
Mein Vater wollte an der Grenze noch einmal Kobani sehn,
da sah ich das plötzlich Tränen in seinen Augen stehn!

MÄNNER WEINEN NICHT!

Ich gestehe, das war für mich ein Schlag ins Kontor.
Das war der Moment, als ich den Superhelden verlor!
Ich wußte damals nicht, was für mich schwerer wog,
dass der Krieg mich um meine Jugend betrog?
Dass meine Stadt zerstört war, war mir fast egal,
doch dass mein Held zerbrach, das war brutal!

MÄNNER WEINEN NICHT!

Irgendwann kam der nächste harte Entschluss:
ich bestieg in der Türkei einen Überlandbus.
Es war, da ich meine Familie lange nicht sehen sollte,
klar, dass ich beim Abschied schluckte und heulte.
Ich seh noch meinen Vater, wie er schluchzend spricht:
„Denk immer dran: Männer weinen nicht!"

MÄNNER WEINEN NICHT!

Was er mir sagen wollte, hab ich nie verstanden,
allerdings hier in den fremden deutschen Landen
fällt das Leben ohne Familie, ohne alte Freunde schwer,
ohne Superhelden, ich hab gar keine mehr.
Wenn ich oft beim Einschlafen ein bißchen wein,
dann fällt mir der Spruch meines Vaters wieder ein:

MÄNNER WEINEN NICHT!

(SHVAN SHEIKHO)

Eigentlich ist es fast vermessen, diesen Song in ‚meinem' Songbuch wiederzugeben. Der gesamte Inhalt, die Geschichte,

die Bilder, die Musik ist von Shvan.

Ich habe lediglich die Verse gefunden. Aber mich berührt dieses Lied in seiner Authentizität und Ehrlichkeit sehr und deshalb gehört es hier zu den ZOLLHAUSBOYS.

VIDEO 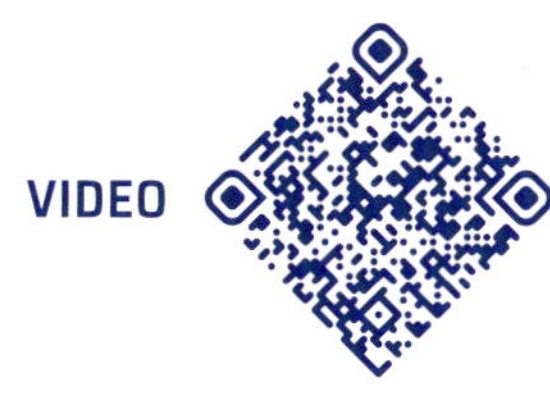

Männer weinen nicht

TEXT: SHVAN SHEIKO/ PAGO BALKE, MUSIK: SHVAN SHEIKO

♩= 126

Am
Ein Su - per - held war mein Va - ter schon im - mer für mich, __ sein

C
stärk - stes Mot - to war: Män - ner wei - nen nicht! Mei - ne

Am
gan - ze Kind - heit ver - sucht ich mir auf die Lip - pen zu beis - sen,

C
heu - len war ge - nau - so schlimm, wie in die Ho - sen zu scheis - sen! Als

F
O - pa starb, konnt' ich bei mei - nem Va - ter nichts ent - deck - en. Ver -

G
dammt, was ist der Trick? Wie kann der die Trä - nen ver - steck - en?!

Dm   G   D.C.
Män - ner wei - nen nicht!

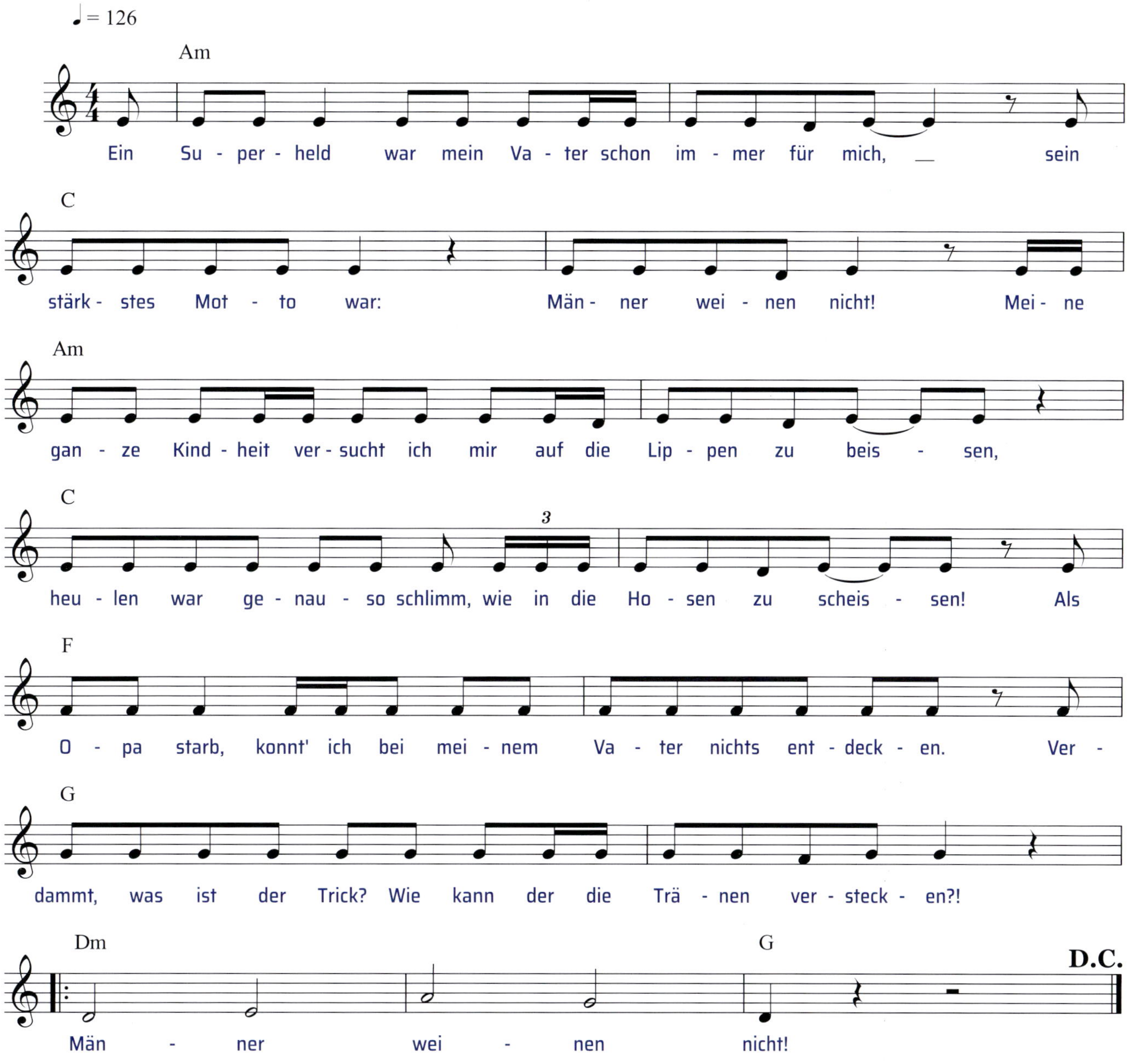

Sehnsucht

Ich bin so weit fort von dir,
die Sehnsucht schmerzt und nagt an mir.
Ich wurde von dir weggespült,
mein Herz ist eng und tiefgekühlt.

Ich höre dich auf den leeren Strassen der Nacht,
erschrecke, was meine Phantasie mit mir macht,
ich habe noch immer Schmetterlinge im Bauch,
du vermißt mich hoffentlich auch.

Ich erlebe viel Neues hier und jetzt,
doch meine Gedanken hältst du besetzt.
Auch wenn mich täglich die Sehnsucht zersägt,
fühl ich mich oft wie trockengelegt.

Ich bin so weit weg von dir,
doch wenn ich in die Wolken stier,
hab ich die Hoffnung, dich wiederzusehen,
weil wir unter dem gleichen Himmel stehen.

Azad hatte mit 16 Jahren einen wundervollen bewegenden Prosatext geschrieben. Und es ist fast armselig, wie wenig von seinen Bildern und Gedanken Eingang gefunden haben in

unser Lied von der Sehnsucht.

Erst hat es Delyar mit seiner schönen Stimme gesungen, später Azad und ich.

(DELYAR HAMZA)

VIDEO 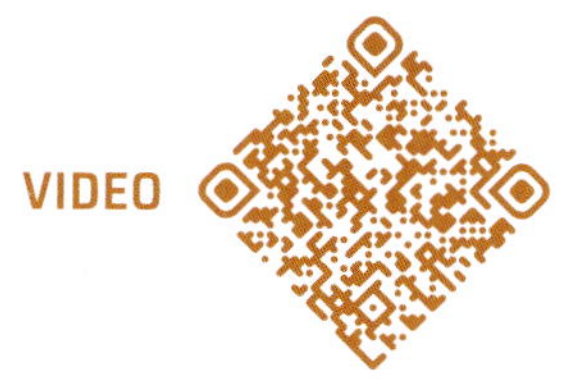

Sehnsucht

TEXT: AZAD KOUR/PAGO BALKE MUSIK: TRAD.

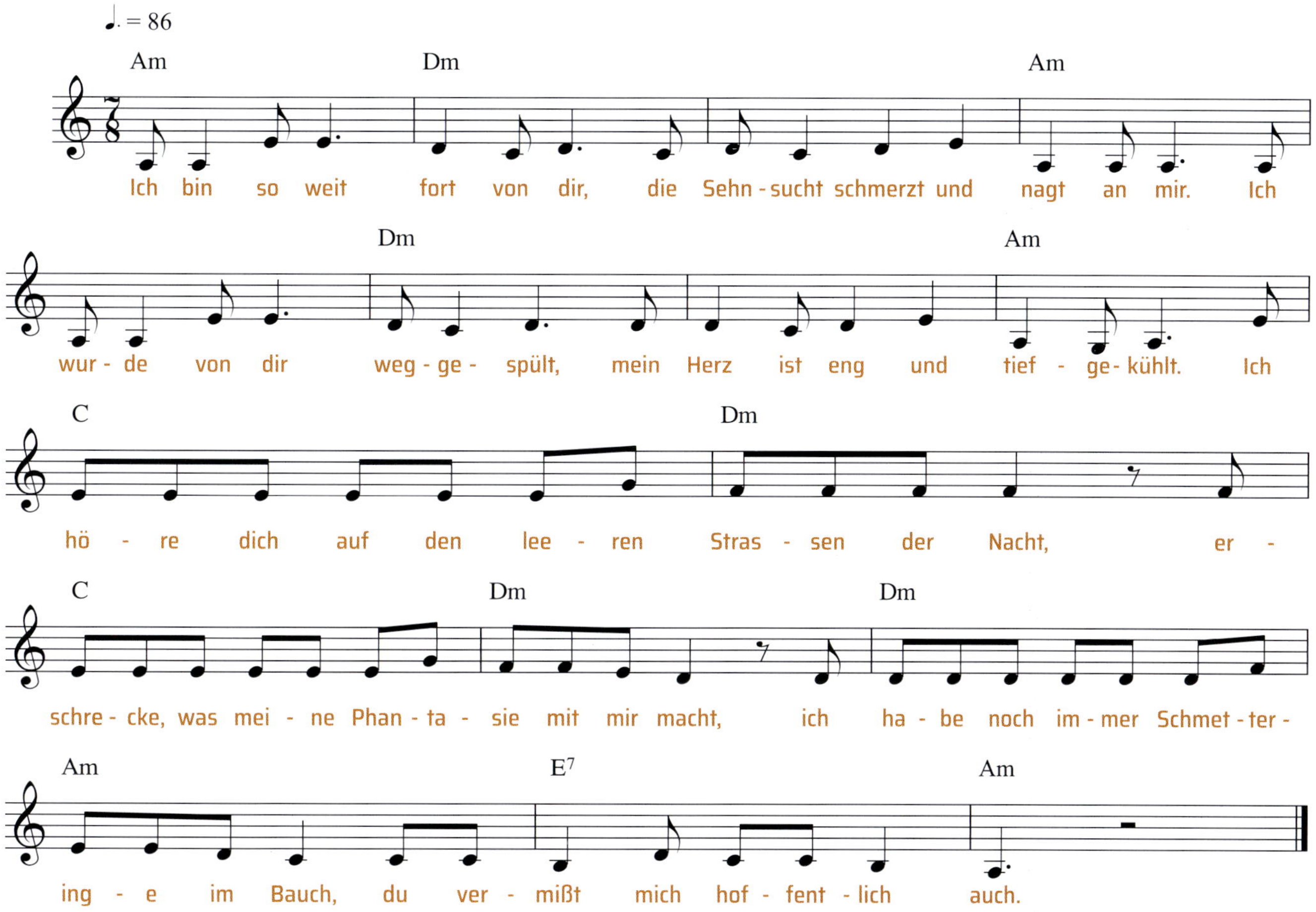

♩. = 86

Am Dm Am
Ich bin so weit fort von dir, die Sehn - sucht schmerzt und nagt an mir. Ich

Dm Am
wur - de von dir weg - ge - spült, mein Herz ist eng und tief - ge - kühlt. Ich

C Dm
hö - re dich auf den lee - ren Stras - sen der Nacht, er -

C Dm Dm
schre - cke, was mei - ne Phan - ta - sie mit mir macht, ich ha - be noch im - mer Schmet - ter -

Am E^7 Am
ing - e im Bauch, du ver - mißt mich hof - fent - lich auch.

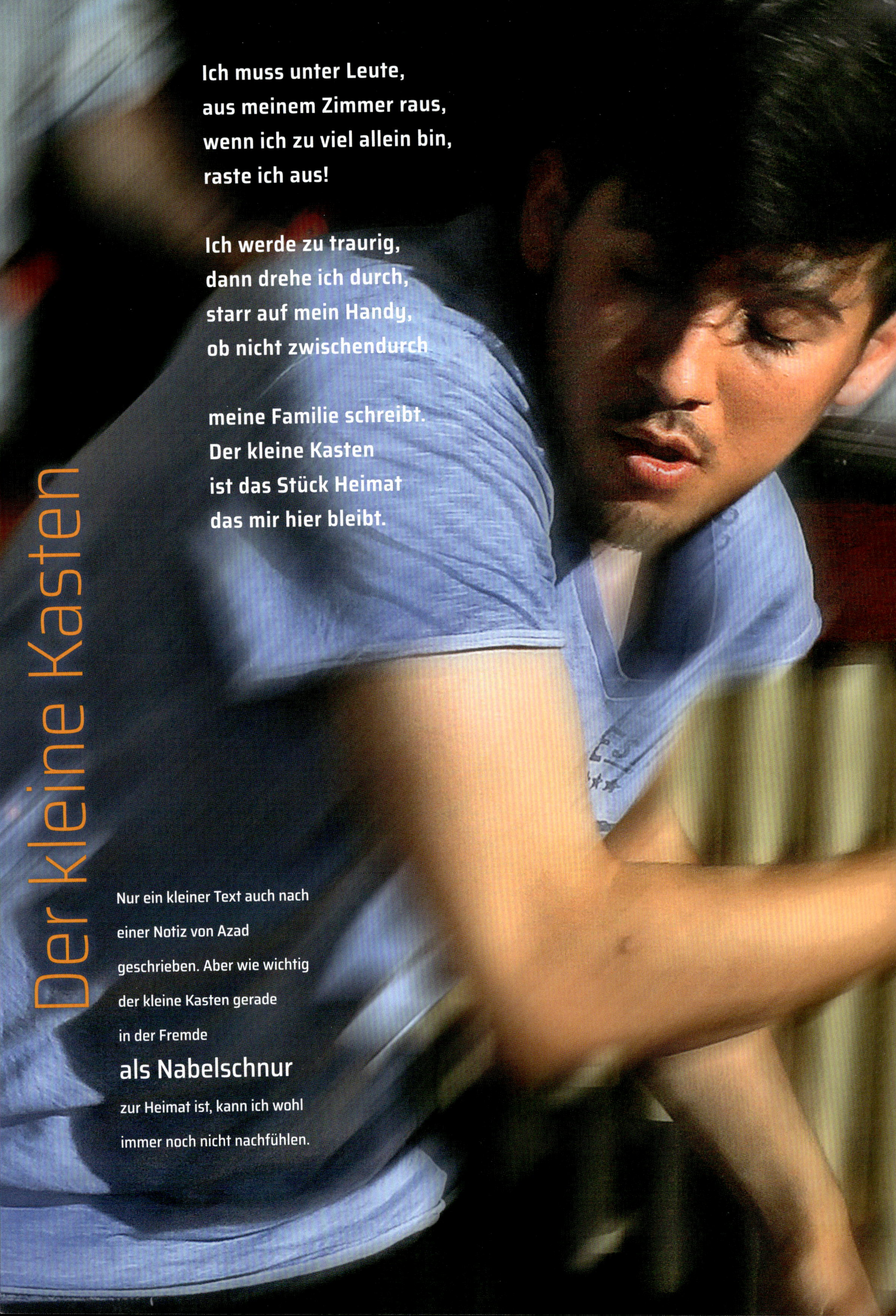

Der kleine Kasten

Ich muss unter Leute,
aus meinem Zimmer raus,
wenn ich zu viel allein bin,
raste ich aus!

Ich werde zu traurig,
dann drehe ich durch,
starr auf mein Handy,
ob nicht zwischendurch

meine Familie schreibt.
Der kleine Kasten
ist das Stück Heimat
das mir hier bleibt.

Nur ein kleiner Text auch nach
einer Notiz von Azad
geschrieben. Aber wie wichtig
der kleine Kasten gerade
in der Fremde
als Nabelschnur
zur Heimat ist, kann ich wohl
immer noch nicht nachfühlen.

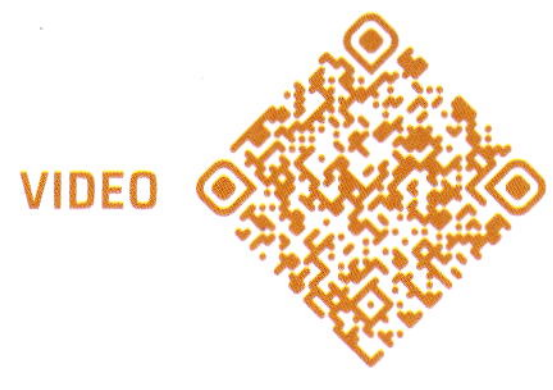

Der kleine Kasten

TEXT: PAGO BALKE, MUSIK: SHVAN SHEIKO

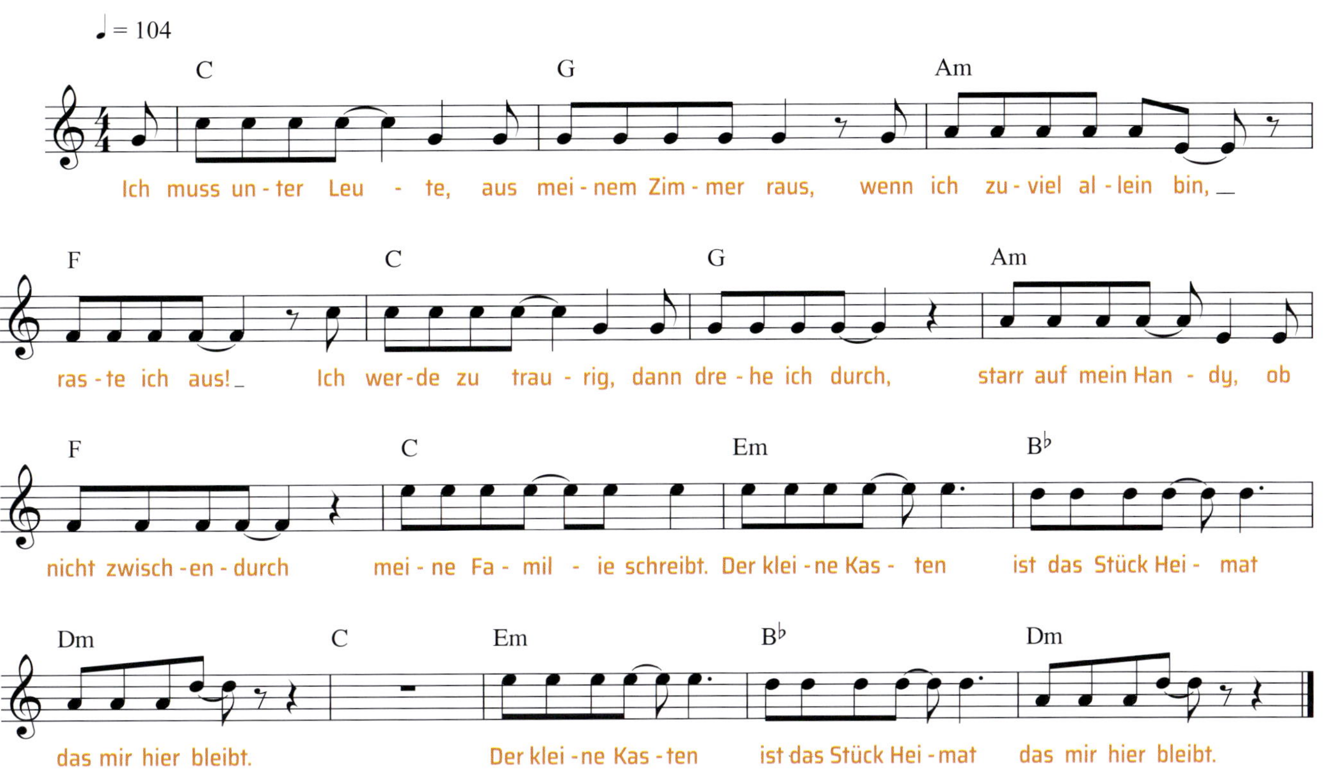

Kobani

Kobani ist die syrisch-kurdische Stadt, aus der damals einige der ZOLLHAUSBOYS vor dem IS geflohen sind. Vielleicht unser erstes gemeinsames Lied, das

nach bewegenden Erzählungen

von Shvan und Azad entstanden ist. Die Musik und der kurdische Part ist an ein Lied angelehnt, das in Kurdistan sehr populär ist.

Du bist wirklich nicht sehr modern,
fast altmodisch bist du, das hab ich gern,
nicht attraktiv an allen Ecken,
deine Schönheit muss man erst entdecken.

Dein Geruch liegt mir in der Nase,
deine Wärme spür ich in jeder Phase,
du hast mich fünfzehn Jahre getragen,
beschützt in guten und schlechten Tagen.

Kobane iro xemgin e
disewite, las bi xwin e
hestire cavan dibarine
ax rojava
Kobani, ich hab es gesehen und gehört,
du liegst am Boden, geschändet, zerstört,
meine Heimat Kobani, fast alles kaputt,
nur noch Blut, Asche und Schutt.

Frühmorgens bin ich durch die Strassen gelaufen,
am Duft der Brote kann man sich besaufen.
Abends im Sommer haben wir draußen gesessen,
um in der Kühle der Nachtluft zu essen.

Überall Freunde, die reden und trinken,
ich könnte gerade vor Sehnsucht versinken.
Dann sind die Schüsse und Bomben gekommen
und ich habe den Strohhalm der Flucht aufgenommen.

Kobane iro xemgin e
disewite, las bi xwin e
hestire cavan dibarine
ax rojava

Kobani, du bist wie ein Heimatbaum,
dass er gefällt ist, begreife ich kaum,
dort hab ich gespielt, mich alles getraut,
schon wieder krieg ich ne Gänsehaut.

Ich rannte im sicheren deutschen Land
vor Heimweh schon oft gegen die Wand,
andererseits, es ist hier nicht schlecht,
fremd und spannend, ich komme zurecht.

Kobane iro xemgin e
disewite, las bi xwin e
hestire cavan dibarine
ax rojava
Eine Zeit, Kobani, bleib ich hier noch,
dann komm ich und helfe dir wieder hoch!
Kobani, ich komme zu dir zurück
und ich werde weinen vor Trauer und Glück.

VIDEO 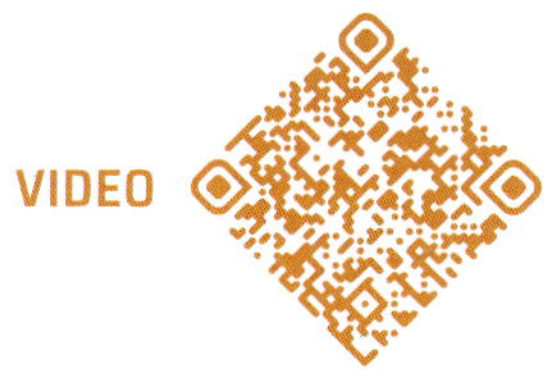

Kobani

TEXT: PAGO BALKE/ SHVAN SHEIKO/AZAD KOUR, MUSIK: PAGO BALKE

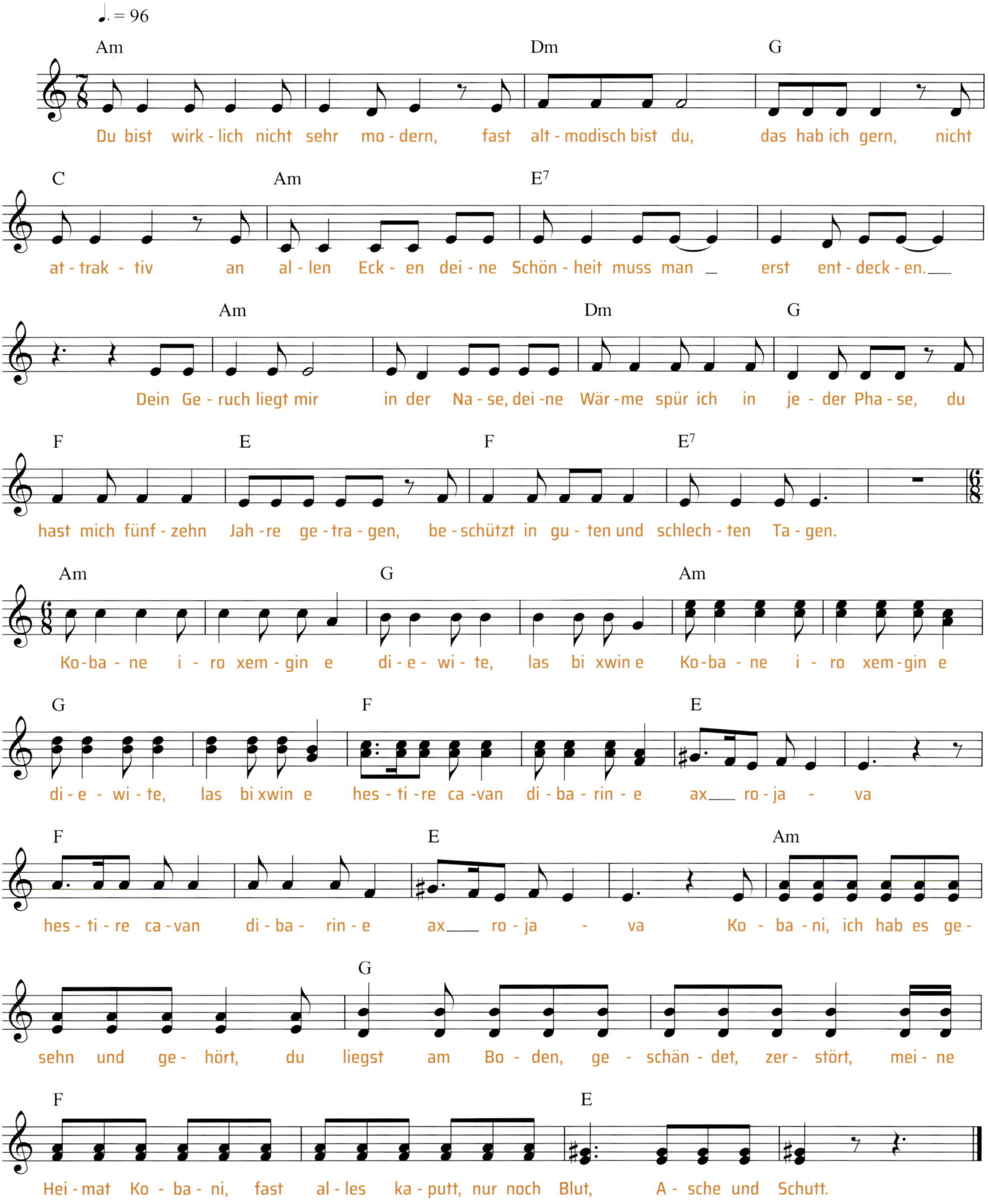

♩. = 96

Am Dm G
Du bist wirk - lich nicht sehr mo - dern, fast alt - modisch bist du, das hab ich gern, nicht

C Am E7
at - trak - tiv an al - len Eck - en dei - ne Schön - heit muss man _ erst ent - deck - en. ___

Am Dm G
Dein Ge - ruch liegt mir in der Na - se, dei - ne Wär - me spür ich in je - der Pha - se, du

F E F E7
hast mich fünf - zehn Jah - re ge - tra - gen, be - schützt in gu - ten und schlech - ten Ta - gen.

Am G Am
Ko - ba - ne i - ro xem - gin e di - e - wi - te, las bi xwin e Ko - ba - ne i - ro xem - gin e

G F E
di - e - wi - te, las bi xwin e hes - ti - re ca - van di - ba - rin - e ax ___ ro - ja - va

F E Am
hes - ti - re ca - van di - ba - rin - e ax ___ ro - ja - va Ko - ba - ni, ich hab es ge -

G
sehn und ge - hört, du liegst am Bo - den, ge - schän - det, zer - stört, mei - ne

F E
Hei - mat Ko - ba - ni, fast al - les ka - putt, nur noch Blut, A - sche und Schutt.

Habibi, lass uns tanzen

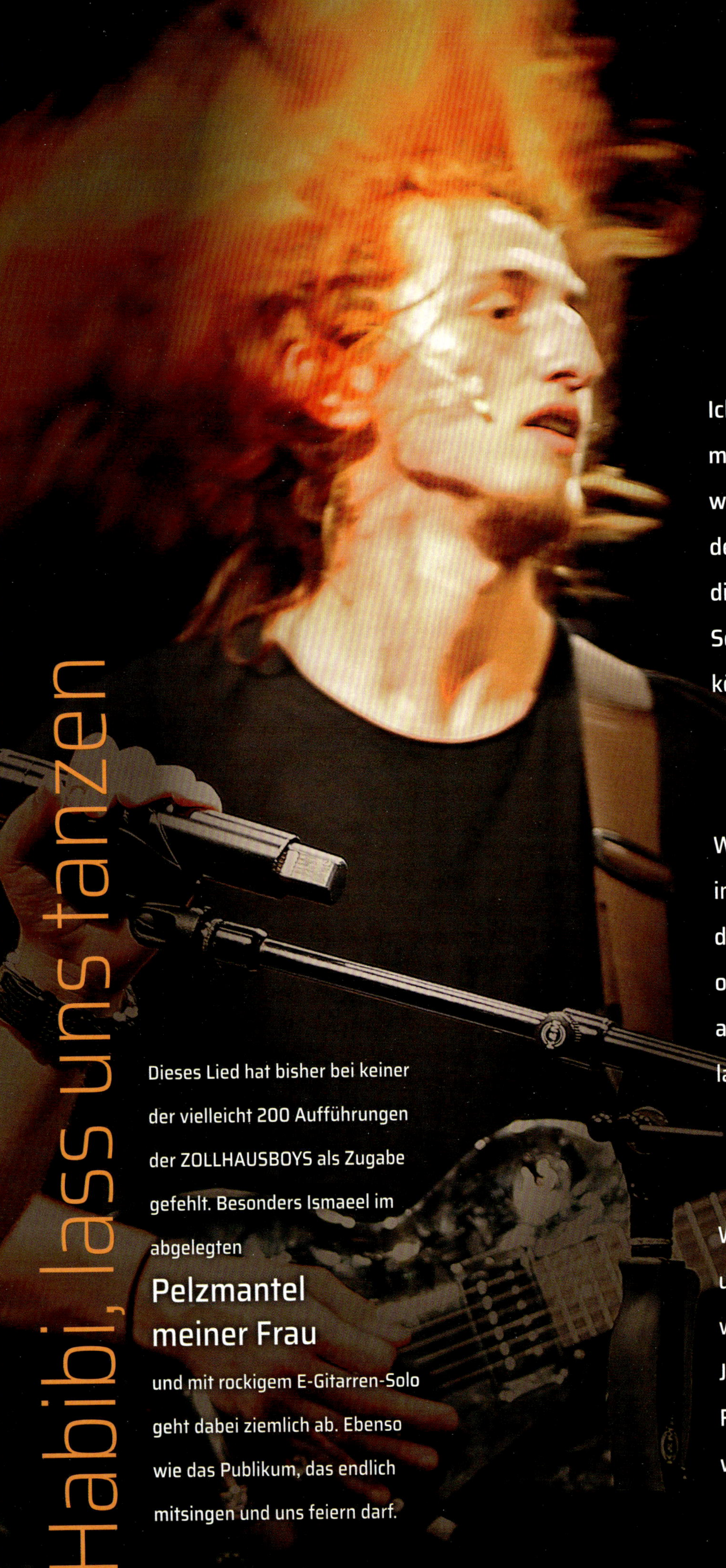

Dieses Lied hat bisher bei keiner der vielleicht 200 Aufführungen der ZOLLHAUSBOYS als Zugabe gefehlt. Besonders Ismaeel im abgelegten **Pelzmantel meiner Frau** und mit rockigem E-Gitarren-Solo geht dabei ziemlich ab. Ebenso wie das Publikum, das endlich mitsingen und uns feiern darf.

Ich will mit dir im Tanzen drehn,
möcht in deine Augen sehn,
will nicht mehr grübeln, nicht mehr denken,
dir mein bestes Lächeln schenken!
Seh ich deine schönen Lippen,
könnte ich sofort ausflippen!

Habibi, lass uns tanzen!
Schatz, chaline nörkos!

Wenn wir uns in den Armen liegen,
in allerhöchste Höhen fliegen,
dann ist es doch total egal,
ob du vom kleinen Walsertal,
aus Kabul kommst, vom Köln am Rhein,
lass uns einfach glücklich sein!

Habibi, lass uns tanzen!
Schatz, chaline nörkos!

Wenn wir in helle Sterne schauen,
uns richtige Romantik trauen,
was macht es, ob da Allah wohnt,
Jehova oder Jesus thront!
Für mich ist dann das Paradies,
wenn ich in deine Arme fließ!

Habibi, lass uns tanzen!
Schatz, chaline nörkos!

VIDEO 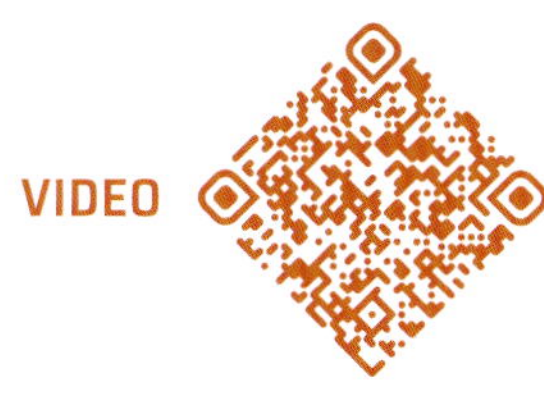

Habibi, lass uns tanzen

TEXT UND MUSIK: PAGO BALKE

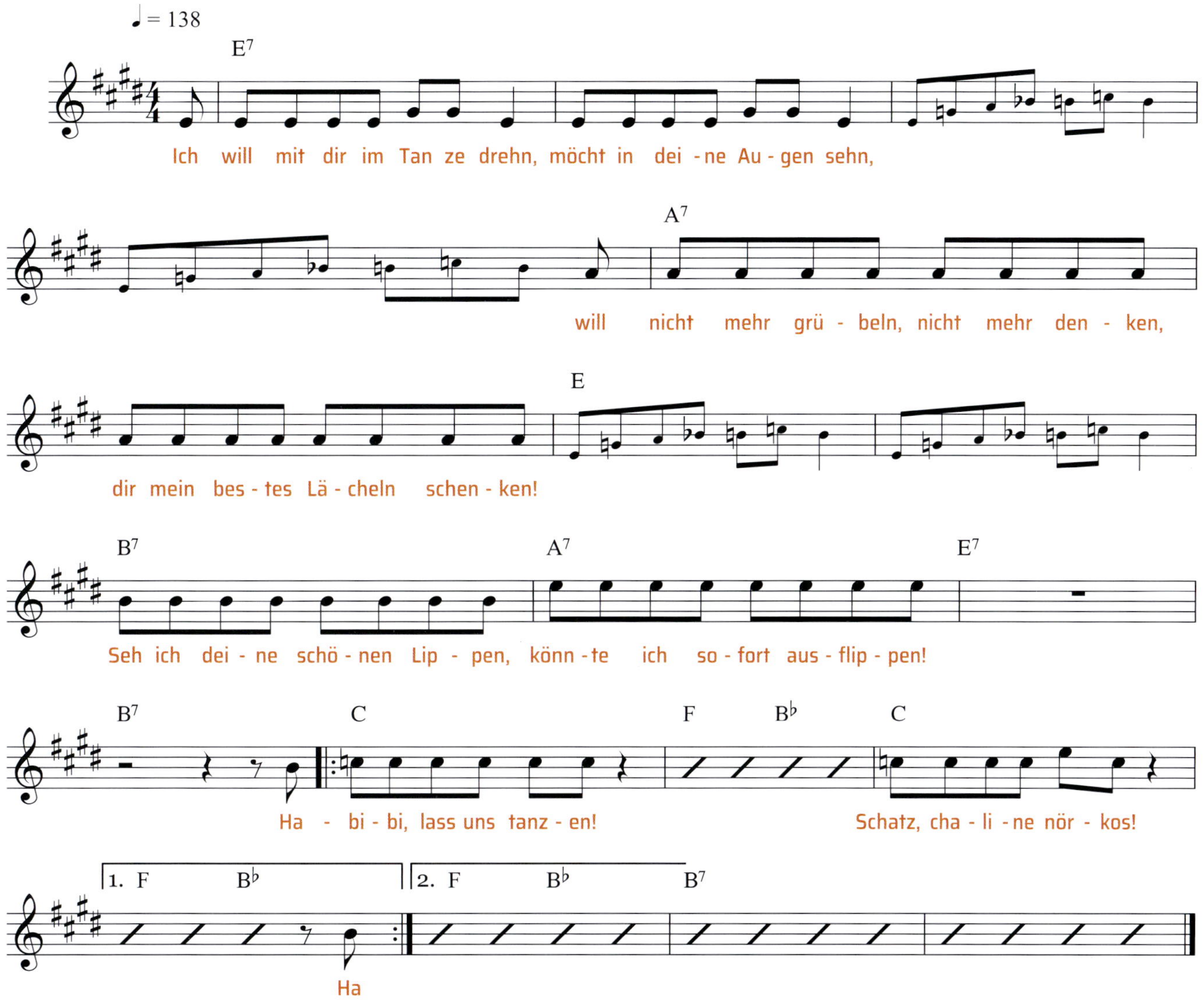

♩ = 138

E7

Ich will mit dir im Tan ze drehn, möcht in dei - ne Au - gen sehn,

A7

will nicht mehr grü - beln, nicht mehr den - ken,

E

dir mein bes - tes Lä - cheln schen - ken!

B7 A7 E7

Seh ich dei - ne schö - nen Lip - pen, könn - te ich so - fort aus - flip - pen!

B7 C F B♭ C

Ha - bi - bi, lass uns tanz - en! Schatz, cha - li - ne nör - kos!

1. F B♭ 2. F B♭ B7

Ha

Ich zieh vor euch den Hut

Ich freue mich, dass ich dieses Lied geschrieben habe. Ursprünglich war ich dabei, ein Pamphlet zu verfassen über die Idiotie der verfeindeten Religionen Islam und Christentum.

Meine weise Frau Ursel sagte:

„Ach, lass das doch, das weiß doch jeder! Schreib lieber mal eine Hymne auf diese wunderbaren Jungs!" Und also geschah es.

Wenn ich an eure jungen Jahre denk
und die Tortur, bis ihr dies Land erreicht,
erscheint mir meine Zeit wie ein Geschenk,
eine Jugend ohne Sorgen, frei und leicht.

Auch ich bin viel gereist, doch nicht geflohen,
die Fremde lockte mich und es tat gut,
ihr mußtet gehen mit fünfzehn Jahren schon,
HEY JUNGS, ICH ZIEH VOR EUCH DEN HUT!

Natürlich hatt' ich auch ein paar Probleme
mit Mathe und vor allem mit jungen Frauen,
doch erscheint mir das so klein, dass ich mich schäme,
euch meine Luxus-Leiden zuzutrauen.

Ich weiß, es gab für euch auch Sonnenseiten,
geliebt und unbeschwert, wie ich vermut',
ihr gerietet in den Strudel schwerer Zeiten,
HEY JUNGS, ICH ZIEH VOR EUCH DEN HUT!

Ihr habt trotz allem so viel Power,
dass euch das Heimweh nicht viel schaden kann.
Die Lust auf Leben streitet mit der Trauer
um Syrien oder auch um Kurdistan.

Mein Gott, Inschallah, wenn man daran denkt,
zwei, drei, vier Sprachen sprecht ihr wirklich gut
und wie ihr eure neuen Wege lenkt,
HEY JUNGS, ICH ZIEH VOR EUCH DEN HUT!

Fast durch Zufall haben wir uns gefunden,
ich frag mich manchmal, wie's euch mit uns geht,
wir Alten haben Falten und auch Wunden,
wie schön, dass ihr mit Lächeln drüber steht.

Ich lerne von euch ein paar neue Lieder
und ihr lernt durch uns für die Bühne Mut.
Mit euch zu sein, das freut mich immer wieder!
HEY JUNGS, ICH ZIEH VOR EUCH DEN HUT!

VIDEO 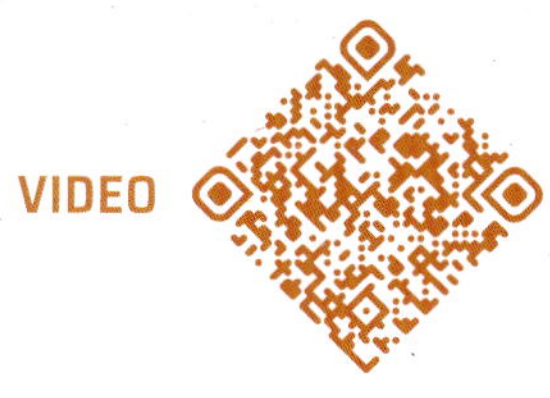

Ich zieh vor euch den Hut

TEXT UND MUSIK: PAGO BALKE

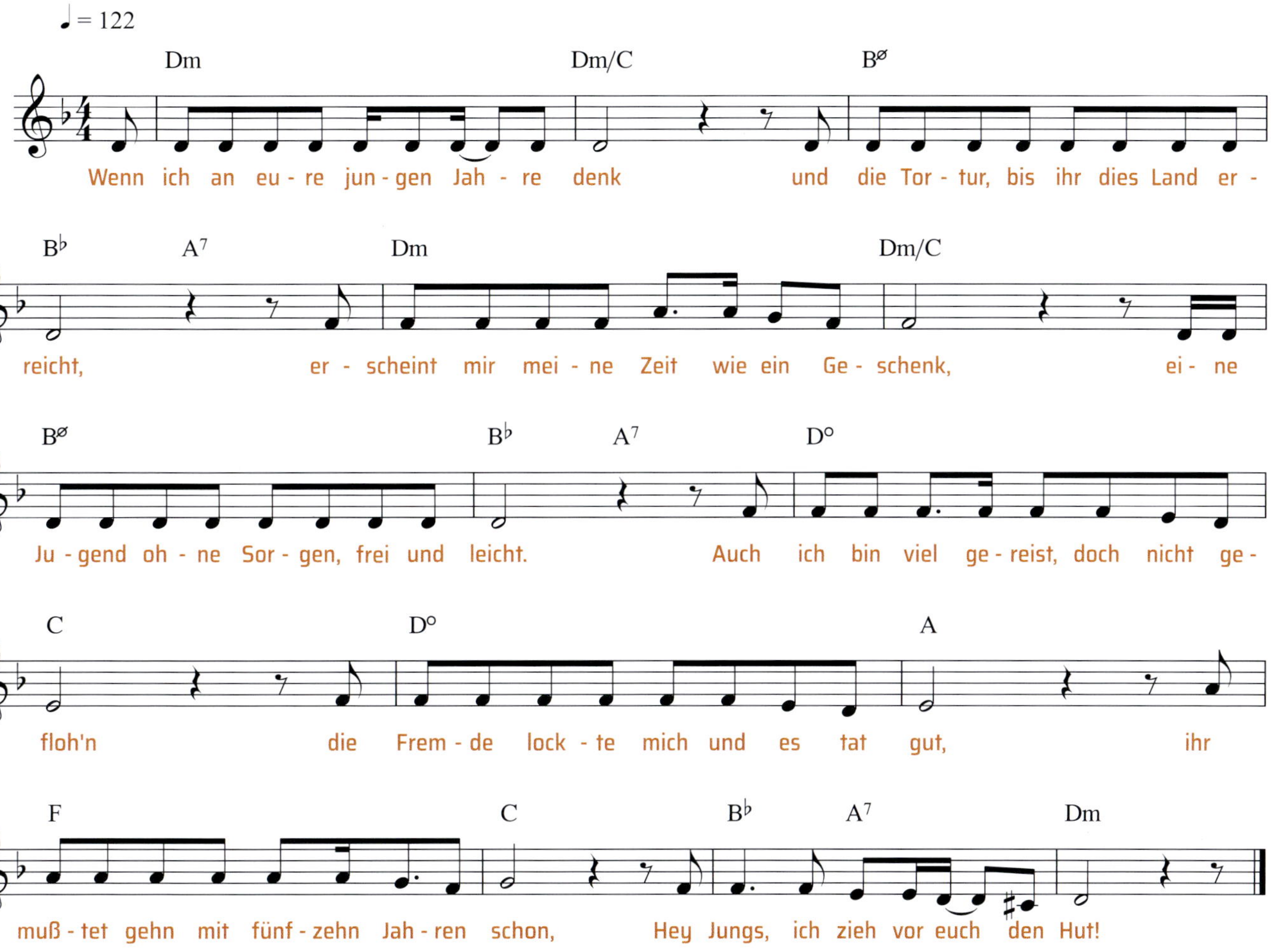

♩ = 122

Dm Dm/C B∅

Wenn ich an eu - re jun - gen Jah - re denk und die Tor - tur, bis ihr dies Land er -

B♭ A7 Dm Dm/C

reicht, er - scheint mir mei - ne Zeit wie ein Ge - schenk, ei - ne

B∅ B♭ A7 D°

Ju - gend oh - ne Sor - gen, frei und leicht. Auch ich bin viel ge - reist, doch nicht ge -

C D° A

floh'n die Frem - de lock - te mich und es tat gut, ihr

F C B♭ A7 Dm

muß - tet gehn mit fünf - zehn Jah - ren schon, Hey Jungs, ich zieh vor euch den Hut!

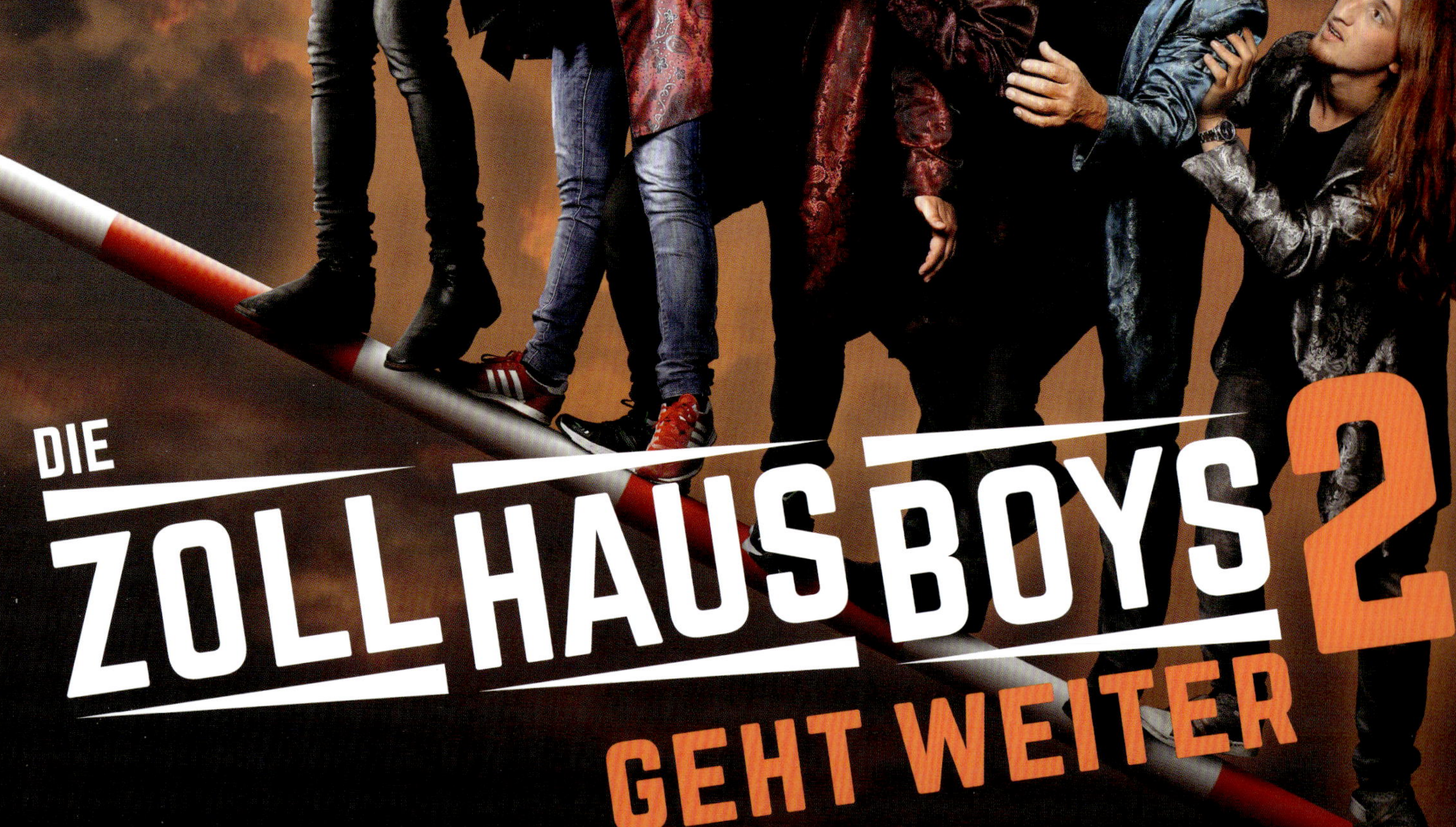
DIE
ZOLL HAUS BOYS 2
GEHT WEITER

Die Zollhausboys 2
geht weiter

Nach dem großen, unverhofften Erfolg des ersten Programms der **ZOLLHAUSBOYS** entstand natürlich die Frage: Wie geht es weiter? Können wir die eigene hoch gelegte Messlatte erreichen oder gar überspringen?! Aber wir waren der Überzeugung:
Die Geschichten sind noch nicht zu Ende erzählt!

Dann der Schock: Gerhard und Delyar stiegen aus! Da waren es nur noch vier. Wir hatten im Januar 2019 ein denkwürdiges Konzert in Berlin, auf dem wir auch **Herbert Grönemeyer** im Publikum begrüßen durften und eine kleine Freundschaft schlossen. Er war jedenfalls ziemlich begeistert.

Dort lernten wir auch **Selin Demirkan** kennen, die uns seitdem mit ihrer wunderbaren Stimme, mit Piano, Gitarre und einigen eigenen Songs auch im dritten Programm unterstützt.
Da das mit den BOYS nun eigentlich schwierig wurde, schrieben wir überall: ‚featuring: Selin Demirkan'. Als Profi-Musiker konnten wir **Thomas Krizsan** am Piano und am Akkordeon gewinnen.
Und dann ging die Zweite Reise weiter!

Hier auch wieder nur die Stücke, an denen ich massgeblich beteiligt war.

Geht weiter

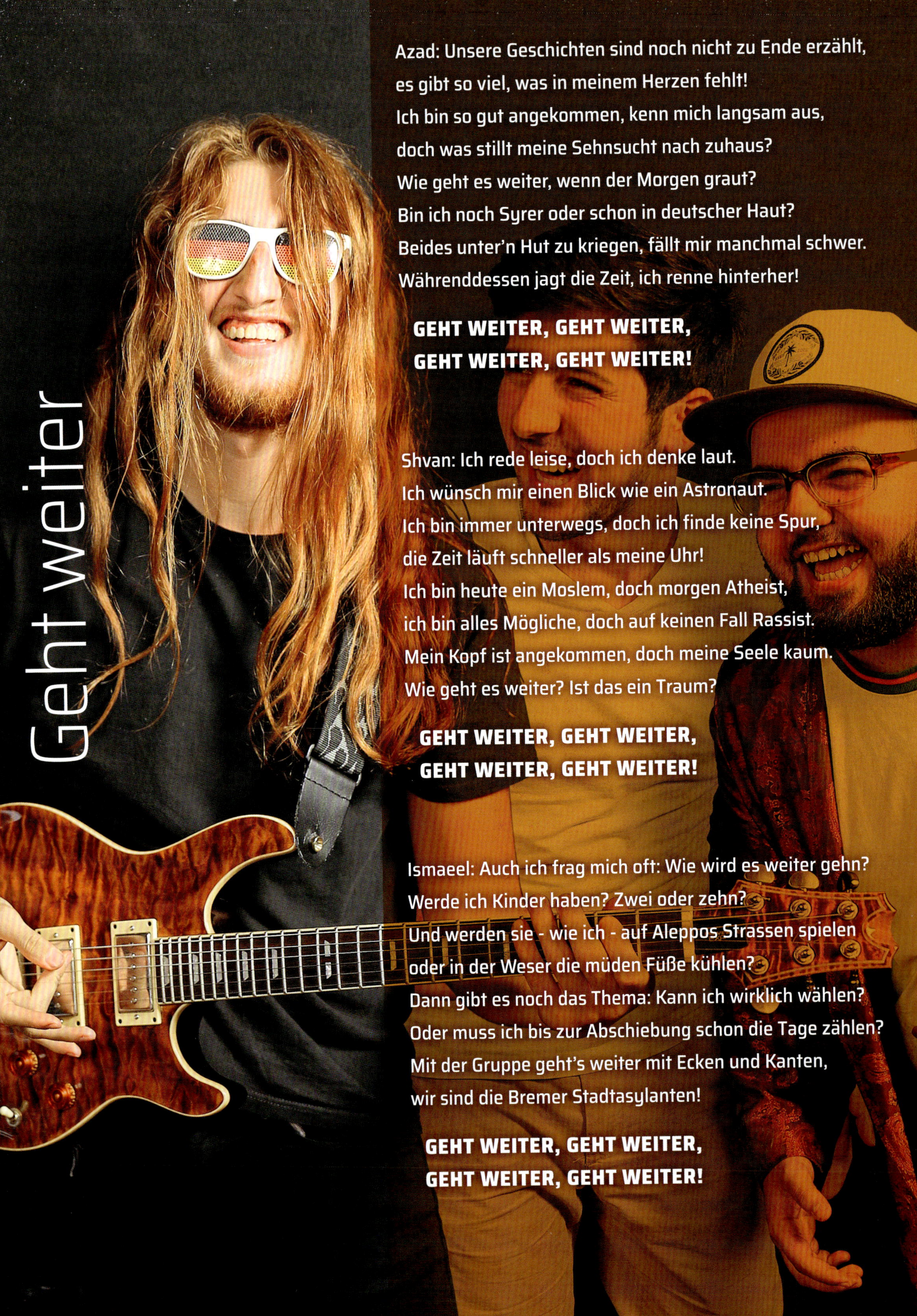

Azad: Unsere Geschichten sind noch nicht zu Ende erzählt,
es gibt so viel, was in meinem Herzen fehlt!
Ich bin so gut angekommen, kenn mich langsam aus,
doch was stillt meine Sehnsucht nach zuhaus?
Wie geht es weiter, wenn der Morgen graut?
Bin ich noch Syrer oder schon in deutscher Haut?
Beides unter'n Hut zu kriegen, fällt mir manchmal schwer.
Währenddessen jagt die Zeit, ich renne hinterher!

GEHT WEITER, GEHT WEITER,
GEHT WEITER, GEHT WEITER!

Shvan: Ich rede leise, doch ich denke laut.
Ich wünsch mir einen Blick wie ein Astronaut.
Ich bin immer unterwegs, doch ich finde keine Spur,
die Zeit läuft schneller als meine Uhr!
Ich bin heute ein Moslem, doch morgen Atheist,
ich bin alles Mögliche, doch auf keinen Fall Rassist.
Mein Kopf ist angekommen, doch meine Seele kaum.
Wie geht es weiter? Ist das ein Traum?

GEHT WEITER, GEHT WEITER,
GEHT WEITER, GEHT WEITER!

Ismaeel: Auch ich frag mich oft: Wie wird es weiter gehn?
Werde ich Kinder haben? Zwei oder zehn?
Und werden sie - wie ich - auf Aleppos Strassen spielen
oder in der Weser die müden Füße kühlen?
Dann gibt es noch das Thema: Kann ich wirklich wählen?
Oder muss ich bis zur Abschiebung schon die Tage zählen?
Mit der Gruppe geht's weiter mit Ecken und Kanten,
wir sind die Bremer Stadtasylanten!

GEHT WEITER, GEHT WEITER,
GEHT WEITER, GEHT WEITER!

Geht weiter

TEXT: SHVAN SHEIKHO/PAGO BALKE, MUSIK: ISMAEEL FOUSTOK

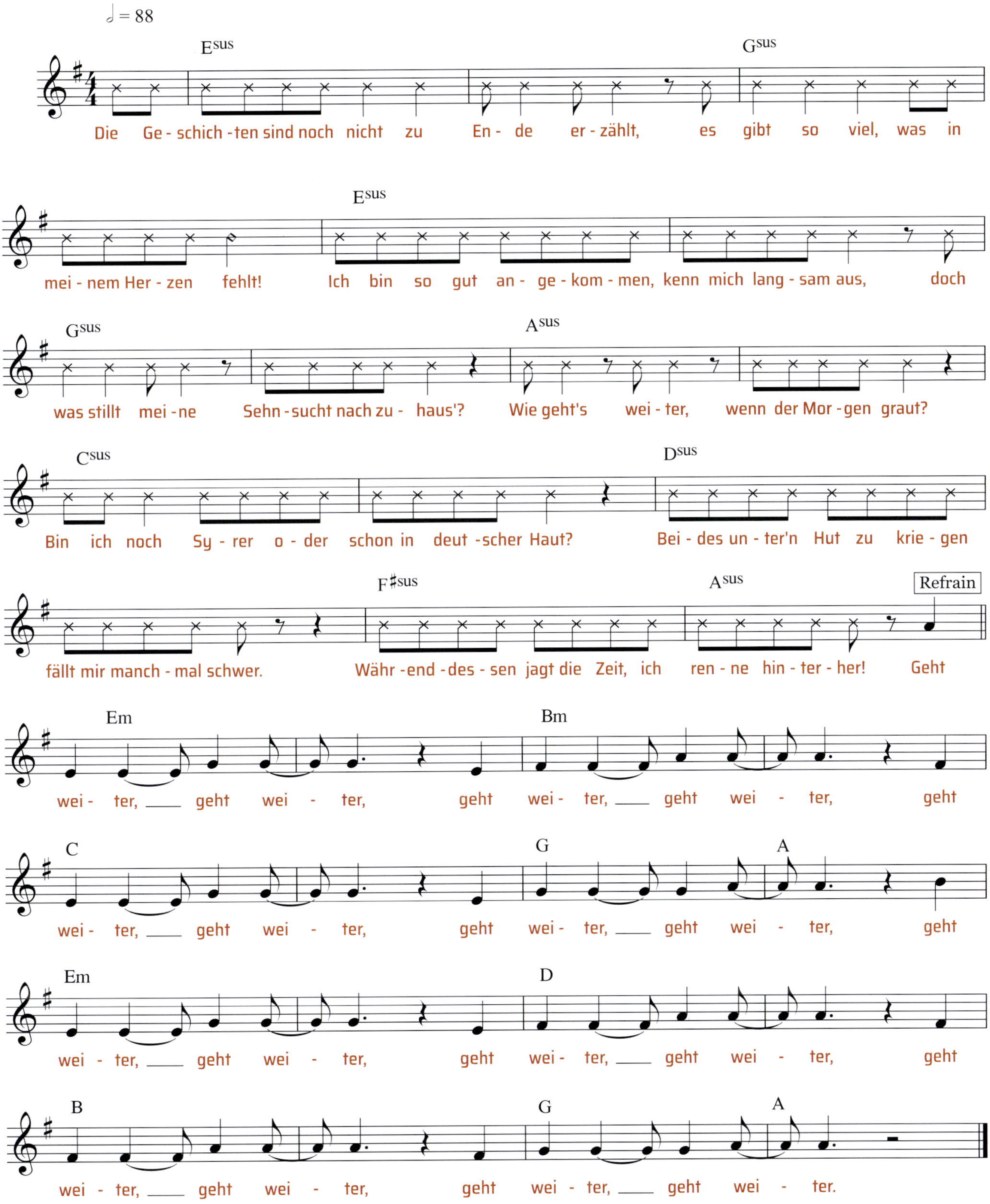

♩ = 88

Die Geschichten sind noch nicht zu Ende erzählt, es gibt so viel, was in
meinem Herzen fehlt! Ich bin so gut angekommen, kenn mich langsam aus, doch
was stillt meine Sehnsucht nach zuhaus'? Wie geht's weiter, wenn der Morgen graut?
Bin ich noch Syrer oder schon in deutscher Haut? Beides unter'n Hut zu kriegen
fällt mir manchmal schwer. Währenddessen jagt die Zeit, ich renne hinterher!

Refrain

Geht weiter, geht weiter, geht weiter, geht weiter, geht
weiter, geht weiter, geht weiter, geht weiter, geht
weiter, geht weiter, geht weiter, geht weiter, geht
weiter, geht weiter, geht weiter, geht weiter.

Alphabetisierungskampagne

Ich weiß, das ist jetzt kein Song! Keine Noten, keine Akkorde, aber doch eine meiner

Lieblings-Kabarettszenen

mit den ZOLLHAUSBOYS! Und deshalb rein in das Song-Buch! Vor allem sehe ich Azad, Shvan und mich noch auf der Rückfahrt von einer Süddeutschland-Tour im VW-Bus sitzen und wir haben gemeinsam die Szene uns ausgedacht und den Bus geschüttelt vor Lachen! Also lesen oder anschauen!

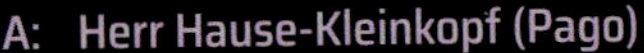

A: Herr Hause-Kleinkopf (Pago)
B: Jafer Abdul Qadir Al-Mutasim (Azad)

Anruf in der Behörde:

B: (laut) Hier ist (sehr schnell und nuschelig) Jafer Abdul Qadir Al-Mutasim, ich will Herr Hause sprechen wegen mein Antrag!
A: Herr ähm... ich weise Sie darauf hin: mein korrekter Name, und so möchte ich auch angesprochen werden, ist Hause-Kleinkopf, Hans Günther!
B: Häh? Versteh nix!
A: Hause-Kleinkopf wie Heinrich, Anton, Ulrich, Siegfried, Emil, - Kaufmann, Ludwig, Emil, Ida, Nordpol, Kaufmann, Otto, Paula, Friedrich!
B: Was?! Kaufmann Hause? Sind das deine Kollegen?
A: (zu sich) Es ist zum Haare raufen! Na gut. Mit wem hab ich das Vergnügen?
B: Ich bin (sehr schnell und nuschelig) Jafer Abdul Qadir Al-Mutasim.
A: Und..., das schreibt sich wie?
B: Jafer, J wie Jesus!
A: Ich denke, Ihrer heißt Mohammed?
B: Ja, aber ich heiß nicht Mafer! Ich heiß Jafer! J wie Jesus, A wie Allah.
A: Hab ich mir gedacht!
B: F wie Frau, aber nicht Kartoffel-Frau! Frau mit Kopftuch!
A: Hab ich mir schon lange gedacht!
B: E wie Eseltreiber, R wie Ramadan. Ramadan, Fasten, nech? Verstanden? Ich: Jafer!
A: Gut, Jaffa, wie Apfelsinen-Jaffa! Dann ham wir das ja jetzt!
B: Nein! Mein korrekter Name - und so möchte ich auch angesprochen werden - ist: Jafer Abdul Qadir Al-Mutasim!
A: Da ham wir den Salat!
B: Was Salat? Kaufmann Hause? Ich hab nix bestellt! Seid ihr Mack' Donalds oder Ausländerbehörde?!
A: (stöhnt) Okay. Dann jetzt mal weiter im Alphabet!
B: Sach ich doch! A wie Allah.
A: Hab ich mir gedacht!
B: B wie Bommes.
A: Das heißt Pommes!
B: Sach ich doch: Bommes!
A: Das heißt Pommes!!
B: Egal! D wie doof, U wie Unverschämtheit!
A: Nun halten Se mal'n Ball flach, ja!
B: Ey, was bist du nun? Sportverein, Mack'Donalds oder Ausländerbehörde?!
A: Nun bleiben Se mal auf'm Teppich!
B: Was Teppich? Mit Schuhe oder ohne Schuhe?
A: Sie wollen mich nicht verstehen!
B: Wie geht's weiter? Welcher Buchstabe?
A: Ist das Ihr Name, oder meiner!
B: Äh... Abdu...L, L wie Luise, Lieselotte!
A: Lassen Sie meine Frau aus dem Spiel!
B: Dann Q wie Kuh!
A: Welche Kuh?
B: Q wie Kuh!
A: Ich weiß ja nicht, wie das bei Ihnen geschrieben wird: die Kuh mit K oder die Kuh mit Q!?
B: Mann, einfach nur Q!!

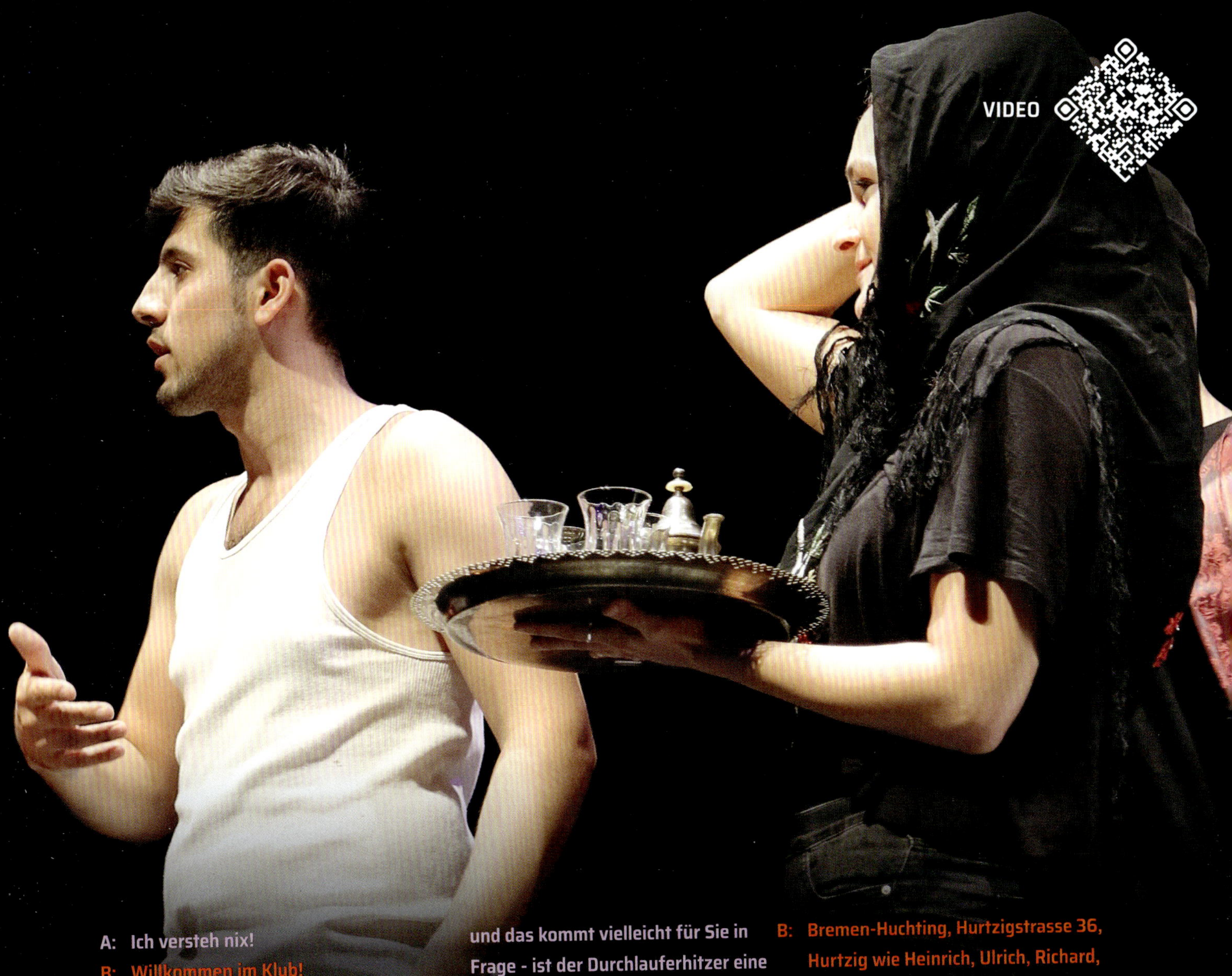

A: Ich versteh nix!
B: Willkommen im Klub!
A: Schreibt man das bei Ihnen mit K oder mit C?
B: Ich bin Qadir mit Q!
A: Ja, aber Q mit U oder nur Q?
B: Q mit A!
A: Ja, klar wie Allah!
B: Genau! Maschallah, Gute Mann, du lernst schnell! Wir gehen zusammen Paradies!
A: Na, mal sehn.
B: Weiter mit D! Du bist dran!
A: Äh... D wie Deutschland?
B: Komm, Hause, das ist langweilig! Hau mal was Besseres raus?
A: D wie ...Durchlauferhitzer?
B: Verstehe ich nicht, aber klingt gut!
A: Durchlauferhitzer? Kennen Se nich? Das sind so Geräte für warmes Wasser, nech. Die Dinger verbrauchen ziemlich viel Strom. Aber man duscht ja auch nich dauernd.
B: Ich schon!
A: Bei einer Altbaumodernisierung - und das kommt vielleicht für Sie in Frage - ist der Durchlauferhitzer eine gute Wahl. Allerdings im Neubaubereich da grätscht leider das „Europäische Erneuerbare Energie-Einspar-Gesetz“, dazwischen, kurz: EEEEE...G genannt!
B: Armer Hause, muss schon stottern. Äh... sag mal, Hause, kannst du auch reparieren?! Ich hause zuhause ohne warmes Wasser?!
A: Was?! Sie haben kein warmes Wasser zuhause?! Gibt's doch nicht! Armes Deutschland! Unverschämtheit!
B: Bleib mal auf'm Teppich, Bruder! Maschallah! Aber kommst du bei mir zuhause?! Reparieren?! Mit Durscherhitzer?
A: Tja... also... da erwischen Sie mich! Reparieren ist nämlich son Hobby von mir! Ich glaube, ich hab noch son Ding zuhause. Wo hausen Sie denn? Ich meine, wo ist denn Ihr Zuhause? Ich meine: Adresse?
B: Bremen-Huchting, Hurtzigstrasse 36, Hurtzig wie Heinrich, Ulrich, Richard, Theodor, Zeppelin, Ida, Gustav! Alles klar? Und du klingelst bei Jafer Abdul Qadir Al-Mutasim.
A: Jaffa, Jaffa! Apfelsinen-Jaffa, Sachen gibt's! Ja, dann würd ich mal sagen: bis heute Abend, was?

Wunderbarer Weise hat die Szene dann später im Programm noch ein Nachspiel: Hause-Kleinkopf kommt wirklich mit Durchlauferhitzer und Werkzeug in die Wohnung, wo die große Familie Jafer Abdul Qadir Al-Mutasim gerade zu Abend essen will. Vorher gibt es allerdings ein abstruses Tischgebet (mit ausgefeilter Rhythmik der ZOLLHAUSBOYS), welches den armen Hause-Kleinkopf in heillose Verwirrung stürzt.

TEXT: SHEIKHO/ KOUR/ BALKE

An allem sind Flüchtlinge schuld

Bei dem Lied von Friedrich Holländer waren es die Juden, die immer an allem schuld sind. Ich fand die **Absurdität** der Schuld-Vorwürfe übertragbar. Sonst gibt es selbstverständlich keine weiteren Parallelen.

SHVAN: Ob die Schweinepreise steigen,
ob du wieder stehst im Stau,
ob die Fußball-Jungs vergeigen,
ob dein Haar wird langsam grau.

SELIN: Ob der Bayern-Horst verrückt spielt,
ob du fett ins Näpfchen trittst,
ob man dir dein Lotto-Glück stiehlt,
ob man rechts im Reichstag sitzt.

PAGO, THOMAS: An allem sind Flüchtlinge schuld!
Flüchtlinge sind an allem schuld!

SELIN, AZAD, SHVAN, ISMAEEL: WIESO?
WARUM SIND WIR DRAN SCHULD?

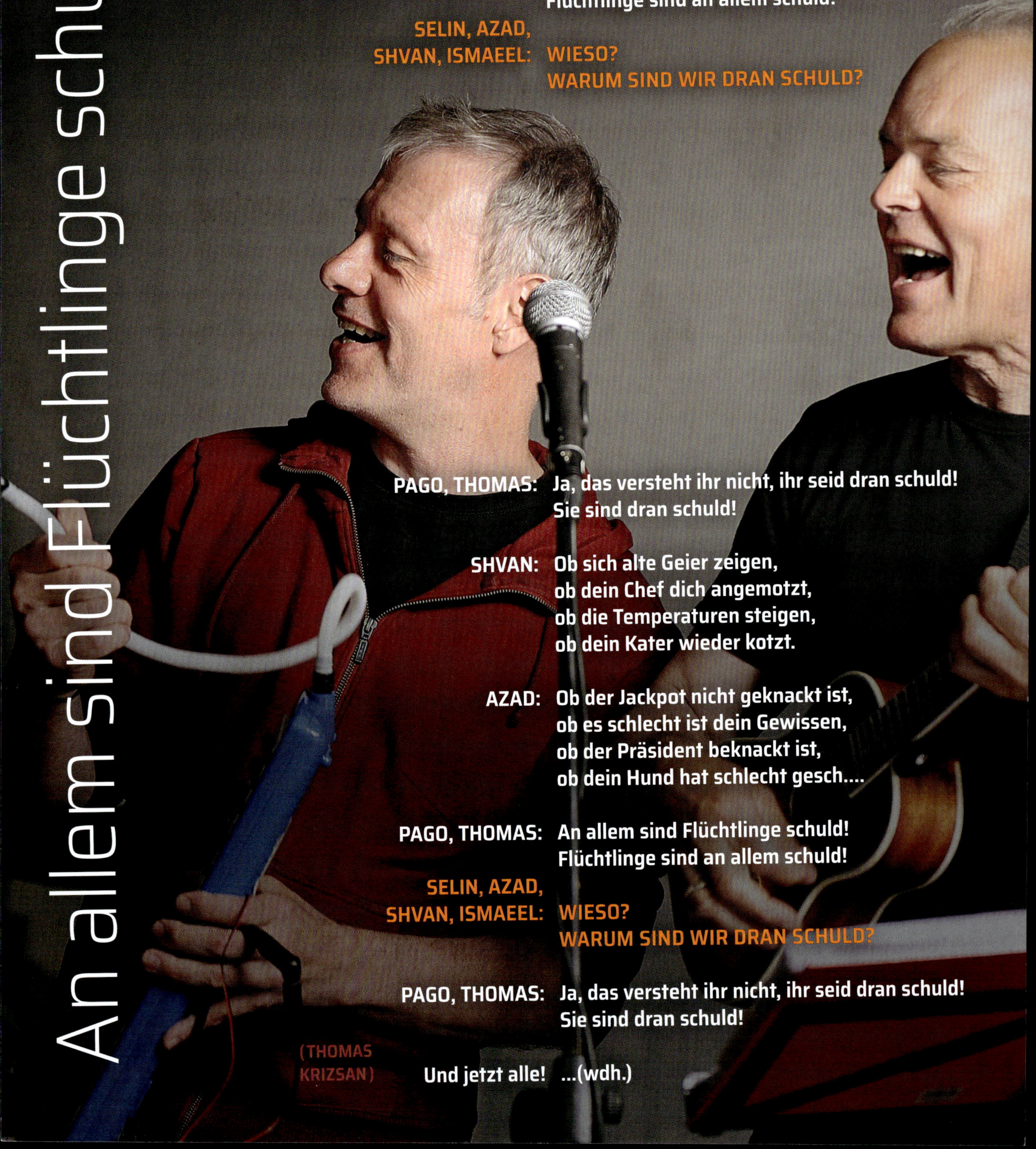

PAGO, THOMAS: Ja, das versteht ihr nicht, ihr seid dran schuld!
Sie sind dran schuld!

SHVAN: Ob sich alte Geier zeigen,
ob dein Chef dich angemotzt,
ob die Temperaturen steigen,
ob dein Kater wieder kotzt.

AZAD: Ob der Jackpot nicht geknackt ist,
ob es schlecht ist dein Gewissen,
ob der Präsident beknackt ist,
ob dein Hund hat schlecht gesch....

PAGO, THOMAS: An allem sind Flüchtlinge schuld!
Flüchtlinge sind an allem schuld!

SELIN, AZAD, SHVAN, ISMAEEL: WIESO?
WARUM SIND WIR DRAN SCHULD?

PAGO, THOMAS: Ja, das versteht ihr nicht, ihr seid dran schuld!
Sie sind dran schuld!

Und jetzt alle! ...(wdh.)

(THOMAS KRIZSAN)

VIDEO 

An allem sind Flüchtlinge schuld

TEXT: PAGO BALKE, INSPIRIERT VON FRIEDRICH HOLLÄNDER
MUSIK: FREI NACH BIZET, CARMEN

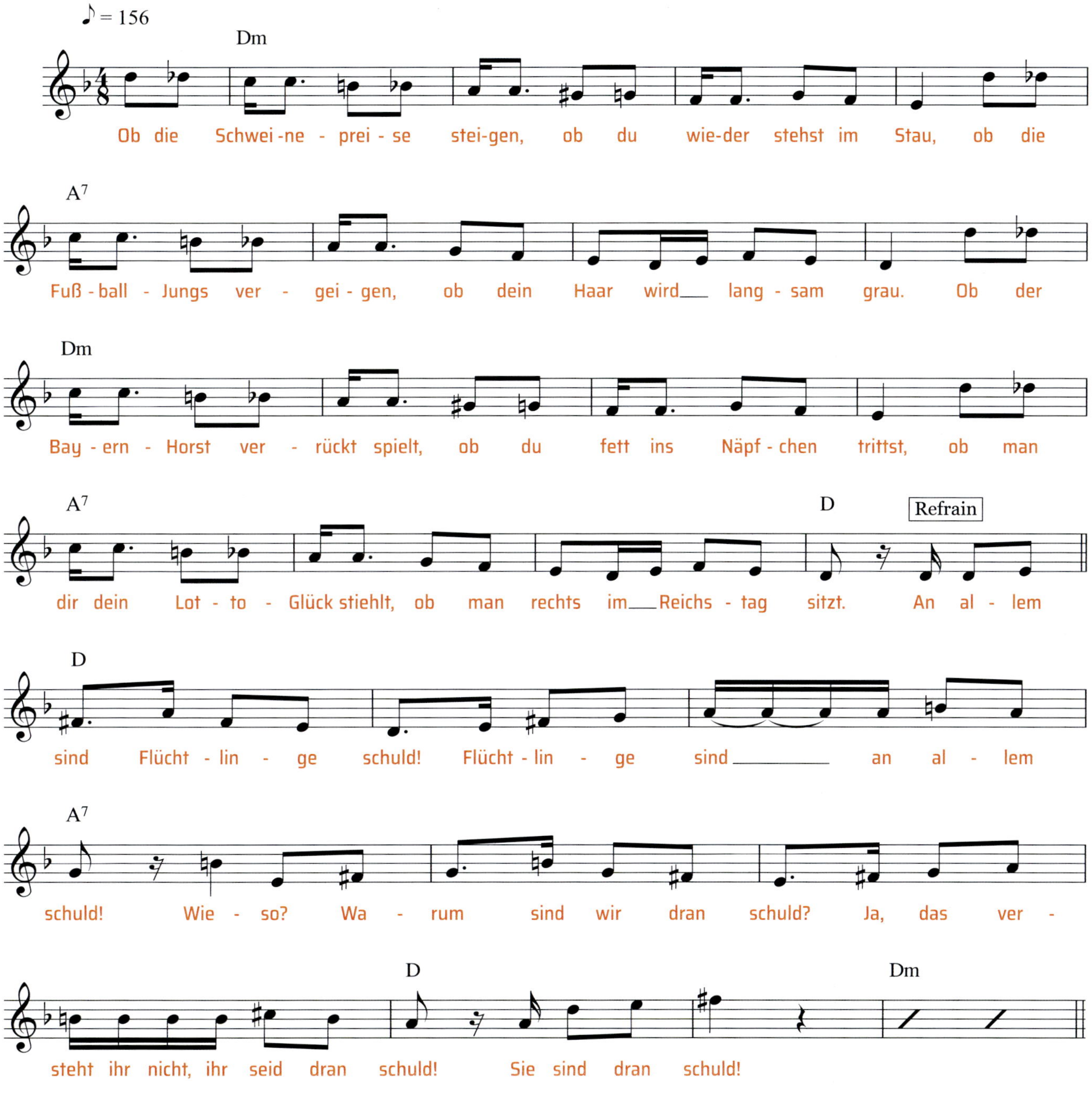

♪ = 156

Dm
Ob die Schwei-ne - prei - se stei-gen, ob du wie-der stehst im Stau, ob die

A7
Fuß - ball - Jungs ver - gei - gen, ob dein Haar wird__ lang - sam grau. Ob der

Dm
Bay - ern - Horst ver - rückt spielt, ob du fett ins Näpf - chen trittst, ob man

A7 / D
dir dein Lot - to - Glück stiehlt, ob man rechts im__ Reichs - tag sitzt. **Refrain** An al - lem

D
sind Flücht - lin - ge schuld! Flücht - lin - ge sind______ an al - lem

A7
schuld! Wie - so? Wa - rum sind wir dran schuld? Ja, das ver -

D / Dm
steht ihr nicht, ihr seid dran schuld! Sie sind dran schuld!

Auf dem Fluss

Das Gedicht wird von mir gesprochen zu Piano und Akkordeon. Ich habe den folgenden Song von Selin ‚No love‘ hier mit dazu genommen, weil beides untrennbar miteinander verknüpft ist. Ebenso wie der **Tanz von Azad,** der eine todesgefährliche Schlauchboot-Überfahrt symbolisiert.

Es ist Sommer auf dem ruhigen Fluß,
nach langen Proben gönnen wir uns den Genuss,
gemeinsam zu paddeln, laden Freunde ein,
zusammen ist man weniger allein.
Ich hole zur Sicherheit Schwimmwesten her,
Azad zögert: „Ich wollte eigentlich nie mehr
mit so nem Ding rumrennen! Na, gib schon her!“

Wir paddeln los, das Wasser ist weich,
plötzlich wird unser Freund Mustafa bleich:
„Alhamdulilah, ich bin sechs Stunden geschwommen
im Meer. Und das Meer hat genommen
Freunde von mir, Kinder und Frauen.
Ich weiß nicht, kann ich diesem Fluß trauen?“

Und so ist alles plötzlich ganz nah.
Das Entsetzen einer Nacht auf dem Meer ist da.
Und hinter Picknick, Kanu und Schwimmen
spürt jeder die Schrecken und Ängste glimmen
und fühlt sich schuldig. Denn uns geht es gut.
Auf einmal fasst unser Freund Mustafa Mut
und springt in den Fluß als wär es das Meer.
Und wir springen alle ihm hinterher.

TEXT: PAGO BALKE

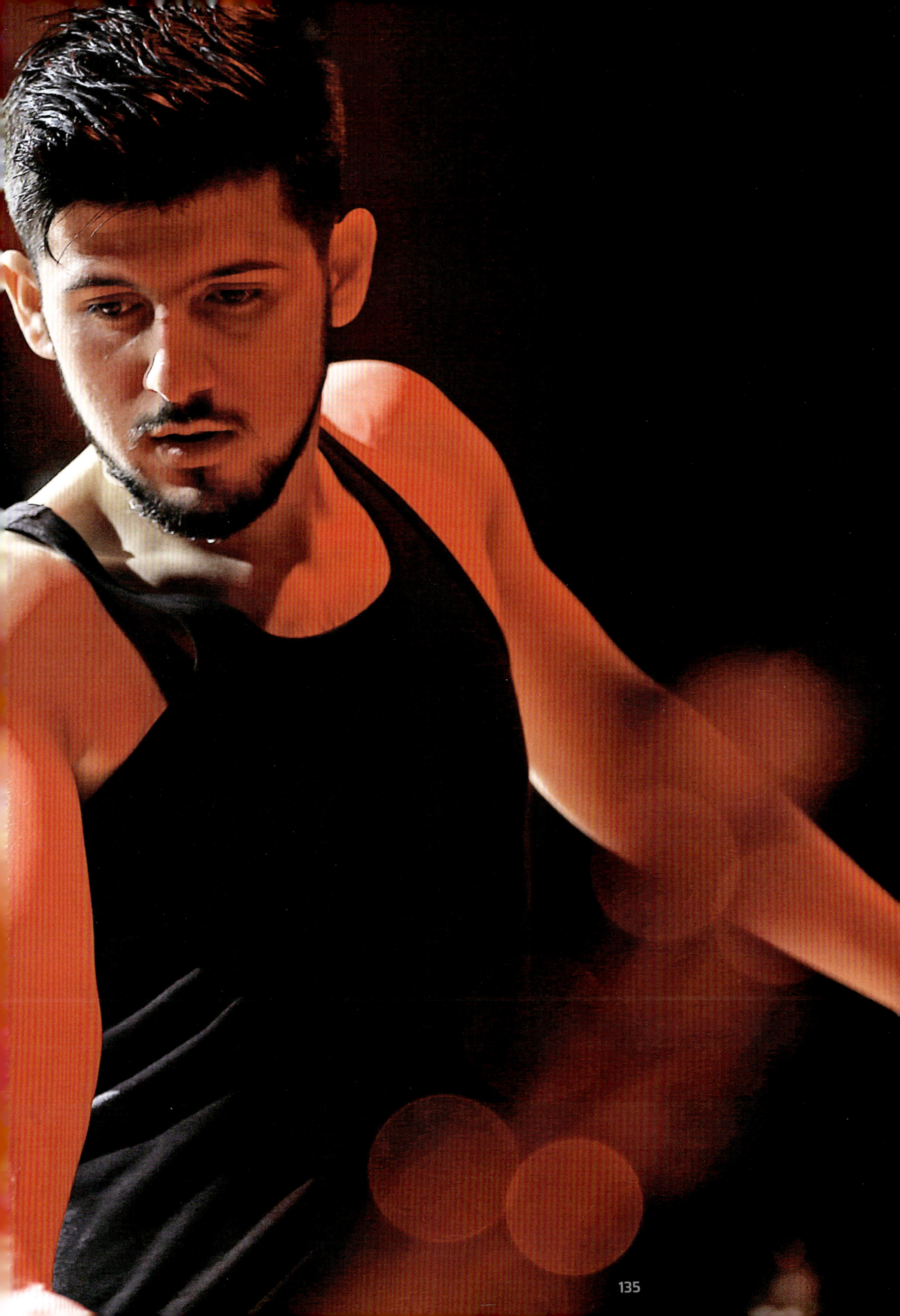

No love

How do you do?
May I sing a song for you to
keep your heart good and strong?
Your childish face has gone so brave,
you 'll find a place, where you 'll be save!

Let's get, let's get out of here!
Let's leave, let's leave all our fears!
These struggling souls and wounded hearts,
this field of mines is the worst part of...

No love, no love, no sanity!
Our fellows murdered in the cold sea of...
No love, no love, only your bravery.
My Mum is gone, my friends won't come,
Believe me!

How do you do not to
see my guilt, you know the
man my father killed!
We 'll be all in this sinking boat
and one by one, it's not your fault!

Let's get, let's get out of here!
Let's leave, let's leave all our fears!
These struggling souls and wounded hearts,
this field of mines is the worst part of...

No love, no love, no sanity!
Our fellows murdered in the cold sea of...
No love, no love, only your bravery.
My Mum is gone, my friends won't come,
Believe me!

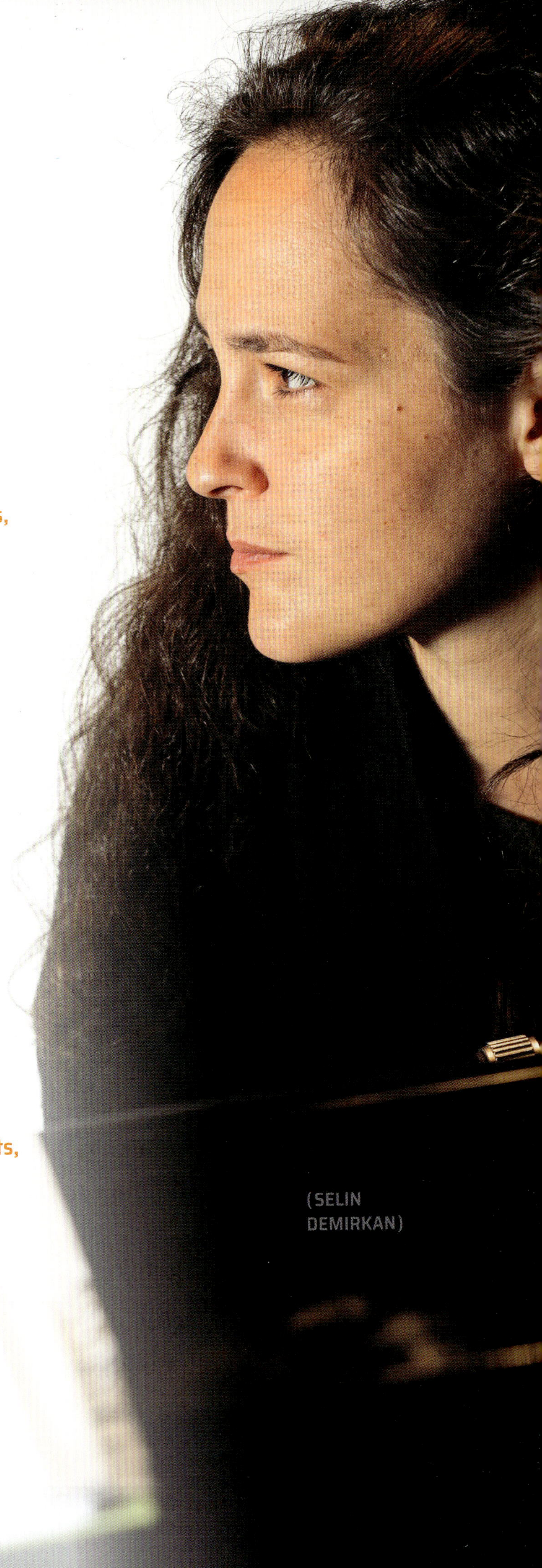

(SELIN DEMIRKAN)

VIDEO 

No love

TEXT UND MUSIK: SELIN DEMIRKAN

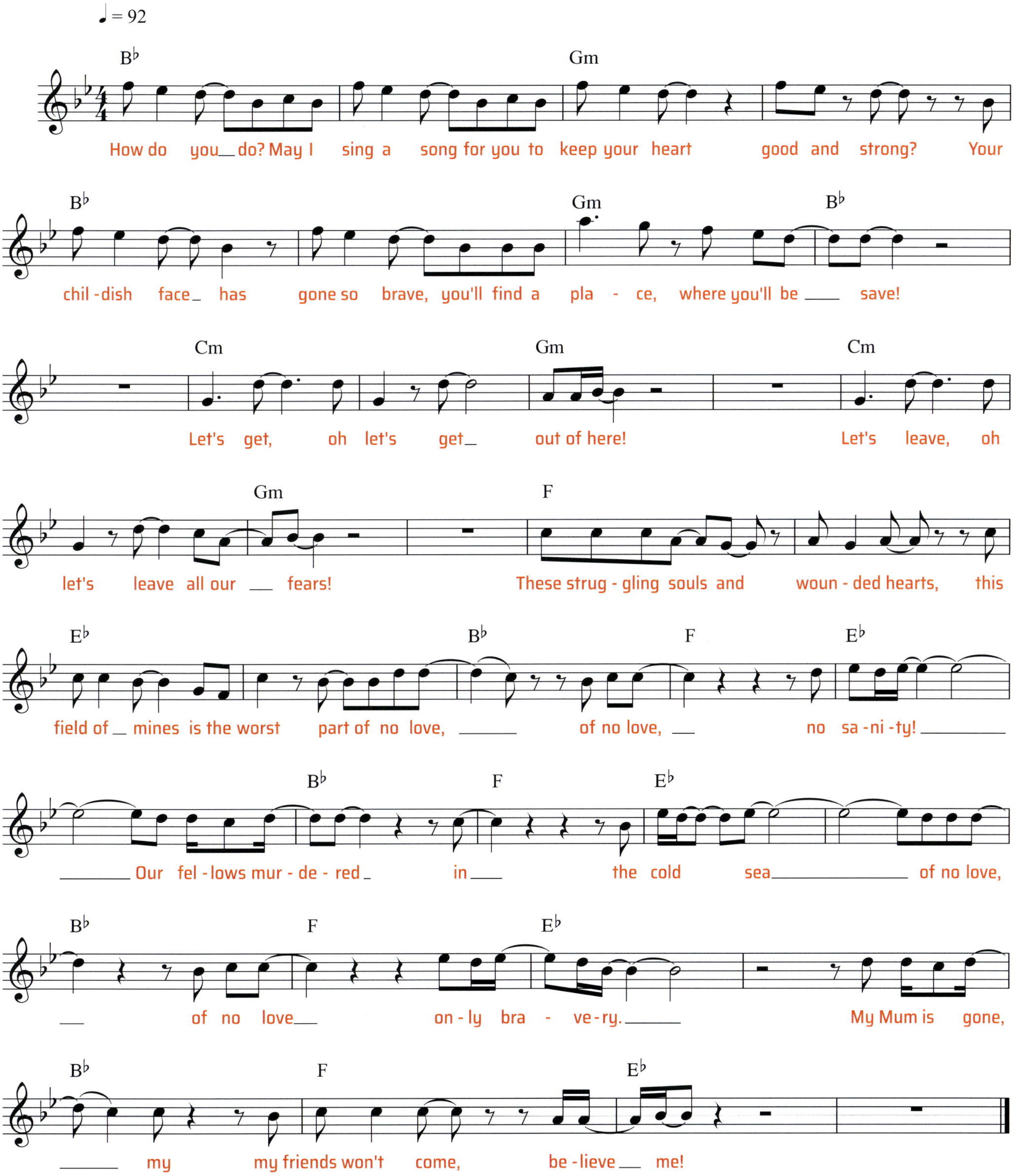

♩ = 92

B♭ Gm
How do you_ do? May I sing a song for you to keep your heart good and strong? Your

B♭ Gm B♭
chil-dish face_ has gone so brave, you'll find a pla - ce, where you'll be ___ save!

Cm Gm Cm
Let's get, oh let's get_ out of here! Let's leave, oh

Gm F
let's leave all our ___ fears! These strug-gling souls and woun-ded hearts, this

E♭ B♭ F E♭
field of _ mines is the worst part of no love, ______ of no love, ___ no sa-ni-ty! ________

B♭ F E♭
________ Our fel-lows mur-de-red_ in ___ the cold sea______________ of no love,

B♭ F E♭
___ of no love___ on-ly bra - ve-ry.______ My Mum is gone,

B♭ F E♭
______ my my friends won't come, be-lieve ___ me!

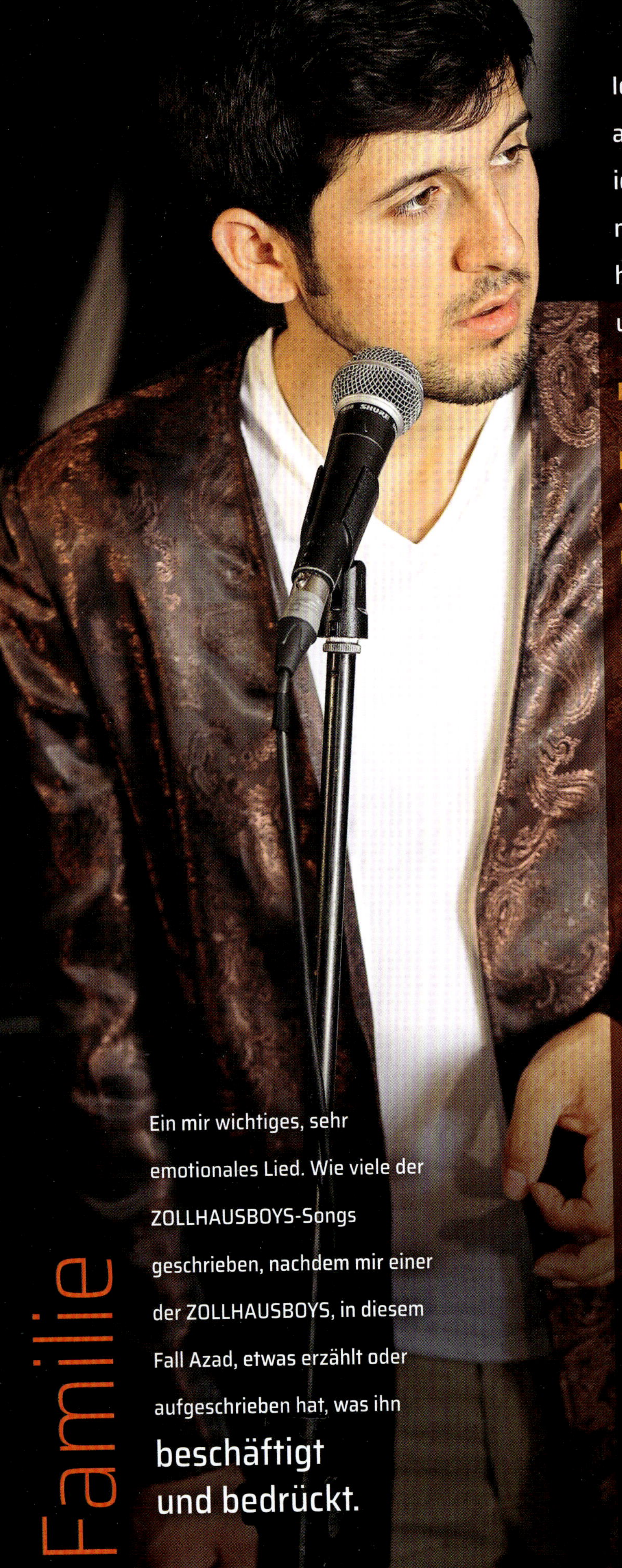

Familie

Ein mir wichtiges, sehr emotionales Lied. Wie viele der ZOLLHAUSBOYS-Songs geschrieben, nachdem mir einer der ZOLLHAUSBOYS, in diesem Fall Azad, etwas erzählt oder aufgeschrieben hat, was ihn **beschäftigt und bedrückt.**

Ich erinnere mich an die letzten Momente,
als ich mich von meiner Familie trennte,
ich wurd' immer trauriger und immer blasser,
meine Mutter goss einen Eimer mit Wasser
hinter mir her, denn das bringt Glück
und man wünscht, der Reisende kommt bald zurück!

REFRAIN

Ich höre oft Leute über Eltern stöhnen,
vielleicht sogar die Familie verhöhnen,
mit Geschwistern kann man sich schnell überwerfen
und ich weiß, Familie kann wirklich nerven,
DOCH WENN MAN OHNE FAMILIE IST
GIBT ES NICHTS, WAS MAN MEHR VERMISST.

Dass ich ging, ist jetzt schon fünf Jahre her
und ich gebe zu: Ich vermisse sie sehr.
Besonders dann wenn ich schlafen geh
oder wenn ich am Sonntag Familien seh,
die sich treffen und alles sieht so gut aus
und ich seh von der Strasse die Lichter im Haus.

REFRAIN

Ich habe Angst, sie hier zu vergessen,
Angst, die Fremde könnte zerfressen
meine schönen Gedanken an Mutter und Vater,
doch Angst ist nie ein guter Berater.
Es bringt sie nicht her, die die mir fehlen
und doch macht es stark, mein Gefühl zu erzählen.

REFRAIN

Familie

TEXT: AZAD KOUR/ PAGO BALKE, MUSIK: PAGO BALKE

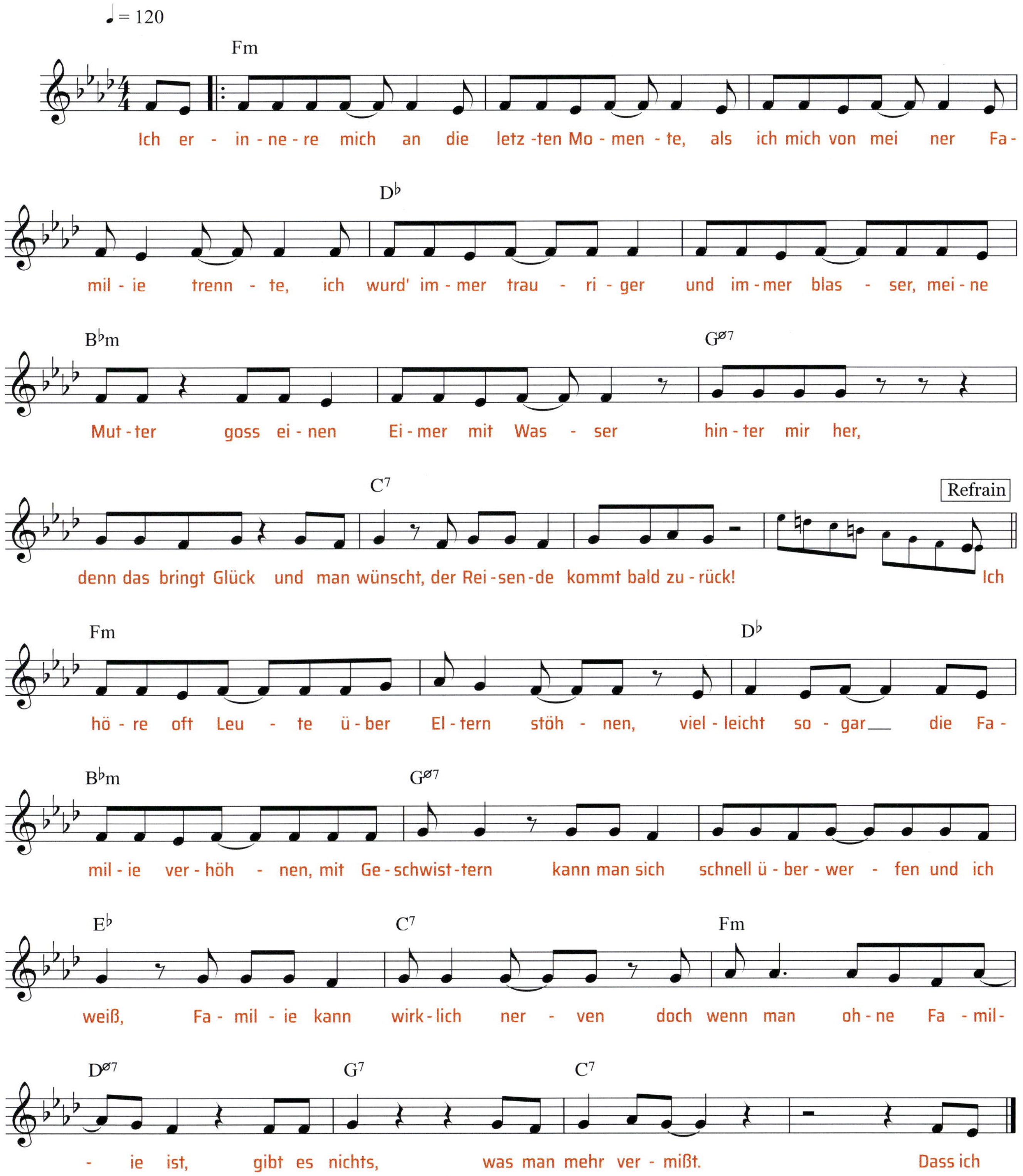

♩ = 120

Fm
Ich er - in - ne - re mich an die letz -ten Mo - men - te, als ich mich von mei ner Fa -

Db
mil - ie trenn - te, ich wurd' im - mer trau - ri - ger und im - mer blas - ser, mei - ne

Bbm G∅7
Mut - ter goss ei - nen Ei - mer mit Was - ser hin - ter mir her,

C7 Refrain
denn das bringt Glück und man wünscht, der Rei - sen - de kommt bald zu - rück! Ich

Fm Db
hö - re oft Leu - te ü - ber El - tern stöh - nen, viel - leicht so - gar__ die Fa -

Bbm G∅7
mil - ie ver - höh - nen, mit Ge - schwist - tern kann man sich schnell ü - ber - wer - fen und ich

Eb C7 Fm
weiß, Fa - mil - ie kann wirk - lich ner - ven doch wenn man oh - ne Fa - mil-

D∅7 G7 C7
- ie ist, gibt es nichts, was man mehr ver - mißt. Dass ich

VIDEO

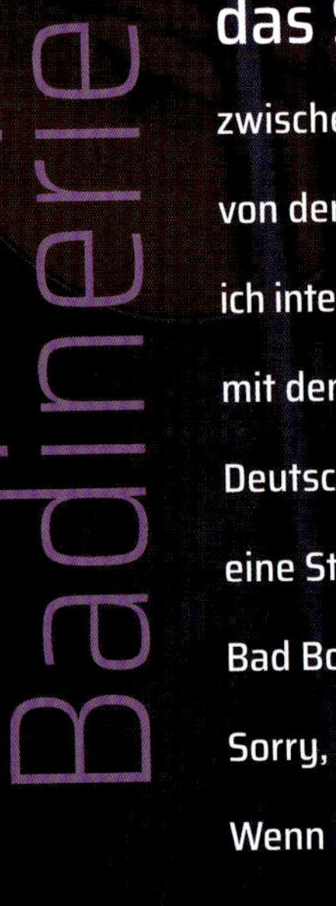

Und hier greift wieder meine Faulheit. Oder meine Lust, Dinge zweimal zu verwenden. Die aufmerksamen LeserInnen erinnern sich an die ‚Liebeslieder' und dort an

das Streitgespräch

zwischen IHR und IHM. Getragen von der Badinerie. Hier habe ich intensive Werkstatt-Gespräche mit den ZOLLHAUSBOYS über Deutschland und Syrien für eine Story von Good Boy und Bad Boy verarbeitet. Sorry, diesmal ohne Noten. Wenn ihr es wirklich nachspielen oder -singen wollt, greift euch den Bach!

Shvan **Was findest du eigentlich an Deutschland gut?**

Azad **Ach, da könnt ich viel erzählen,**
zum Beispiel die Pünktlichkeit mag ich absolut!

Shvan **Da kann ich dir nur ne Bahnfahrt empfehlen…**

Azad **Besser als sich durch den Stau zu quälen.**
Und was mir auch gut gefällt,
ist die bunte Warenwelt!

Shvan **Vorausgesetzt man hat das Geld,**
sonst fühlst du dich nur abgestellt
und drückst dir an den Schaufenstern
die Nase platt!

Azad **Die Deutschen planen immer sehr genau!**

Shvan **Du kennst den Berliner Flughafenbau?**

Azad **Die Industrie ist gut in Germany!**

Shvan **Hast du mal von VW gehört,**
wo keiner sich am Schummeln stört?

Azad **Ich find Deutschland trotzdem schön,**
nur muss man so viel Dicke sehn!

Shvan **Bei dem fetten, süßen Essen,**
muss man sich nen Bauch anfressen!
Doch sag ich dir aus meiner Sicht:
mich stört das nicht!

Shvan **Was ich allerdings befremdlich find,**
ist die deutsche Kleinfamilie.

Azad **Ja, weißt du noch, wieviele es bei uns sind,**
die zum Trauerfest erscheinen,
tausend Leute kommen und weinen.

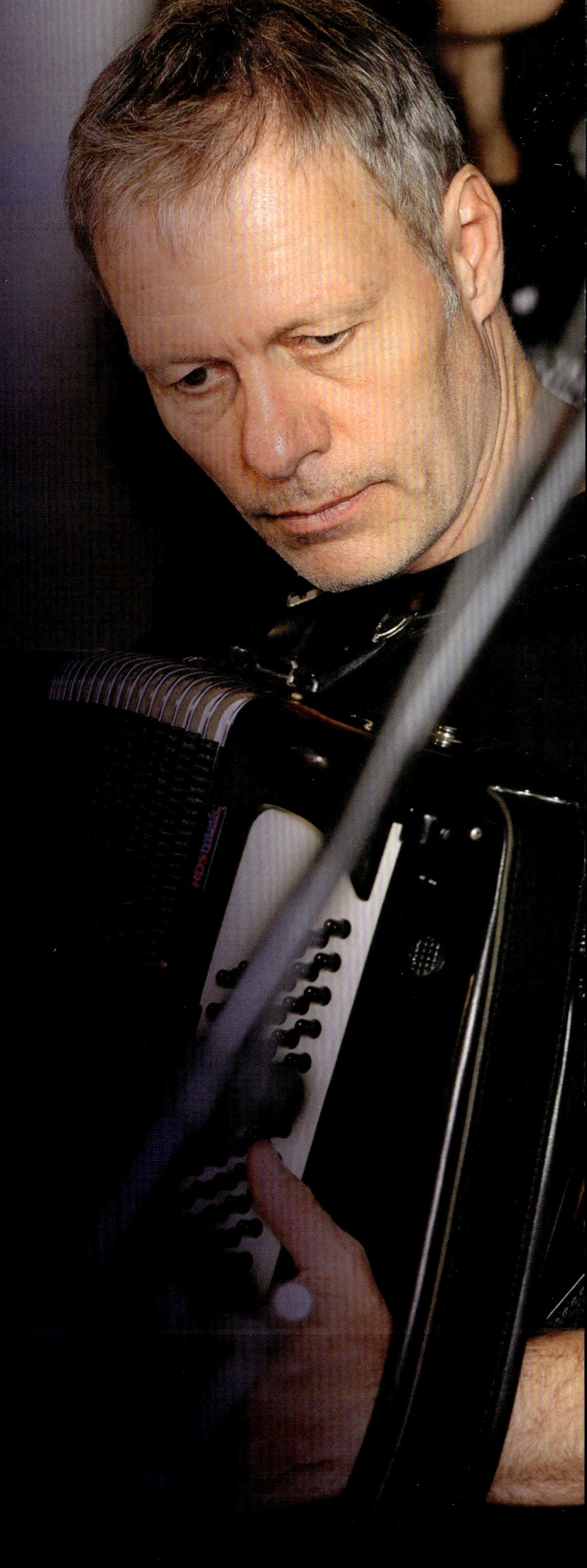

Shvan Dreihundert kommen zum Zuckerfest,
in Deutschland ist man schon gestresst,
wenn grade mal zehn Leute
unterm Weihnachtsbaum stehn!

Azad Ich könnte dir viele Deutsche nennen,
die ihre Verwandten gar nicht kennen.

Shvan Ein Orientale,
der kennt sie alle:

Beide Cousinen, Nichten, Tanten, Neffen,
bei ungezählten Familientreffen
feiert man die schräge, hippe,
herrliche Familiensippe!

Azad Wie findest du eigentlich die deutsche Polizei!

Shvan Die geht mir am A... vorbei!

Azad Ich fühle mich meistens locker und frei.
Bei uns kannst du vor Angst kaum sprechen,
mußt die Bullen gut bestechen.

Shvan Allerdings mit vielem Geld
kannst du tun, was dir gefällt.
Ich saß schon mit 12 am Steuer!

Azad Ja, ich auch!
Und was sagst du zu Merkel-Mama?

Shvan Ich gebe zu, die war der Hammer,
wir wären nie
in Germany.
Viele hatten Angst und Hass,
sie hat gesagt:

Azad „Wir schaffen das!"

Beide So sag'n wir mal, weil wir hier stehn:
Danke schön!

TEXT: BALKE/ FOUSTOK/ SHEIKHO
MUSIK: JOH. SEB. BACH

Migrationshintergrundinformationen

Und das ist Ismaeels Vorwort zu diesem rockigen Song: In Deutschland ist es - wie überall in der Welt - mittlerweile unübersichtlich geworden!

Wo kommt er her?

Wo will sie hin? Wo hat er seine Wurzeln? Wo hat sie ihre Flügel? Wir wurden in der Pause häufig angesprochen, woher wir überhaupt kommen. Dazu hier unsere detaillierten, ausführlichen, wahrheitsgetreuen MIGRATIONSHINTERGRUND-INFORMATIONEN!

ISMAEEL Ihr denkt, ich bin Schotte, oder aus Neuseeland,
nein, ich komm aus der Wüste, aus dem Kamel-Land,
aus Syrien, Aleppo, bin echter Araber,
ich hätte die Kamele gern mitgenommen, aber
im Schlauchboot war's einfach schon viel zu voll.
Und die Ausländerbehörde fänd's auch nicht so toll,
wenn ich zu HartzVier noch Kamelfutter verlang...
so fing ich stattdessen das Gitarre-Spielen an!

AZAD Ich bin der Azad, nicht der Diktator!
Ich komm aus nem Land, kurz vor'm Äquator,
so zwischen Nord- und Südpol platziert,
ein Land, das nur als Wunsch existiert!
Ein Wunsch, den Millionen von Kurden träumen,
vom eigenen Land, von Städten und Bäumen,
auf denen unsere Lieder blühen...
ich würde so gerne nach Kurdistan ziehen!

SHVAN Ich bin der Shvan, ja, genau wie der Vogel,
ich heiße wirklich so, das ist kein Gemogel.
Gemogelt hab ich nur beim Datum der Geburt,
wie bei Tausenden von Syrern, das ist echt absurd:
Wir kamen alle am 1. Januar zur Welt!
Wir hoffen, beim Amt wird man ganz vorne hingestellt.
Für deutsche Beamte: unmöglich und frustig.
Da müssen die durch! Ich mach mich drüber lustig!

THOMAS Bei mir denkt jeder: Klar, der ist Deutscher,
heißt Thomas Kriszan, doch da täuscht er
sich, denn Bolivien, da komm ich her!
Nur wurde der Handel mit Drogen bald schwer,
da hab ich an Good Old Deutschland gedacht
und mich mit den Drogen hier breit gemacht.
Doch mit den Flüchtlingen sind zu viele Dealer hier...
da hab ich beschlossen: Ich lern Schiffer-Klavier!

SELIN I bi gflüchtet us de Schwyzer Bärge,
I hä d Nase voll gha vo Banke und Zwärge,
vo UBS, Nestlé und Toblerone,
bi nach Berlin zoge, dasch nit ganz ohne!
Halb Türkin, halb Schwizerin, was bin ich jetzt?
Und falls ihr euch über min Dialäkt entsetzed -
Ik kann ooch Hochdeutsch! Und ik sache dir wat:
Die Jungs vom Zollhaus, die mach ik platt!

PAGO Ich bin hier der einzige Ur-Germane,
komm' aus der Zone, wuchs auf ohne Banane
ohne Barbie, Bonanza und Klim-Bim,
ohne Dallas und Denver, ja, es ist schlimm!
Thüringen ist mein Migrationshintergrund,
die Jungs nennen mich ‚Süß-Kartoffel' und
manchmal auch ‚Hadschi'! Ich bin integriert
und mir ist seit Jahren nichts Besseres passiert!

Migrationshintergrundinformationen

TEXT: PAGO BALKE, MUSIK: ISMAEEL FOUSTOK

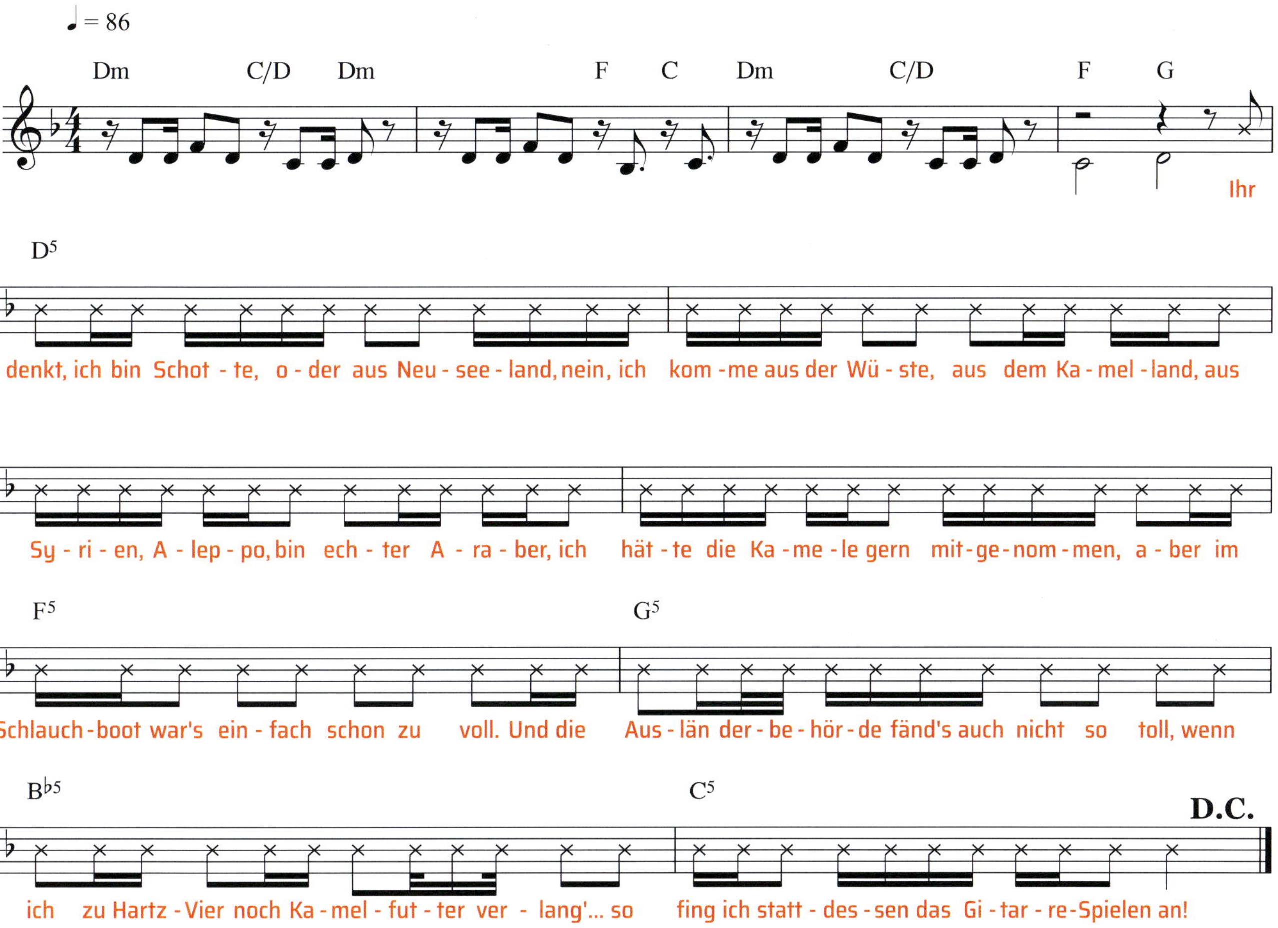

♩ = 86

Dm C/D Dm F C Dm C/D F G

Ihr

D5

denkt, ich bin Schot - te, o - der aus Neu - see - land, nein, ich kom - me aus der Wü - ste, aus dem Ka - mel - land, aus

Sy - ri - en, A - lep - po, bin ech - ter A - ra - ber, ich hät - te die Ka - me - le gern mit - ge - nom - men, a - ber im

F5 G5

Schlauch - boot war's ein - fach schon zu voll. Und die Aus - län der - be - hör - de fänd's auch nicht so toll, wenn

B♭5 C5 D.C.

ich zu Hartz - Vier noch Ka - mel - fut - ter ver - lang'... so fing ich statt - des - sen das Gi - tar - re - Spielen an!

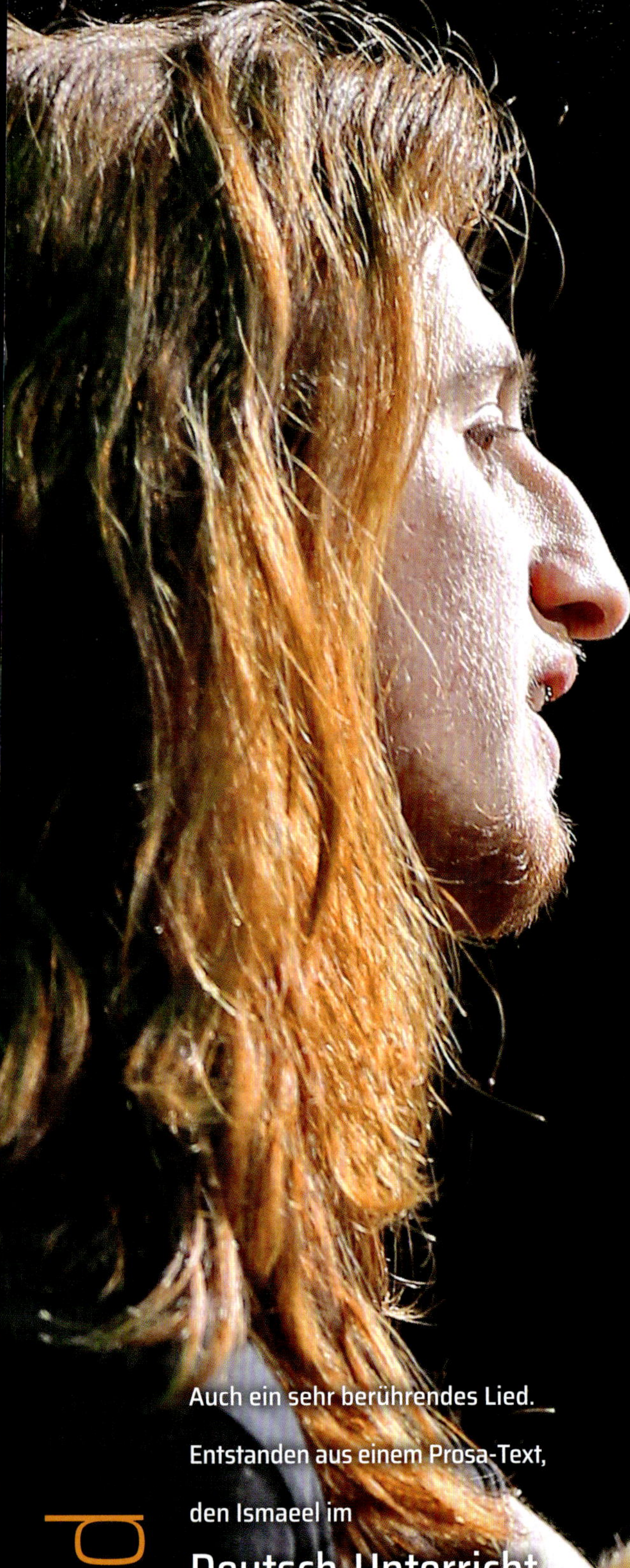

Dass ich aus Aleppo komme, wissen viele Leute,
dass ich auch ein Held bin, sag ich euch erst heute.
Zugegeben: nur die Familie nennt mich so,
weil ich ganz alleine aus Aleppo floh.
Der Krieg kam einfach über uns wie Regen im August,
wir haben damals aus der Not nur diesen Weg gewusst.
Die Angst um die Familie war kaum noch zu ertragen,
da habe ich beschlossen, mich nach Deutschland durchzuschlagen!

BIST DU EIN NIEMAND? BIST DU EIN HELD?
GEH DEINEN WEG DURCH DIESE WELT!
BIST DU EIN NIEMAND? BIST DU EIN HELD?
FREUNDSCHAFT UND LIEBE, DAS IST ES, WAS ZÄHLT!

Meinen Opa, den ich liebe, habe ich besucht,
um mich zu verabschieden kurz vor meiner Flucht.
Er hat mir seinen Hut geschenkt und gesagt: „Es wird schwer:
Du mußt durch viele Länder laufen und schwimmen über's Meer.
Es ist dein Weg, um Mann zu werden, mein Hut, er bringt dir Glück,
ich hoffe nur, bevor ich sterbe, bist du gesund zurück!
Wenn du es schaffst, dann werden dich alle einen Helden nennen.
Nun lauf schon los, sonst fang ich hier noch an zu flennen!"

BIST DU EIN NIEMAND? BIST DU EIN HELD? ...

Als ich hier ankam, war ich einsam und allein
und dachte: So ein Scheißgefühl muss wohl für Helden sein!
Es halfen viele Leute mir auf dem Weg zum Ziel,
ansonsten galt ich hier im Land als Flüchtling echt nicht viel.
Meine Stimmung, meine Hoffnung waren oft im Keller,
ich war fast am Verzweifeln: Warum geht das nicht schneller?!
Doch nach zwei Jahren konnt' ich endlich meinen Sieg genießen
und meine Eltern und die Brüder in die Arme schließen!

BIST DU EIN NIEMAND? BIST DU EIN HELD? ...

Momentan schau ich zurück und frage mich dabei:
Held ist so ein großes Wort, fast Wichtigtuerei.
Ich war gezwungen so zu handeln, konnte es nicht ändern
und Abenteuer war es auch, der Weg zu neuen Ländern.
Hast du es in der Hand, wie das Schicksal mit dir spielt?
Ich glaube, es ist subjektiv, ob man als Held sich fühlt.
Vielleicht hatte ich Glück, Ausdauer und Mut,
doch ganz bestimmt geholfen hat mir Opas Hut!

BIST DU EIN NIEMAND? BIST DU EIN HELD? ...

Held

Auch ein sehr berührendes Lied. Entstanden aus einem Prosa-Text, den Ismaeel im **Deutsch-Unterricht** zum Thema ‚Held' schreiben musste. Ich bekam die Zeilen im Sommer auf einem Campingplatz in Holland, auf den ich fahrlässigerweise meinen Laptop mitgenommen hatte, zugemailt mit Ismaeels Bitte, doch bis morgen ein Lied daraus zu schreiben...

Held

TEXT: ISMAEEL FOUSTOK/ PAGO BALKE, MUSIK: ISMAEEL FOUSTOK

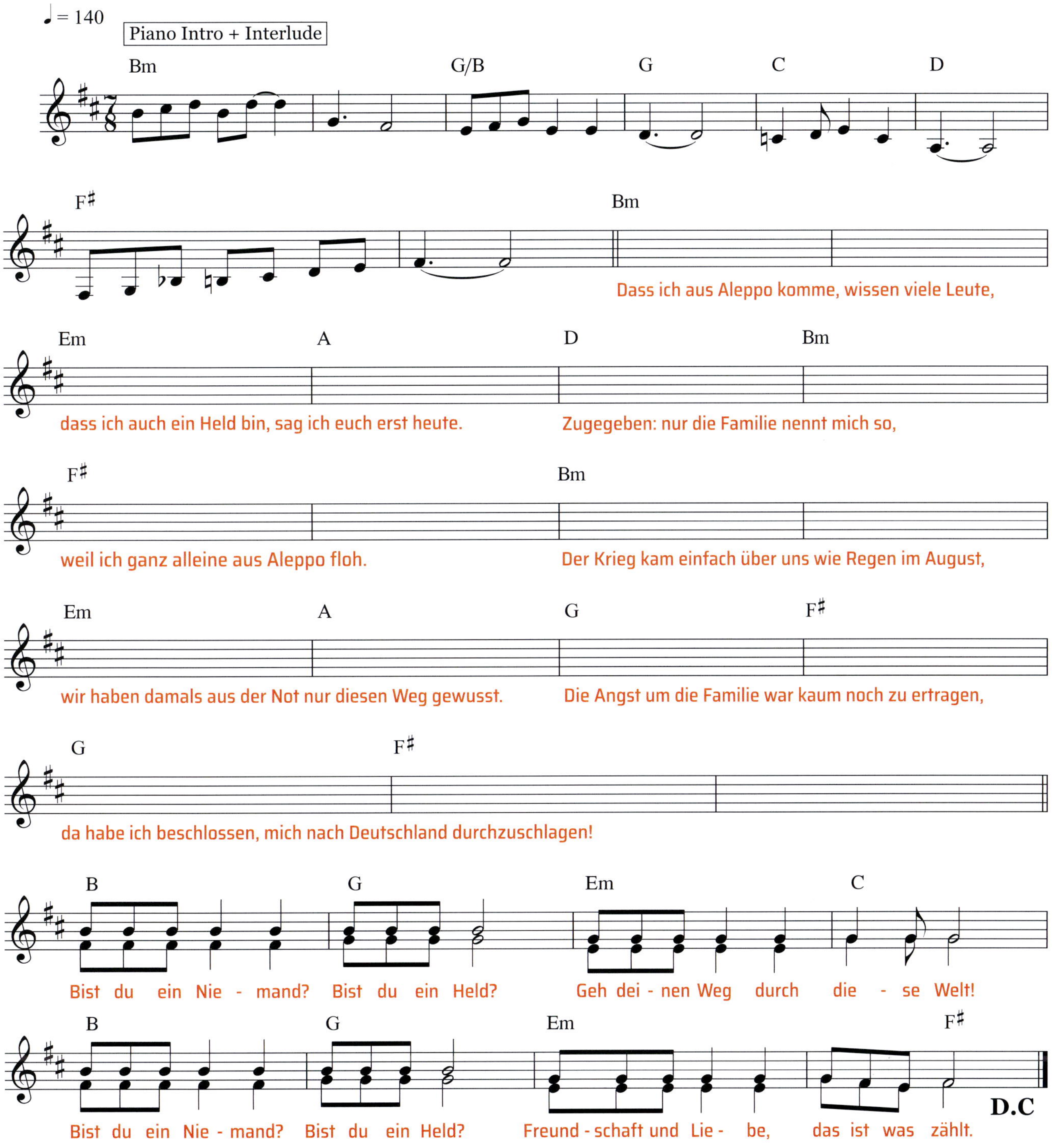

♩ = 140

Piano Intro + Interlude

Bm G/B G C D

F♯ Bm

Dass ich aus Aleppo komme, wissen viele Leute,

Em A D Bm

dass ich auch ein Held bin, sag ich euch erst heute. Zugegeben: nur die Familie nennt mich so,

F♯ Bm

weil ich ganz alleine aus Aleppo floh. Der Krieg kam einfach über uns wie Regen im August,

Em A G F♯

wir haben damals aus der Not nur diesen Weg gewusst. Die Angst um die Familie war kaum noch zu ertragen,

G F♯

da habe ich beschlossen, mich nach Deutschland durchzuschlagen!

B G Em C

Bist du ein Nie - mand? Bist du ein Held? Geh dei - nen Weg durch die - se Welt!

B G Em F♯

Bist du ein Nie - mand? Bist du ein Held? Freund - schaft und Lie - be, das ist was zählt.

D.C

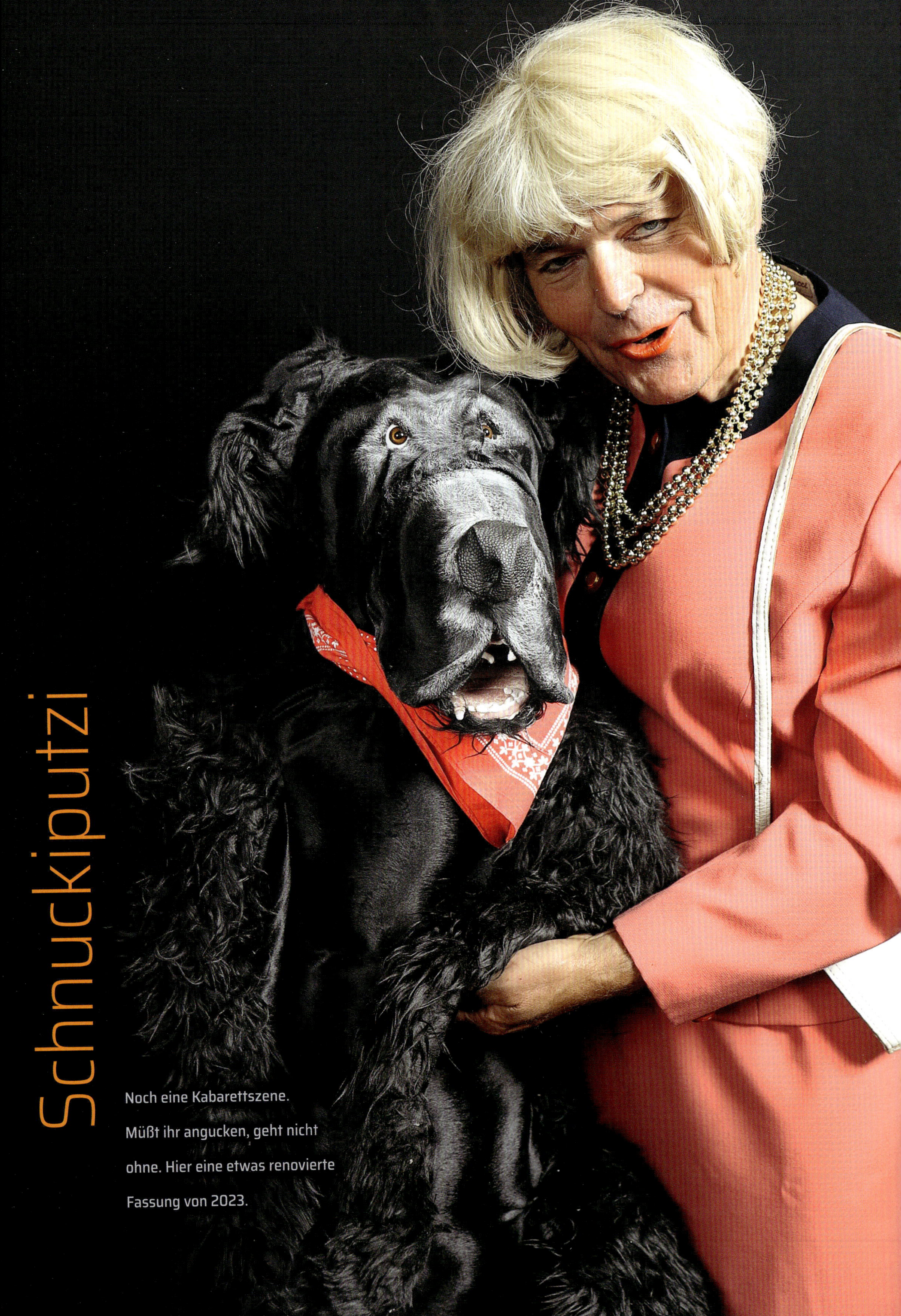

Schnuckiputzi

Noch eine Kabarettszene. Müßt ihr angucken, geht nicht ohne. Hier eine etwas renovierte Fassung von 2023.

Sie: Gel, bist mein Schnuckiputzi?
Meine Schnuddelmaus!
Willst ein Leckerli?

Er: (knurrt erwartungsvoll)

Sie: Kannte er ja früher gar nicht, so viel Liebe!
Ich hätte ja lieber einen Kleineren gehabt.
Und nicht ganz so schwarz!

Er: (guckt empört!)

Sie: Alles gut, Schnuckiputzi.
Aber du kannst es dir nicht aussuchen bei den Krisenhunden. Kannst du nicht.
Was habe ich schon alles an Karpatenkötern gehabt!
Schnuckiputzi ist aus Rumänien. Also quasi ein geholter Flüchtling.
Aus Rumänien.
Aber trotzdem sehr nett!
Mit zweibeinigen Flüchtlingen hab ich es ja nicht so.
Aber bei den Tieren, da dreht sich einem doch WIRKLICH das Herz im Leibe um!

Er: (knurrt unverständlich)

Sie: Was sagst du, Schnuckiputzi?

Er: (knurrt unverständlich)

Sie: Das heißt Leckerli!
Hat er schon gelernt.
Reizend nicht wahr?...
Ich würde ihm ja auch gerne etwas Hübsches zum Anziehen kaufen gegen diesen furchtbaren deutschen Regen.
Meine Nachbarin, das ist die Mama von Schnuffel - ich weiß gar nicht, wie sie wirklich heißt - also die hat einen kleinen weißen Pudel. Hätt ich ja auch lieber gehabt.

Er: guckt empört!

Sie: Alles gut, Schnuckiputzi.
Jedenfalls die Mama von Schnuffel, die hat alles für ihren Liebling: gegen Regen, gegen Kälte, gegen Sonne!
Alle Farben. Und alles in Markenqualität! Aber das finden Sie ja nicht in den Größen. Das müßt ich mir maßschneidern lassen.
Aber so hab ich's nun auch wieder nicht. Die Mama von Schnuffel, die hat auch einen Mann. Zum Gassigehen.
Mein Mann ist irgendwann... Gassi gegangen.
Die Kinder melden sich nicht.
Von daher bin ich alleinerziehend. Mit Schnuckiputzi!
Aber so darfst du auch bei Frauchen im Bettchen schlafen! Das hast du gern, nech?

Er: (Sie nimmt ihn auf den Schoß, alles ist zu schwer, er knuddelt, sie setzt ihn wieder ab, dann knurrt er unverständlich)

Sie: Das heißt: GerMany, Leckerli!
Er hat wirklich alles, was er braucht. Leckerli mit beauty-Zusatz, zahlt Steuern, Versicherung, er hat sein Hundespielzeug: Deinen „Trixie Dog Activity Memory Trainer" und deine „Dog Activity Poker Box"! Das magst du, nech?!

Er: (wendet sich ab)

Sie: Früher war er ein richtiger Strassenköter, natürlich geht er in Deutschland zur Hundeschule!
Er hat schon B1!

Er: (knurrt stolz)

Sie: Er ist wirklich sehr gelehrig.
Nur dass in Deutschland das Kaka in die Tüte kommt, das begreift er einfach nicht.
Da kommt eben noch das Wilde, das Östliche so durch.
In Deutschland Kaka immer in die Tüte und dann in die Handtasche!
Da wäre natürlich ein kleinerer Hund auch besser. Oder eine größere Handtasche!

Er: (knurrt aufgeregt und unverständlich, guckt nach unten)

Sie: Was sagst du Schnuckiputzi?

Er: (knurrt aufgeregt und unverständlich, guckt nach unten)

Sie: Ach!, es geht ihm mal wieder um seine Männlichkeit!
Kastration versteht er natürlich nicht! Wie soll ich ihm das begreiflich machen?
Aber das geht sonst bei den Krisen-Hunden über Tisch und Bänke! Willst ein Leckerli, Schnuckiputzi?

Er: (knurrt unverständlich, aber böse)

Sie: Was sagst du?

Er: (verweigert Leckerli, knurrt aufgeregt und unverständlich, guckt nach unten)

Sie: Full Service Germany und dann noch Ansprüche stellen!
Wo ist Frauchen? Wo ist das Leckerli?

Er: (knurrt böse, schnappt nach ihr)

Sie: Naa! Kannst du nich hören?
Bist du wohl artig!?
Ich kann dich auch abschieben lassen!

Er: (nimmt doch das Leckerli)

Sie: Geht doch!
Kannte er ja früher gar nicht... so viel Liebe!

TEXT: PAGO BALKE
HUNDEFIGUR: URSULA BALKE

nicht genug

Auch ein schönes Beispiel für die Zusammenarbeit in der Gruppe der ZOLLHAUSBOYS, zu der inzwischen Selin aus Berlin dazugestoßen war. Der Song ist entstanden nach einer

nächtlichen Heimfahrt

vom Auftritt, bei der mir Ismaeel vom traurigen Abschied von seiner ersten deutschen Freundin erzählt hat. Fast übergriffig habe ich ihm dann den Text vorgelegt. Aber Ismaeel fand es gut und komponierte die Musik. Bei einer Probe gab dann Selin ihre Abschiedszeilen dazu.

Ich ziehe dir den Boden
unter den Füßen weg,
du zitterst, du schwankst
vor Trauer, vor Schreck,
ich merke, gleich kippst du
aus den Schuhen,
es tut mir so weh,
dir so weh zu tun.

ICH MAG DICH SO SO SEHR,
DOCH ES IST LEIDER NICHT MEHR,
ICH WILL NICHT WEITER MIT LUG UND TRUG,
MEINE LIEBE IST NICHT GENUG.

Selin:
Und den, den ich mag, nehm ich mit mir und trag
ihn ans Meer, lass ihn schweren Herzens da.

Bei uns weinen eigentlich nur
die Kinder und die Alten,
auch als mich in Aleppo fast
die Scharfschützen abknallten,
da konnt ich nicht heulen,
doch da am Gartenzaun,
als du so geweint hast,
das hat mich umgehauen.

ICH MAG DICH SO SO SEHR,
DOCH ES IST LEIDER NICHT MEHR,
ICH WILL NICHT WEITER MIT LUG UND TRUG,
MEINE LIEBE IST NICHT GENUG.

„Lass uns Freunde bleiben!“
ein kleiner, schwacher Trost,
was hilft das, wenn in dir
ein Hurrican tost?
Ich bitte dich: „Versuch nicht
zusammenzubrechen!“
Du drehst dich nochmal um:
„Ich kann es nicht versprechen.“

ICH MAG DICH SEHR
DOCH ES IST NICHT MEHR
ICH WILL NICHT WEITER MIT LUG UND TRUG
MEINE LIEBE IST NICHT GENUG.

Selin:
Und den, den ich mag, nehm ich mit mir und trag
ihn ans Meer, lass ihn schweren Herzens da.

nicht genug

TEXT: ISMAEEL FOUSTOK/ PAGO BALKE, MUSIK: ISMAEEL FOUSTOK

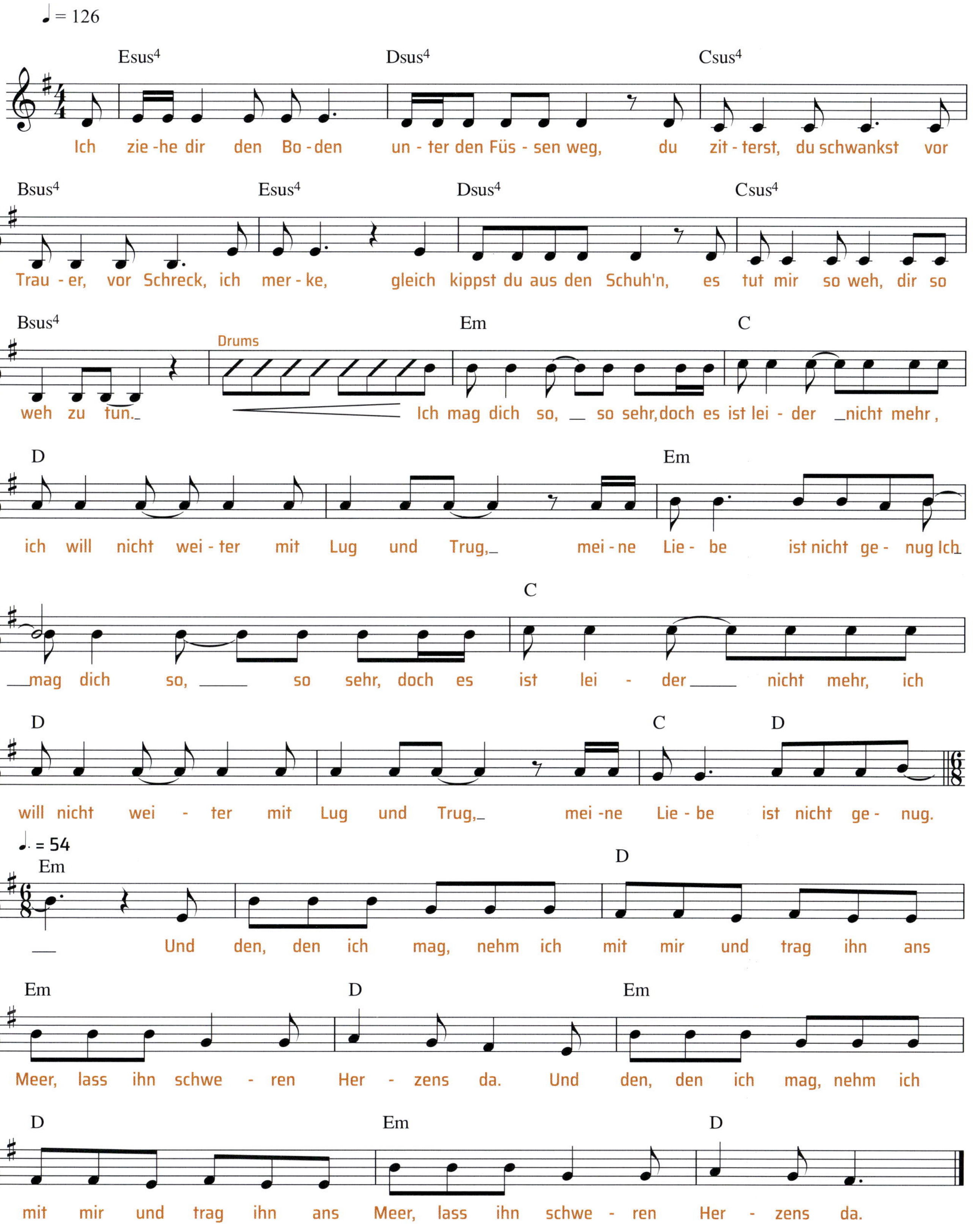

♩ = 126

Esus4 Dsus4 Csus4
Ich zie-he dir den Bo-den un-ter den Füs-sen weg, du zit-terst, du schwankst vor

Bsus4 Esus4 Dsus4 Csus4
Trau-er, vor Schreck, ich mer-ke, gleich kippst du aus den Schuh'n, es tut mir so weh, dir so

Bsus4 Drums Em C
weh zu tun. Ich mag dich so, so sehr, doch es ist lei-der nicht mehr,

D Em
ich will nicht wei-ter mit Lug und Trug, mei-ne Lie-be ist nicht ge-nug Ich

C
mag dich so, so sehr, doch es ist lei-der nicht mehr, ich

D C D
will nicht wei-ter mit Lug und Trug, mei-ne Lie-be ist nicht ge-nug.

♩. = 54

Em D
Und den, den ich mag, nehm ich mit mir und trag ihn ans

Em D Em
Meer, lass ihn schwe-ren Her-zens da. Und den, den ich mag, nehm ich

D Em D
mit mir und trag ihn ans Meer, lass ihn schwe-ren Her-zens da.

Vater

In unserer Schreib-Werkstatt zur Erstellung des 2. Programms erzählte Azad von einem Onkel aus Syrien, der in Deutschland mit seiner Familie gelandet ist und wie es ihm geht. Wie er seinen früheren Status verloren hat und

wie er kämpft

und verstummt.

Ich habe dann die Verse dazu geschrieben und Ismaeel die Musik.

DER VATER. ER WAR FRÜHER WER
UND IN DER FREMDE IST ER NICHTS MEHR.
ER WAR IMMER DER FAMILIENKÖNIG
UND PLÖTZLICH VERSTEHT ER NUR NOCH WENIG
VON DEM, WIE DIE WELT SICH HIER DREHT
UND ER SPÜRT, WIE ALLES AN IHM VORBEI GEHT.

Er hat Häuser gebaut aus Beton, Stein und Holz
und war völlig zu Recht zufrieden und stolz,
er war wohlhabend, hat Autos besessen
und immer dem Familien-Clan vorgesessen,
er war der Mann, auf den man gehört,
bis die Wirren der Zeit seine Zukunft zerstört.

Die Sprache zu lernen, das fällt ihm schwer,
Präsens, Präteritum, das geht nicht mehr
in seinen Kopf, er fühlt sich zu alt
und überhaupt ist alles zu kalt.
In seinen Träumen läßt der Krieg ihn nicht ruhn
und er sagt, das alles nur für die Kinder zu tun.

DER VATER. ER WAR FRÜHER WER
UND IN DER FREMDE IST ER NICHTS MEHR.
ER WAR IMMER DER FAMILIENKÖNIG
UND PLÖTZLICH VERSTEHT ER NUR NOCH WENIG,
VON DEM, WIE DIE WELT SICH HIER DREHT
UND ER SPÜRT, WIE ALLES AN IHM VORBEI GEHT.

Er merkt: soweit ist es mit ihm gekommen,
dass die Kinder bereits die Macht übernommen.
Er braucht sie als Dolmetscher bei jedem Kontakt
mit Behörden, Lehrern, er fühlt sich nackt
und hilflos und gar nicht mehr schlau.
Und auf einmal sieht er: seine Haare sind grau.

DER VATER. ER WAR FRÜHER WER
UND IN DER FREMDE IST ER NICHTS MEHR.
ER WAR IMMER DER FAMILIENKÖNIG
UND PLÖTZLICH VERSTEHT ER NUR NOCH WENIG,
VON DEM, WIE DIE WELT SICH HIER DREHT
UND ER SPÜRT, WIE ALLES AN IHM VORBEI GEHT.

Vater

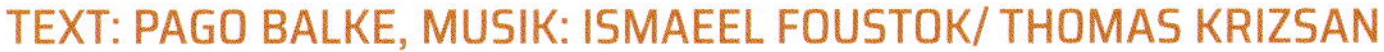
TEXT: PAGO BALKE, MUSIK: ISMAEEL FOUSTOK/ THOMAS KRIZSAN

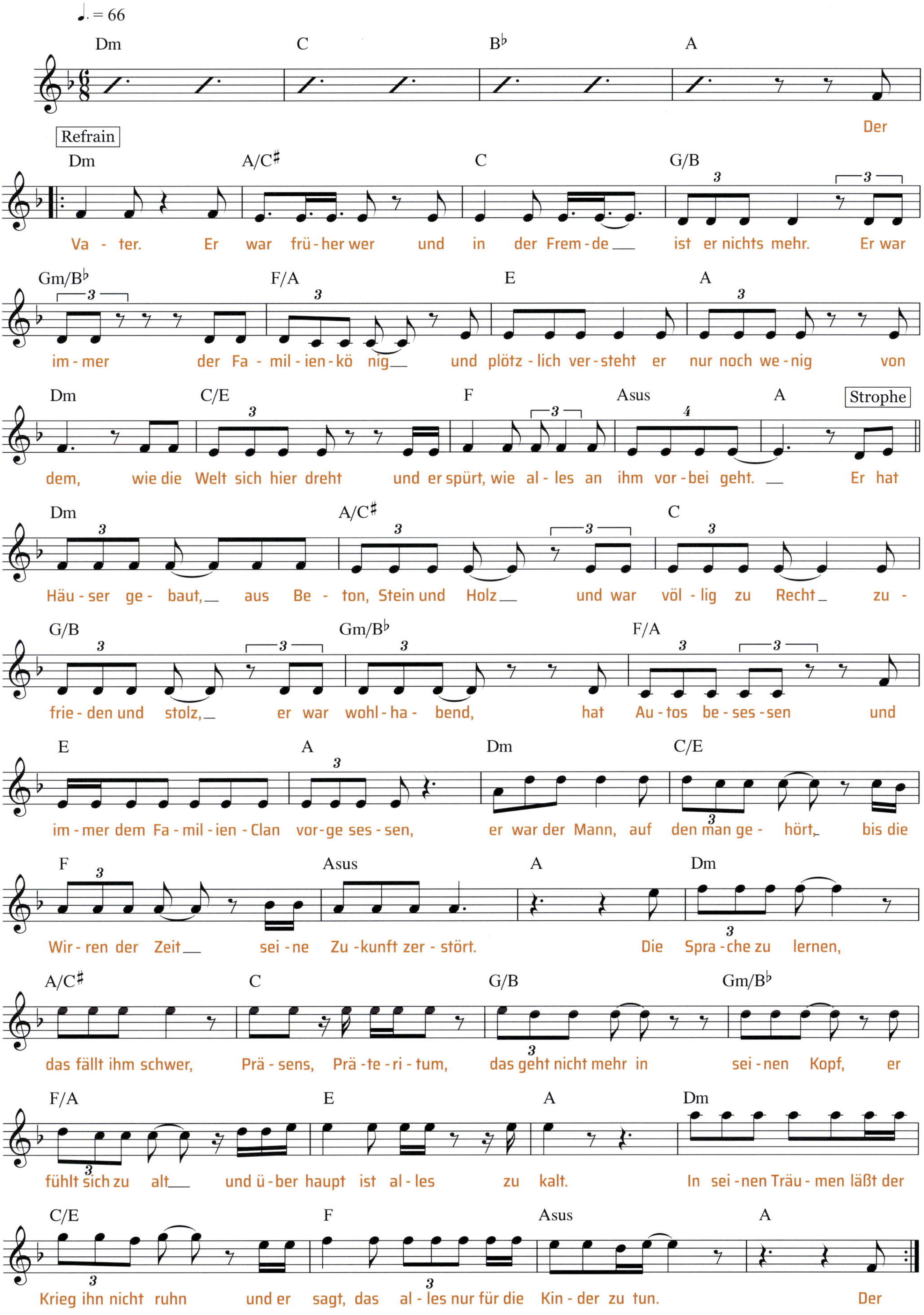

♩. = 66

Dm C B♭ A

Der

Refrain

Dm A/C♯ C G/B

Va - ter. Er war frü - her wer und in der Frem - de ___ ist er nichts mehr. Er war

Gm/B♭ F/A E A

im - mer der Fa - mil - ien - kö nig ___ und plötz - lich ver - steht er nur noch we - nig von

Dm C/E F Asus A Strophe

dem, wie die Welt sich hier dreht und er spürt, wie al - les an ihm vor - bei geht. ___ Er hat

Dm A/C♯ C

Häu - ser ge - baut, ___ aus Be - ton, Stein und Holz ___ und war völ - lig zu Recht ___ zu -

G/B Gm/B♭ F/A

frie - den und stolz, ___ er war wohl - ha - bend, hat Au - tos be - ses - sen und

E A Dm C/E

im - mer dem Fa - mil - ien - Clan vor - ge ses - sen, er war der Mann, auf den man ge - hört, bis die

F Asus A Dm

Wir - ren der Zeit ___ sei - ne Zu - kunft zer - stört. Die Spra - che zu lernen,

A/C♯ C G/B Gm/B♭

das fällt ihm schwer, Prä - sens, Prä - te - ri - tum, das geht nicht mehr in sei - nen Kopf, er

F/A E A Dm

fühlt sich zu alt ___ und ü - ber haupt ist al - les zu kalt. In sei - nen Träu - men läßt der

C/E F Asus A

Krieg ihn nicht ruhn und er sagt, das al - les nur für die Kin - der zu tun. Der

Die Werder-Jacke

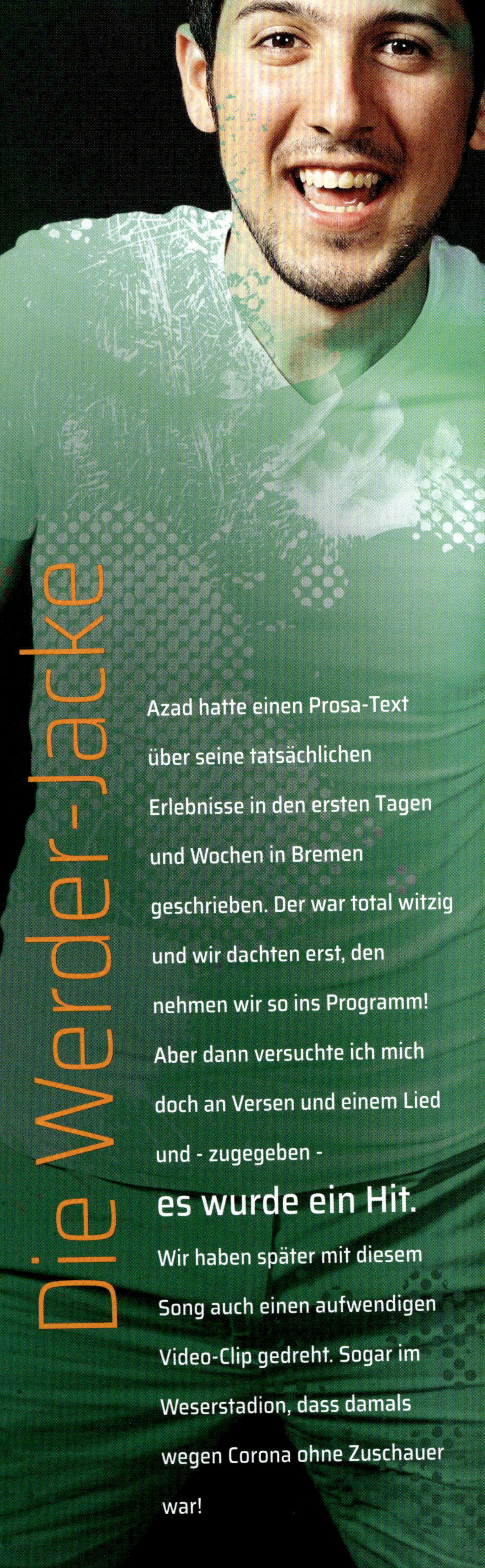

Azad hatte einen Prosa-Text über seine tatsächlichen Erlebnisse in den ersten Tagen und Wochen in Bremen geschrieben. Der war total witzig und wir dachten erst, den nehmen wir so ins Programm! Aber dann versuchte ich mich doch an Versen und einem Lied und - zugegeben -

es wurde ein Hit.

Wir haben später mit diesem Song auch einen aufwendigen Video-Clip gedreht. Sogar im Weserstadion, dass damals wegen Corona ohne Zuschauer war!

Ich bin nach langem Weg in Deutschland angekommen
und hatte auf der Flucht keine Kleidung mitgenommen.
In Bremen gab es Leute, die brachten alte Sachen
und wollten mit Klamotten uns eine Freude machen.

Im großen Kleiderhaufen hab ich sie gefunden,
sehr grün und auch sehr warm sah ich ganz weit unten
eine Jacke mit so Bildern und beschriftet mit viel Fleiß,
ich verstand natürlich nichts von: ‚Lebenslang Grün-Weiß'!

ES IST SO SCHÖN UND ANGENEHM
IN MEINER JACKE VON WERDER BREM(EN)!

Ich ging von unsrer großen Halle gerne in die Stadt,
natürlich mit der Jacke, dass man was Warmes hat.
Die Leute lächeln, grinsen, rufen, freuen sich fast immer.
Warum sind die so nett? Ich habe keinen Schimmer!

Ich rufe meine Eltern an und schwärme laut von Bremen,
dass hier mich alle Menschen in ihrer Stadt aufnehmen:
„Man spricht mich dauernd an, es wird gesungen und gepfiffen!"
Dass das an meiner Jacke liegt, hab ich spät begriffen!

ES IST SO SCHÖN UND ANGENEHM
IN MEINER JACKE VON WERDER BREM(EN)!

Und dann nach ein paar Monaten geschah die Sensation:
Ich kriege eine Karte für's Weser-Stadion!
Na klar, geh ich nicht ohne meine Super-Jacke hin
und tu als ob ich ewig schon ein Werder-Fan bin!

Ich sitze neben einem großen, dicken, deutschen Mann
und plötzlich rennt Werder auf das Gegnertor an!
TOOR! Schreien alle und der Dicke springt auf,
umarmt mich und drückt mich und hört gar nicht mehr auf!

ES IST SO SCHÖN UND ANGENEHM
IN MEINER JACKE VON WERDER BREM(EN)!

Auf dem Weg nach hause treff' ich einen Freund,
der sieht gar nicht gut aus und er meint:
„Ich habe zu de Deutsche escht Null Kontakt,
gib mir eine Tip, ich fühl misch so beknackt!"

Ich sage: „Habibi, ich zeig dir wie das geht:
Um Werder-Fan zu werden ist es nie zu spät!
Mit dieser Jacke bleibt deine Seele heil,
‚Lebenslang Grün-Weiß' ist einfach nur geil!"

ES IST SO SCHÖN UND ANGENEHM
IN MEINER JACKE VON WERDER BREM(EN)!

VIDEO 

Die Werder-Jacke

TEXT: AZAD KOUR/ PAGO BALKE, MUSIK: PAGO BALKE, ARR.: GERHARD STENGERT

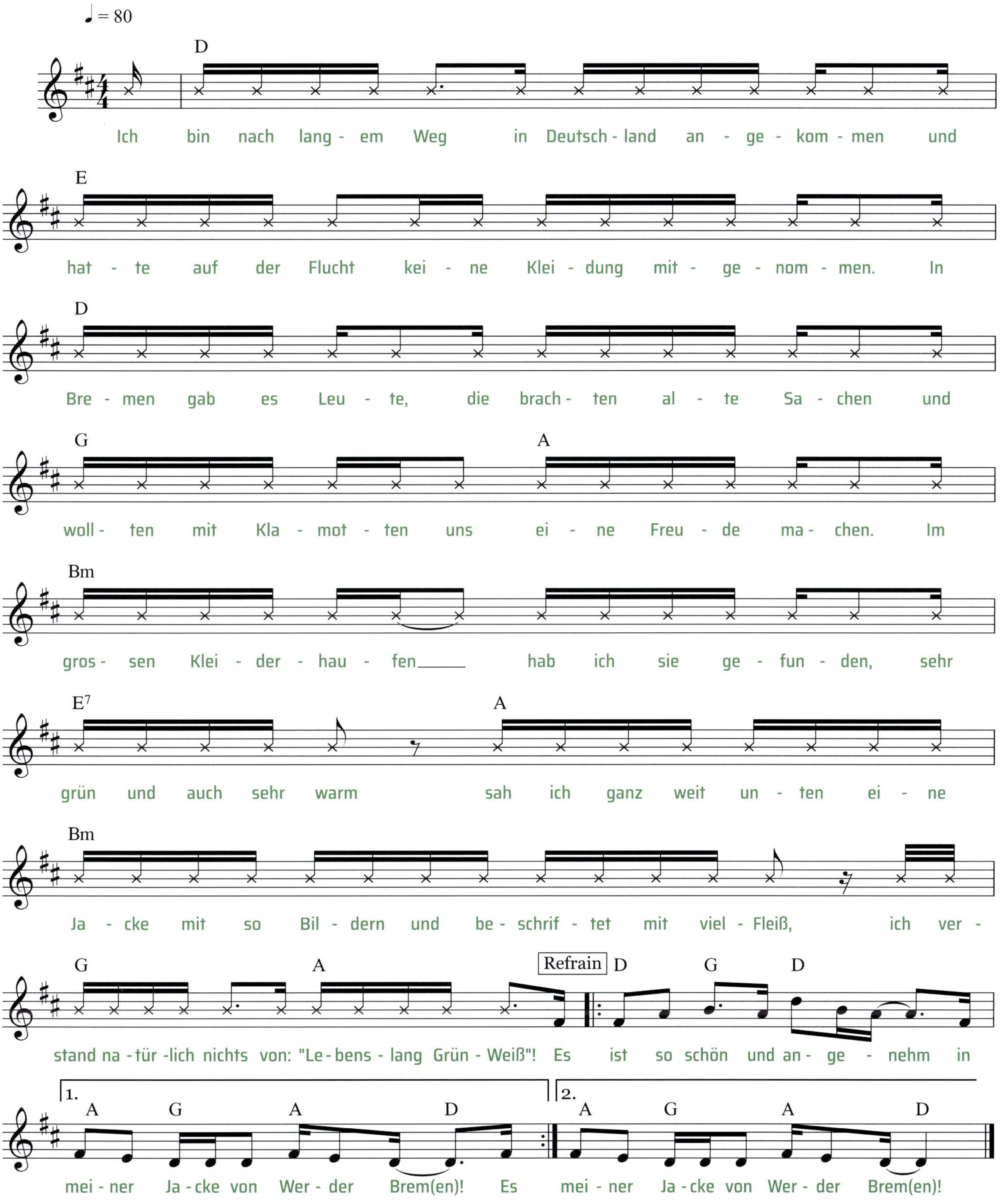

♩ = 80

D
Ich bin nach lang - em Weg in Deutsch - land an - ge - kom - men und

E
hat - te auf der Flucht kei - ne Klei - dung mit - ge - nom - men. In

D
Bre - men gab es Leu - te, die brach - ten al - te Sa - chen und

G A
woll - ten mit Kla - mot - ten uns ei - ne Freu - de ma - chen. Im

Bm
gros - sen Klei - der - hau - fen___ hab ich sie ge - fun - den, sehr

E7 A
grün und auch sehr warm sah ich ganz weit un - ten ei - ne

Bm
Ja - cke mit so Bil - dern und be - schrif - tet mit viel - Fleiß, ich ver -

G A Refrain D G D
stand na - tür - lich nichts von: "Le - bens - lang Grün - Weiß"! Es ist so schön und an - ge - nehm in

1. A G A D | 2. A G A D
mei - ner Ja - cke von Wer - der Brem(en)! Es | mei - ner Ja - cke von Wer - der Brem(en)!

DIE ZOLLHAUSBOYS 3

Die Zollhausboys 3

Die Gruppe wagt den dritten Aufschlag! Und Corona hat uns manche Knüppel zwischen die Beine geworfen.
Die erzwungene Isolation konnten nicht alle Band-Mitglieder gleichermassen gut wegstecken. Die Proben waren z.T. schwierig, auseinandergerissen und mit Zoom gemeinsam Songs zu entwickeln, schafften wir nicht. Natürlich fielen auch ungezählte mühsam geplante Auftritte ins Wasser oder wurden verschoben.

Aber wir haben es geschafft und im Oktober 2021 war Premiere im Großen Haus des Bremer Theaters. Wir haben im dritten Programm auch versucht neue Themen, eine etwas andere Sprache und neue Ausdrucksformen zu finden. So entstanden durch Thomas auch beeindruckende Hintergrundprojektionen.

Hier werden auch nur wieder einige Stücke wiedergegeben, an denen ich beteiligt war. Meine Songs zum Klimawandel finden sich unter ERNTE 23, obwohl sie auch zum 3. Programm der ZOLLHAUSBOYS gehören.

Zwischen Teller und Tellerrand

Ein schöner poetischer Text, den ich zwar in Verse gefasst habe, der aber wesentlich von Azad stammt.

Ich sehe, wie ich mich bewege,
aber ich bleibe still,
ich kenn hier schon tausend Wege,
mehr als ich kennen will.

Ich kenn Berlin und Bremen mehr
als mein eigenes Heimatland,
ich bewege mich hin und her
zwischen Teller und Tellerrand.

Ich bin zu zwei Teilen gespalten,
ein Teil liegt hinter dem Meer,
verschlossen die Türen, die alten,
der Schlüssel passt oft nicht mehr.

ICH SUCHE MEINE QUELLE
UND RENNE AUF DER STELLE!
ICH BIN IMMER NOCH DA,
WO ICH GESTERN WAR!

Ich habe mich weit geöffnet,
mir ein neues Land zu bauen,
hab Kerzen und Schmuck dran geheftet
und übe mich in Vertrauen.

Ich seh so viel neue Gesichter
und reiße die Augen auf,
doch die Luft wird stickig und dichter,
mein Herz schlägt im Dauerlauf.

Wir wollen den Raum uns teilen,
uns alle Geschichten erzählen,
Erinnerungen können uns heilen,
auch wenn sie uns manchmal quälen.

ICH SUCHE MEINE QUELLE
UND RENNE AUF DER STELLE!
ICH BIN IMMER NOCH DA,
WO ICH GESTERN WAR!

Ich sehe, wie ich mich bewege,
aber ich bleibe still,
ich kenn hier schon tausend Wege,
mehr als ich kennen will.

Vielleicht werd ich alt und weise
nach einem zufriedenen Leben
und andere werden dann leise
unsere Worte an Kühlschränke kleben
und andere werden dann leise
unsere Worte an Kühlschränke kleben.

Zwischen Teller und Tellerrand

TEXT: AZAD KOUR/ PAGO BALKE, MUSIK: ISMAEEL FOUSTOK

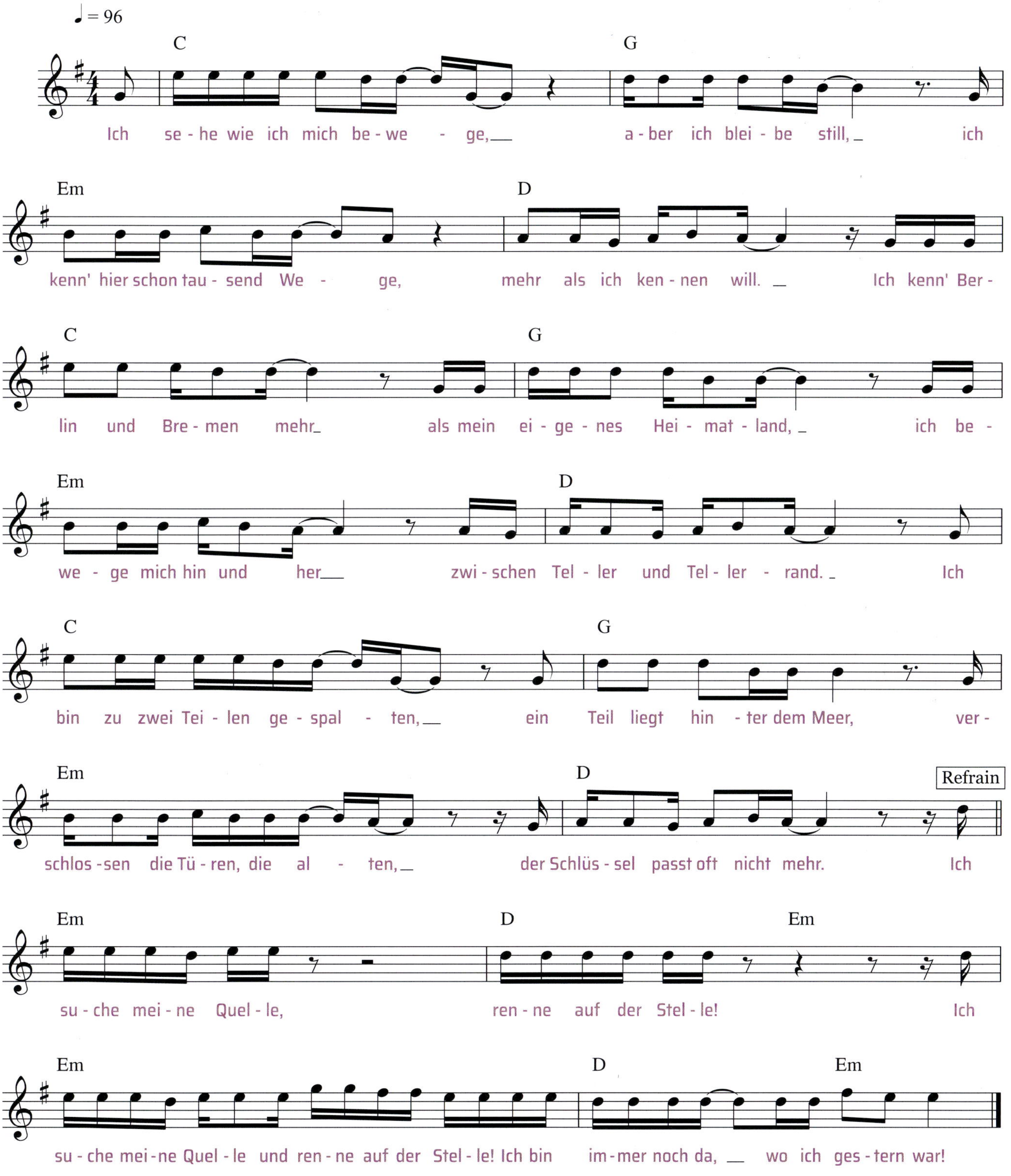

♩ = 96

C, G
Ich se - he wie ich mich be - we - ge,_ a - ber ich blei - be still,_ ich

Em, D
kenn' hier schon tau - send We - ge, mehr als ich ken - nen will._ Ich kenn' Ber -

C, G
lin und Bre - men mehr_ als mein ei - ge - nes Hei - mat - land,_ ich be -

Em, D
we - ge mich hin und her_ zwi - schen Tel - ler und Tel - ler - rand._ Ich

C, G
bin zu zwei Tei - len ge - spal - ten,_ ein Teil liegt hin - ter dem Meer, ver -

Em, D
schlos - sen die Tü - ren, die al - ten,_ der Schlüs - sel passt oft nicht mehr. Ich

Refrain

Em, D, Em
su - che mei - ne Quel - le, ren - ne auf der Stel - le! Ich

Em, D, Em
su - che mei - ne Quel - le und ren - ne auf der Stel - le! Ich bin im - mer noch da, _ wo ich ges - tern war!

im dritten Programm! Shvan kam mit einem guten Text und mit der Idee um die Ecke und wir haben gemeinsam dann den Song draus gemacht. Auf der CD erklingt eine andere Version mit der Musik von Shvan. Live spielen wir ‚den Deutschen' als Blues.

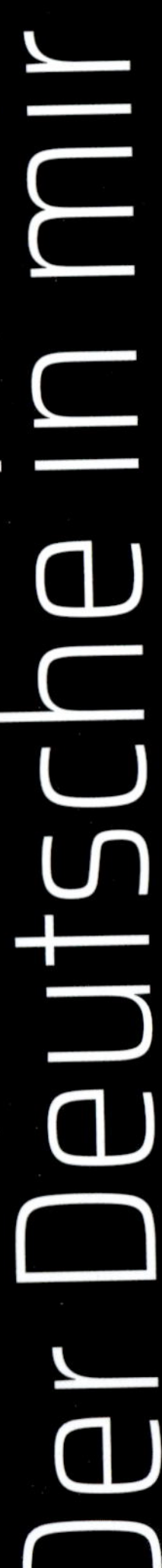

Der Deutsche in mir

(Shvan) Eines Tages wach ich auf: Es ist alles fremd!
Ich geh zum Spiegel, seh mich im karierten Hemd.
Dann renn ich wie ferngesteuert schnell zum REWE-Bäcker,
gestern waren für mich nur Fladenbrote lecker.

Schon steh ich verzückt vor 25 Brötchensorten
und bin verrückt auf jede Menge Sahnetorten!
Dann zum Fleischer, früher gab's nur Lamm.
Jetzt steh ich beim Bratwurst-Glöckl stramm.

Blutwurst, Presssack, Hack und Schnitzel,
alles ist mir so Gaumenkitzel!
Und ich brauche Bier! Bier! Wie ein Stier!

DAS IST DER DEUTSCHE IN MIR!

Schließlich lauf ich raus aus dem Supermarkt,
fühl mich auf einmal schwach, ist das Herzinfarkt?!
Also rein in das nächste Versicherungsbüro,
werd ich jemals meines Lebens wieder froh?

Ich versichere mich gegen Leben, gegen Tod
und für das, was mir nach dem Tode droht,
Brille, Handy, Zahnprothese und dass ich privat genese,
Unfall, Auto, Ehebruch und gegen Suizidversuch!

Ich hör, wie der Deutsche in mir kichert:
(Pago) „Hoffentlich Allianz versichert!"
Alles gut, ich bin ja hier!"

(Shvan) **DAS IST DER DEUTSCHE IN MIR!**

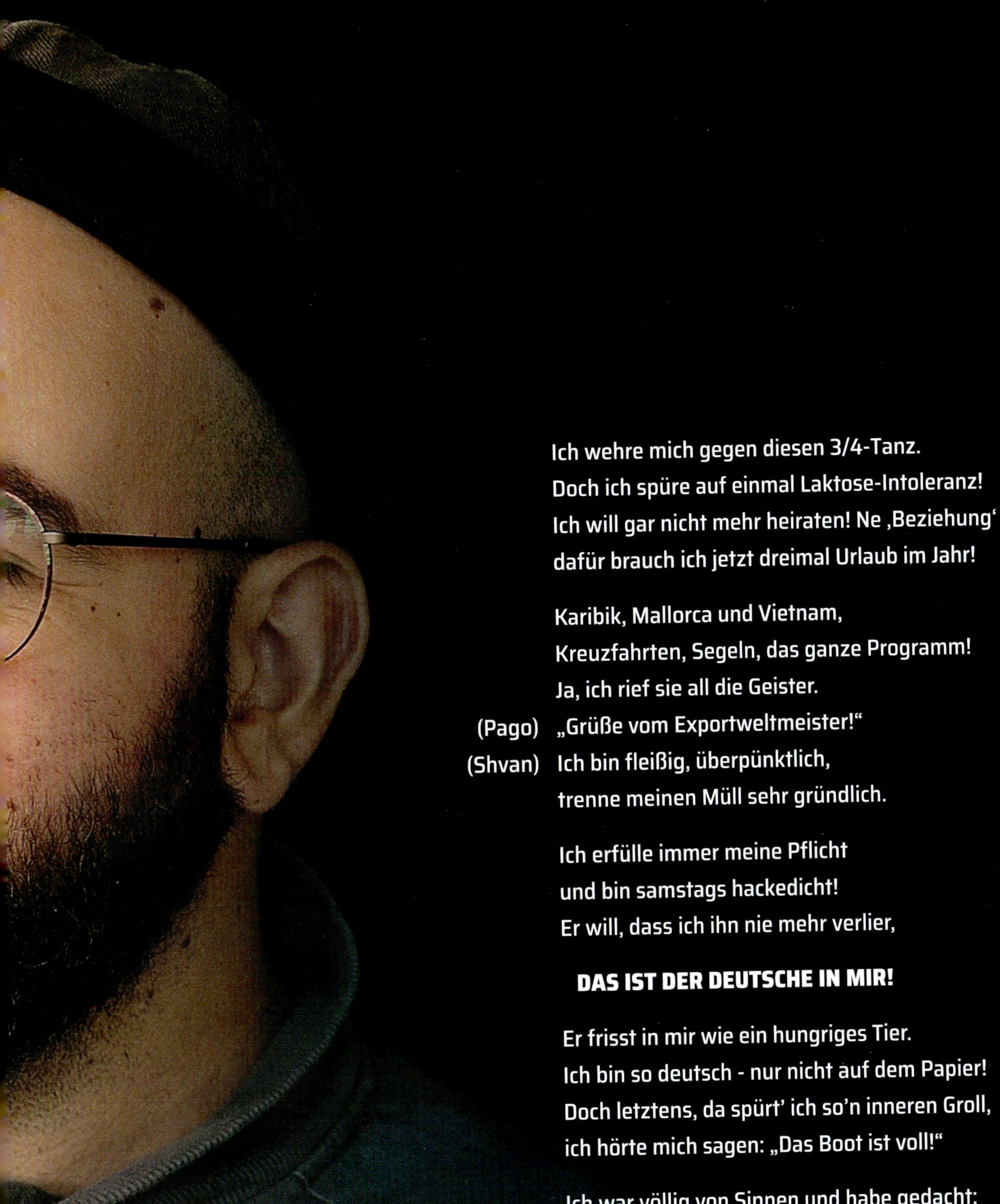

Ich wehre mich gegen diesen 3/4-Tanz.
Doch ich spüre auf einmal Laktose-Intoleranz!
Ich will gar nicht mehr heiraten! Ne ‚Beziehung' geht klar,
dafür brauch ich jetzt dreimal Urlaub im Jahr!

Karibik, Mallorca und Vietnam,
Kreuzfahrten, Segeln, das ganze Programm!
Ja, ich rief sie all die Geister.
(Pago) „Grüße vom Exportweltmeister!"
(Shvan) Ich bin fleißig, überpünktlich,
trenne meinen Müll sehr gründlich.

Ich erfülle immer meine Pflicht
und bin samstags hackedicht!
Er will, dass ich ihn nie mehr verlier,

DAS IST DER DEUTSCHE IN MIR!

Er frisst in mir wie ein hungriges Tier.
Ich bin so deutsch - nur nicht auf dem Papier!
Doch letztens, da spürt' ich so'n inneren Groll,
ich hörte mich sagen: „Das Boot ist voll!"

Ich war völlig von Sinnen und habe gedacht:
„Jetzt hat sich die AfD in mir breit gemacht!"
Das gab mir den Rest: „Ich habe die Pest!
Und zwar die braune!" Mit entsetzlicher Laune
rief ich nach Mona: „Ich hab Pest und Corona!"
Es klopft, rüttelt und schüttelt in mir!

Ich hab so'ne Angst vor dem Deutschen in mir!"

(alle Zollhausboys) **SHVAN, BLEIB COOL, WIR SIND BEI DIR!**

TEXT: SHVAN SHEIKHO/PAGOBALKE
MUSIK: THOMAS KRIZSAN

Wie ein schlecht gelaunter König

Genug ist nicht genug,
du willst immer mehr,
das Fass läuft schon über,
weniger ist schwer.

Jeder drängelt nach vorn
bei uns Nimmersatten,
sucht den Platz an der Sonne,
am liebsten im Schatten.

WIE EIN SCHLECHT GELAUNTER KÖNIG
HAST DU ALLES UND IST ALLES ZU WENIG!

Du gehst auf die Straße,
schon lang ist dir kalt,
du irrst durch die Gassen,
du bist jung und alt.

Du stehst im Dunkeln,
die Brandmauern wanken,
im Grau deines Alltags
flüstern Gedanken:

Wenn du etwas hasst, dann lass es!
Wenn du etwas liebst, dann halt es!
Wenn du etwas willst, dann mach es!
Wenn du etwas fühlst, dann sag es!

WIE EIN SCHLECHT GELAUNTER KÖNIG
HAST DU ALLES UND IST ALLES ZU WENIG!

Sag, es reicht der Betrug!
Was ich hab, ist genug!
Und es wird dann vielleicht
alles einfach und leicht!

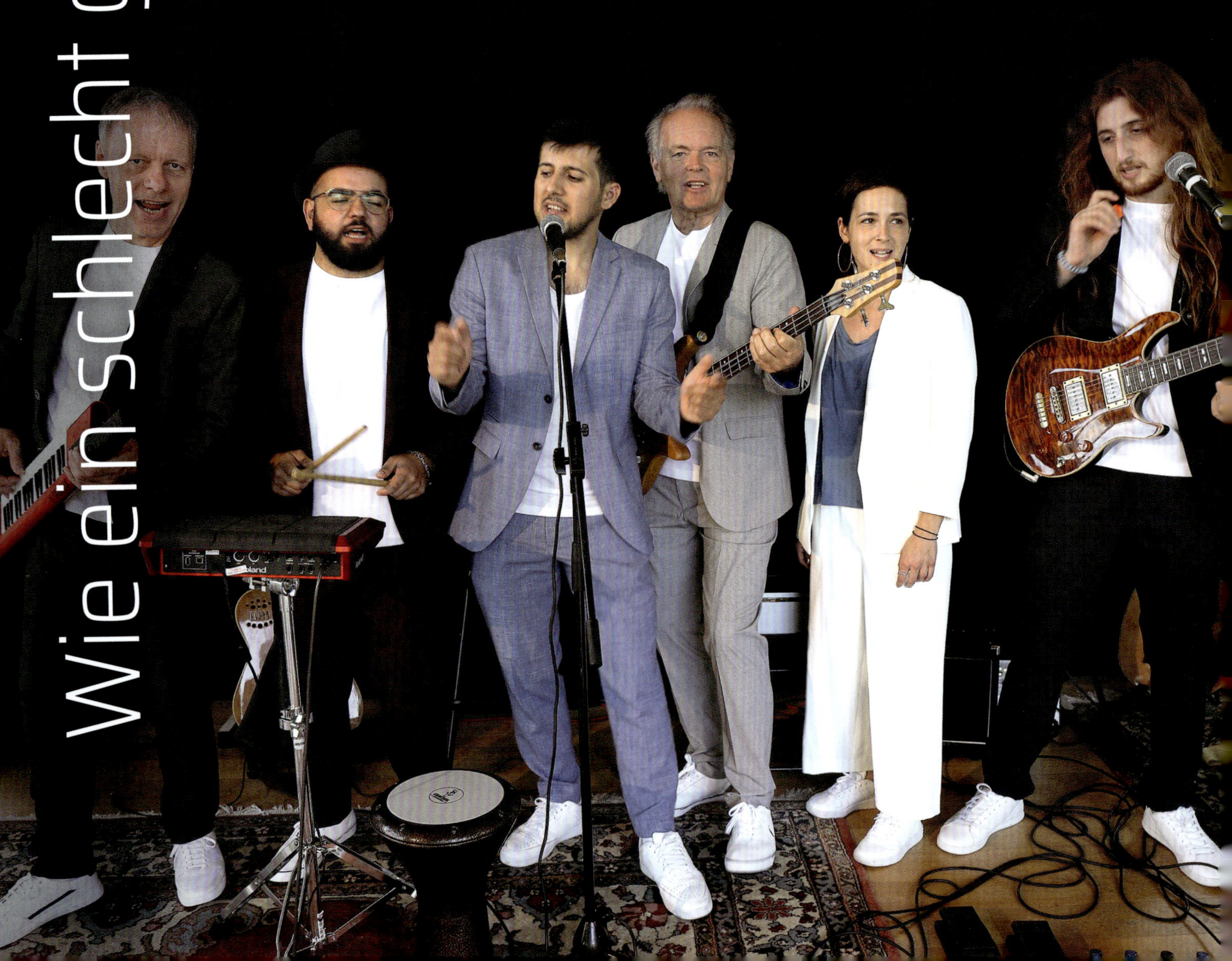

Wie ein schlecht gelaunter König

TEXT: AZAD KOUR/ PAGO BALKE, MUSIK: THOMAS KRIZSAN

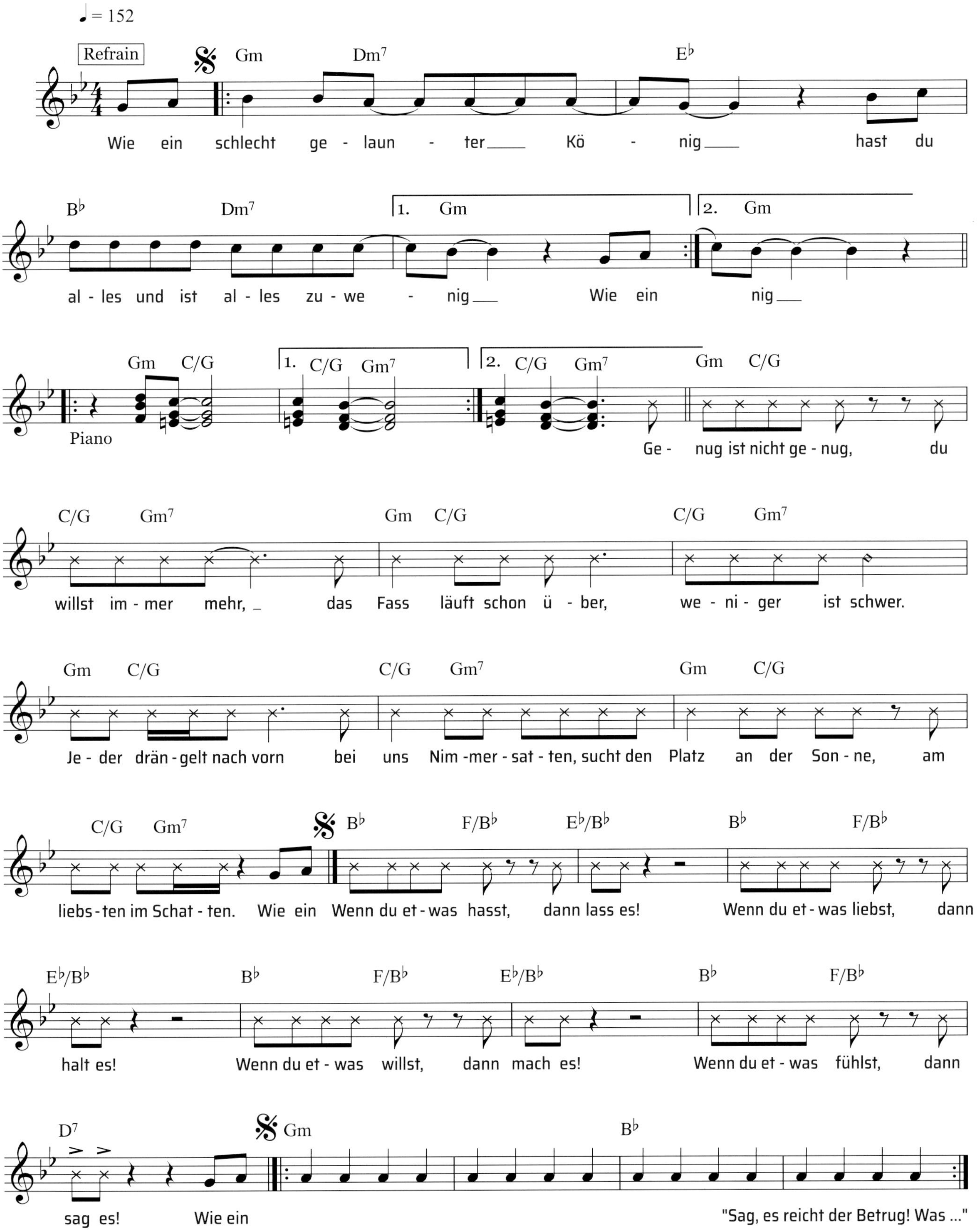

♩ = 152

Refrain

Gm Dm7 E♭
Wie ein schlecht ge - laun - ter Kö - nig hast du

B♭ Dm7 1. Gm 2. Gm
al - les und ist al - les zu - we - nig Wie ein nig

Gm C/G 1. C/G Gm7 2. C/G Gm7 Gm C/G
Piano
Ge - nug ist nicht ge - nug, du

C/G Gm7 Gm C/G C/G Gm7
willst im - mer mehr, das Fass läuft schon ü - ber, we - ni - ger ist schwer.

Gm C/G C/G Gm7 Gm C/G
Je - der drän - gelt nach vorn bei uns Nim - mer - sat - ten, sucht den Platz an der Son - ne, am

C/G Gm7 B♭ F/B♭ E♭/B♭ B♭ F/B♭
liebs - ten im Schat - ten. Wie ein Wenn du et - was hasst, dann lass es! Wenn du et - was liebst, dann

E♭/B♭ B♭ F/B♭ E♭/B♭ B♭ F/B♭
halt es! Wenn du et - was willst, dann mach es! Wenn du et - was fühlst, dann

D7 Gm B♭
sag es! Wie ein "Sag, es reicht der Betrug! Was ..."

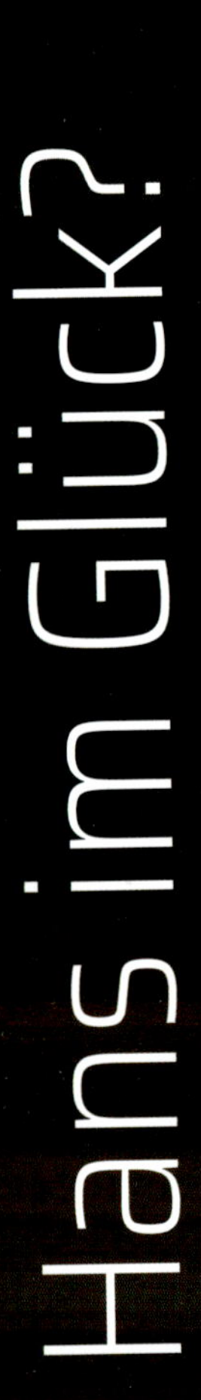

Ich wünschte, dass ich vor meinem Großvater steh:
„Nun schau, das ist aus mir geworden!“
Oder ich wär in einer Moschee,
die mein Vater in Aleppo entworfen.

Ich würde so gern alles wieder sehen:
Wie sieht meine Strasse jetzt aus?
Ist Aleppo nur Horror oder noch schön?
Ich kenn mich dort gar nicht mehr aus.

Ich weiß, das sind alles nur Träumereien,
denn bevor ich mein Haus erreiche,
stecken die mich ins Gefängnis rein,
das verläßt man gern mal als Leiche.

Oder ich müßte zum Militär,
die meinen ja, ich hab mich gedrückt.
Dann geben sie mich über Jahre nicht her,
ich glaube, ich würde verrückt, ich würd verrückt!

MEIN HERZ ZIEHT MICH NACH SYRIEN,
DOCH GEHÖR ICH DA NOCH HIN?
HÄTT ICH DORT EINE ZUKUNFT,
WO ICH DOCH HIER SCHON FAST
EIN ‚HANS IM GLÜCK‘, EIN ‚HANS IM GLÜCK‘ BIN?

Ich habe Sehnsucht nach unserer Kultur,
grad weil ich auf Deutsch alles mache.
Ich tröste mich manchmal mit Literatur
in meiner schönen Sprache.

Und wenn ich wirklich zurückkehren würde
mit einem Beruf, der was nützt,
es bliebe immer die große Hürde,
dass alles das Regime unterstützt.

Wie ne Cocktail-Mischung sind meine Gefühle,
wie bitterer, süßer Alkohol,
ich hab mich gesetzt zwischen die Stühle
und weiß nicht, wo ich bleiben soll.

Ich fühle mich manchmal wie ausgestorben,
auch wenn die Gefühle toben,
Ich fühle mich manchmal wie ausgestorben,
mal bin ich unten, mal bin ich oben.
Werd ich verrückt?!

MEIN HERZ ZIEHT MICH NACH SYRIEN,
DOCH GEHÖR ICH DA NOCH HIN?
HÄTT ICH DORT EINE ZUKUNFT,
WO ICH DOCH HIER SCHON FAST
EIN ‚HANS IM GLÜCK‘, EIN ‚HANS IM GLÜCK‘ BIN?

Hans im Glück?

TEXT: ISMAEEL FOUSTOK/ PAGO BALKE, MUSIK: ISMAEEL FOUSTOK

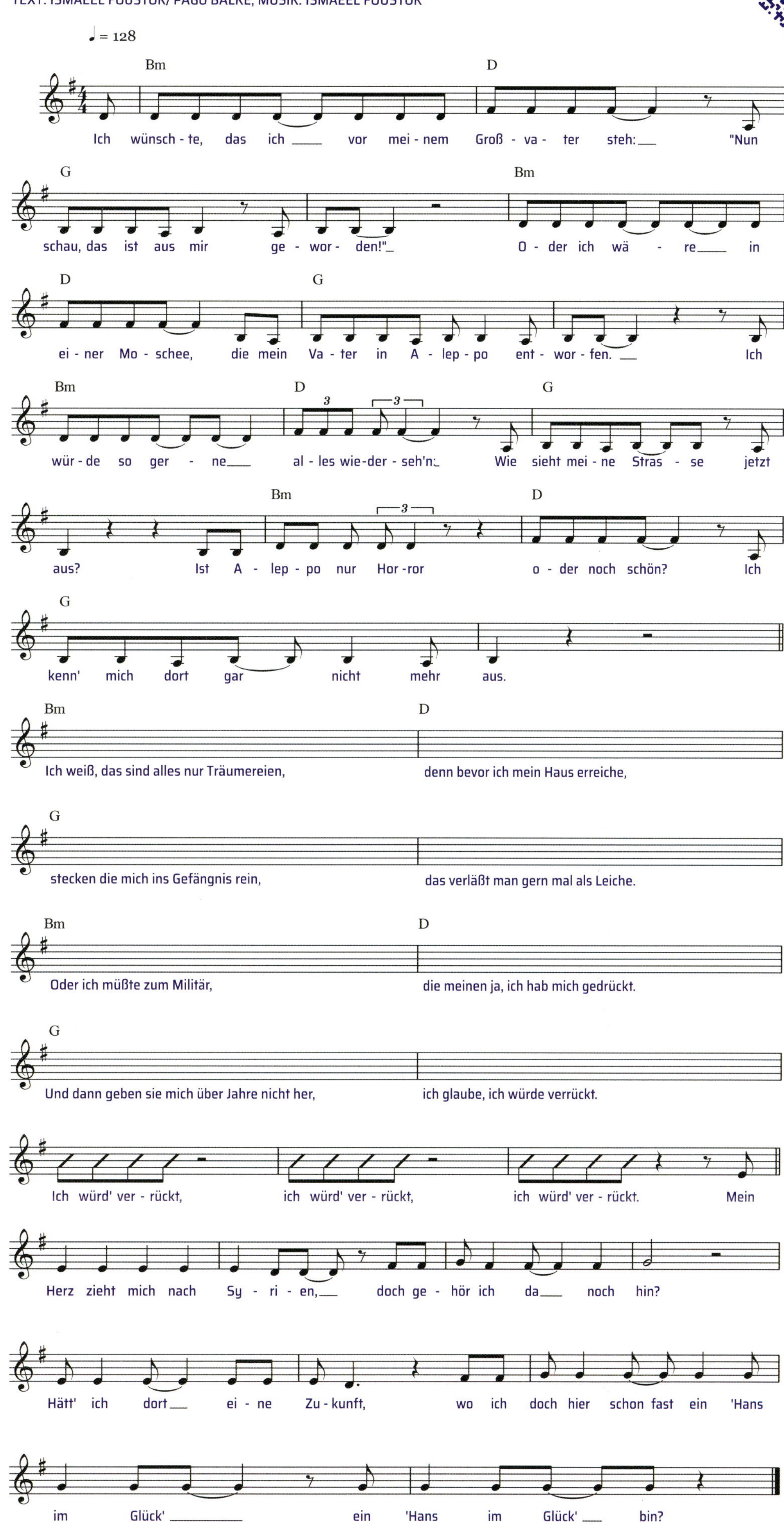

Brem bleib Brem

Auch ein schönes Gemeinschaftswerk der ZOLLHAUSBOYS.
Ich habe mich in den vielen Jahrzehnten, in denen ich genüßlich

in Bremen und ‚umzu' lebe,

nicht getraut eine Hymne auf Bremen zu schreiben. Und da sitzen wir zusammen auf meiner heißen Terrasse auf dem Land... und dann kommt sowas dabei heraus! Wie wunderbar!
Der Refraintext ist übrigens von einem Cartoon von Til Mette. Und er hat ihn uns freudig überlassen.

Shvan: Ich bin sicher, dass mich das mit Bremen auch zusammenschweißt,
dass ‚Bre men' auf kurdisch ‚mein Bruder' heißt!
Doch hat mich nur der Zufall nach Bremen geführt
oder hat sogar das Schicksal meine Hand berührt?

Azad: Egal, ob es Schicksal oder Zufall war
‚Bremen, mein Bruder' war mir immer nah.
Wir sagen dass jetzt mal ohne Schleimerei:
Azad/Shvan: Wir fühlen uns hier zugehörig, sicher und frei!

**BREMEN, ICH MAG DICH! DU BIST
KLEIN, PLEITE UND SYMPATHISCH!**

Ismaeel: Wenn mich jemand fragt: „Wo kommst du eigentlich her?"
Dann fällt mir die Antwort: „Aus Bremen!" nicht schwer.
Klar, dass ich auch um Syrien jammer,
doch schließlich hat der Mensch nicht nur eine Herzkammer!

Azad: Ich nenne das jetzt ‚angenehme Schizophrenie',
dass es sowas gibt, dacht ich früher nie.
Shvan: Bremen fühlt sich an wie ein neuer Freund,
der es meistens irgendwie gut mit dir meint.

**BREMEN, ICH MAG DICH! DU BIST
KLEIN, PLEITE UND SYMPATHISCH!**

Shvan: Ich mag den Bahnhof, den ich als erstes sah,
der Dom und das Stadion sind auch wunderbar.
Ismaeel: Und hast du mal die Nacht an der Weser gesessen,
mit Freunden gechillt, geredet und gegessen?

Azad: Wir sind heiß - auf Werder - grün-weiß!
Shvan: Das Viertel ist magisch,
Ismaeel: die Neustadt bald arabisch,
Shvan: Bremen-Nord und Bremerhaven,
Azad: oh, das tut uns leid!
Shvan: Die jetzt noch zu loben,
Azad: dazu fehlt einfach die Zeit!

**BREMEN, ICH MAG DICH! DU BIST
KLEIN, PLEITE UND SYMPATHISCH!**

KARIKATUR: TIL METTE

klein, pleite und sympathisch

Brem bleib Brem

TEXT UND MUSIK: SHEIKO/KOUR/BALKE, REFRAINZEILE VON DEM KARIKATURISTEN TIL METTE

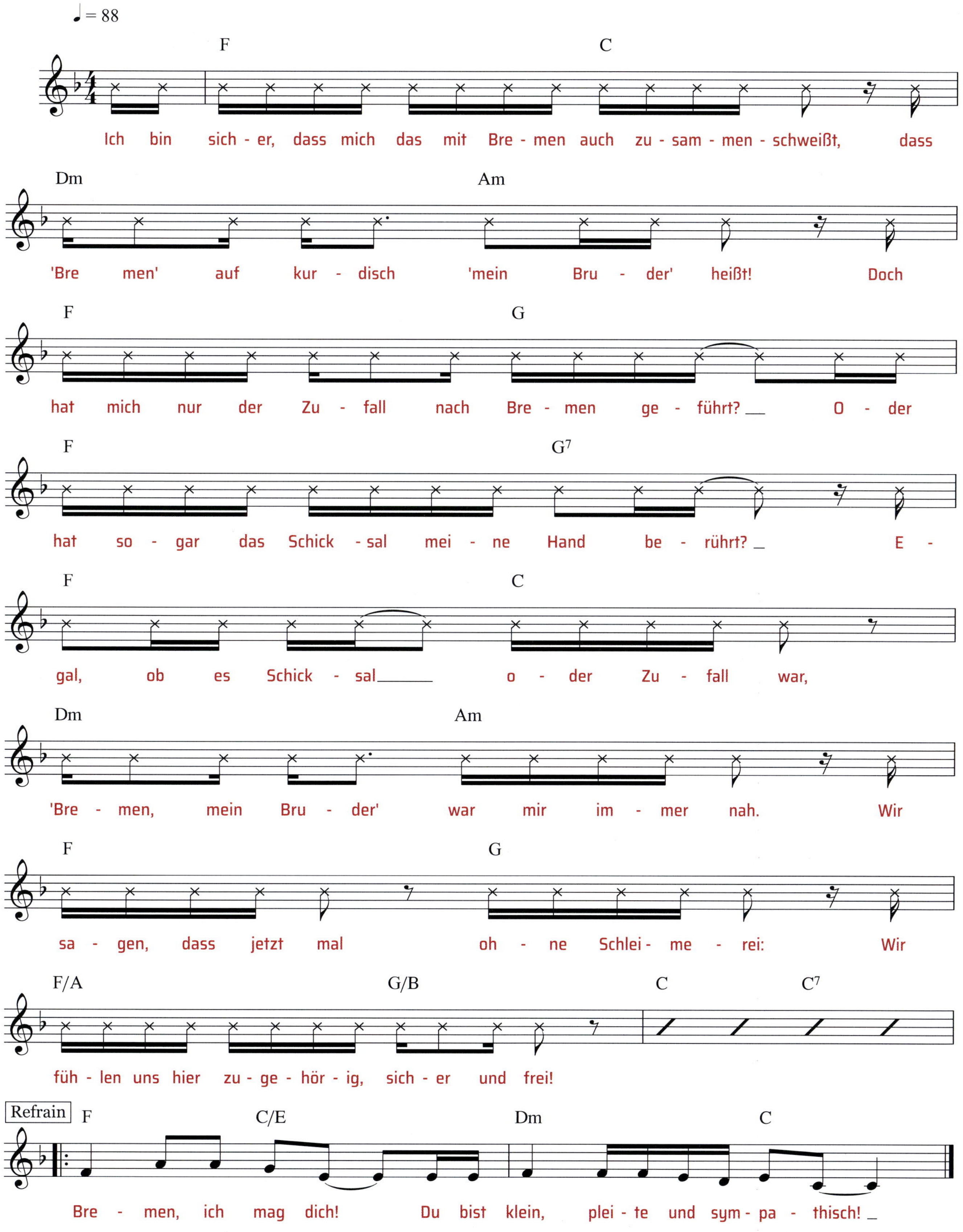

♩ = 88

F C
Ich bin sich - er, dass mich das mit Bre - men auch zu - sam - men - schweißt, dass

Dm Am
'Bre men' auf kur - disch 'mein Bru - der' heißt! Doch

F G
hat mich nur der Zu - fall nach Bre - men ge - führt? __ O - der

F G7
hat so - gar das Schick - sal mei - ne Hand be - rührt? _ E -

F C
gal, ob es Schick - sal______ o - der Zu - fall war,

Dm Am
'Bre - men, mein Bru - der' war mir im - mer nah. Wir

F G
sa - gen, dass jetzt mal oh - ne Schlei - me - rei: Wir

F/A G/B C C7
füh - len uns hier zu - ge - hör - ig, sich - er und frei!

Refrain

F C/E Dm C
Bre - men, ich mag dich! Du bist klein, plei - te und sym - pa - thisch! _

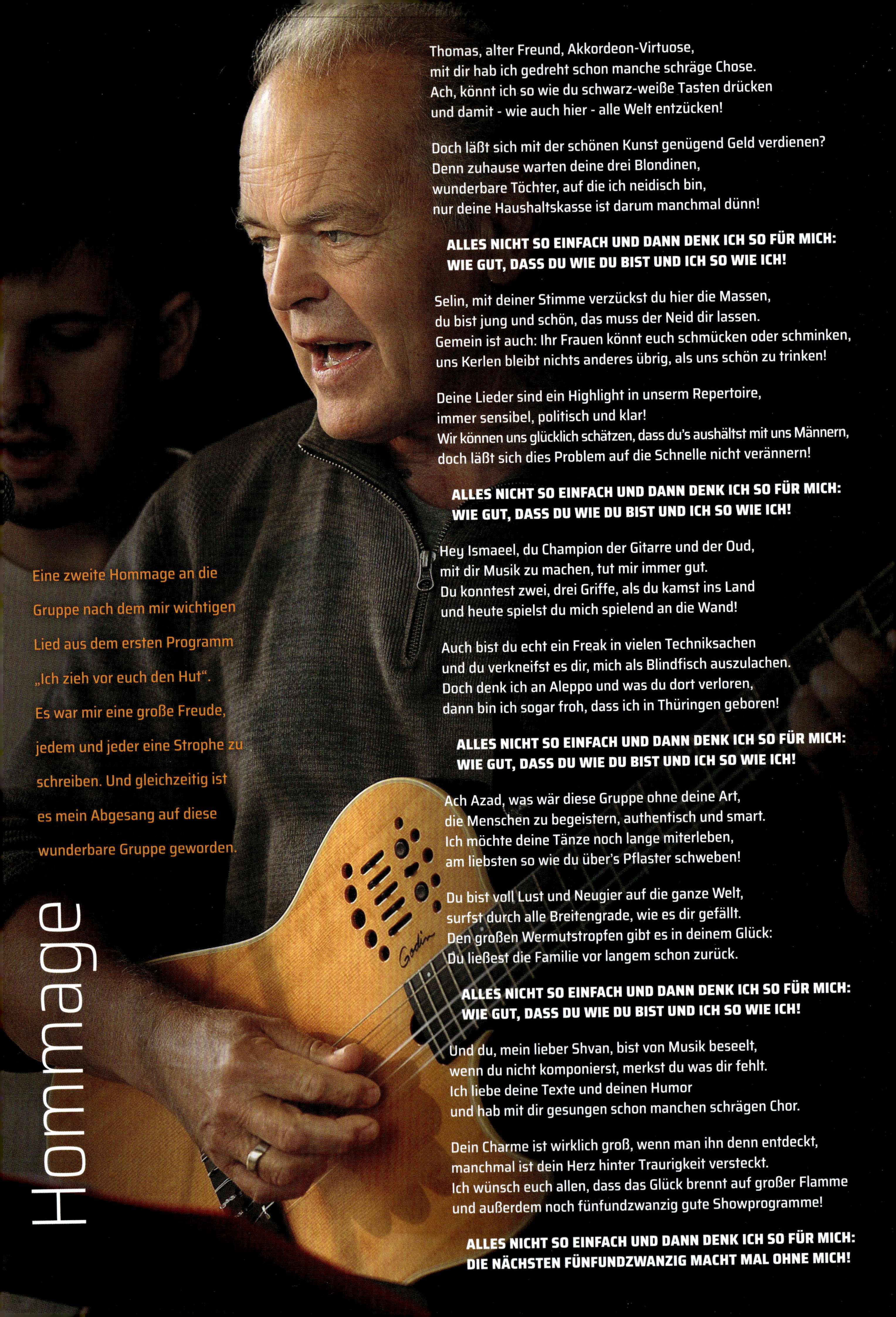

Hommage

Eine zweite Hommage an die Gruppe nach dem mir wichtigen Lied aus dem ersten Programm „Ich zieh vor euch den Hut". Es war mir eine große Freude, jedem und jeder eine Strophe zu schreiben. Und gleichzeitig ist es mein Abgesang auf diese wunderbare Gruppe geworden.

Thomas, alter Freund, Akkordeon-Virtuose,
mit dir hab ich gedreht schon manche schräge Chose.
Ach, könnt ich so wie du schwarz-weiße Tasten drücken
und damit - wie auch hier - alle Welt entzücken!

Doch läßt sich mit der schönen Kunst genügend Geld verdienen?
Denn zuhause warten deine drei Blondinen,
wunderbare Töchter, auf die ich neidisch bin,
nur deine Haushaltskasse ist darum manchmal dünn!

ALLES NICHT SO EINFACH UND DANN DENK ICH SO FÜR MICH:
WIE GUT, DASS DU WIE DU BIST UND ICH SO WIE ICH!

Selin, mit deiner Stimme verzückst du hier die Massen,
du bist jung und schön, das muss der Neid dir lassen.
Gemein ist auch: Ihr Frauen könnt euch schmücken oder schminken,
uns Kerlen bleibt nichts anderes übrig, als uns schön zu trinken!

Deine Lieder sind ein Highlight in unserm Repertoire,
immer sensibel, politisch und klar!
Wir können uns glücklich schätzen, dass du's aushältst mit uns Männern,
doch läßt sich dies Problem auf die Schnelle nicht verännern!

ALLES NICHT SO EINFACH UND DANN DENK ICH SO FÜR MICH:
WIE GUT, DASS DU WIE DU BIST UND ICH SO WIE ICH!

Hey Ismaeel, du Champion der Gitarre und der Oud,
mit dir Musik zu machen, tut mir immer gut.
Du konntest zwei, drei Griffe, als du kamst ins Land
und heute spielst du mich spielend an die Wand!

Auch bist du echt ein Freak in vielen Techniksachen
und du verkneifst es dir, mich als Blindfisch auszulachen.
Doch denk ich an Aleppo und was du dort verloren,
dann bin ich sogar froh, dass ich in Thüringen geboren!

ALLES NICHT SO EINFACH UND DANN DENK ICH SO FÜR MICH:
WIE GUT, DASS DU WIE DU BIST UND ICH SO WIE ICH!

Ach Azad, was wär diese Gruppe ohne deine Art,
die Menschen zu begeistern, authentisch und smart.
Ich möchte deine Tänze noch lange miterleben,
am liebsten so wie du über's Pflaster schweben!

Du bist voll Lust und Neugier auf die ganze Welt,
surfst durch alle Breitengrade, wie es dir gefällt.
Den großen Wermutstropfen gibt es in deinem Glück:
Du ließest die Familie vor langem schon zurück.

ALLES NICHT SO EINFACH UND DANN DENK ICH SO FÜR MICH:
WIE GUT, DASS DU WIE DU BIST UND ICH SO WIE ICH!

Und du, mein lieber Shvan, bist von Musik beseelt,
wenn du nicht komponierst, merkst du was dir fehlt.
Ich liebe deine Texte und deinen Humor
und hab mit dir gesungen schon manchen schrägen Chor.

Dein Charme ist wirklich groß, wenn man ihn denn entdeckt,
manchmal ist dein Herz hinter Traurigkeit versteckt.
Ich wünsch euch allen, dass das Glück brennt auf großer Flamme
und außerdem noch fünfundzwanzig gute Showprogramme!

ALLES NICHT SO EINFACH UND DANN DENK ICH SO FÜR MICH:
DIE NÄCHSTEN FÜNFUNDZWANZIG MACHT MAL OHNE MICH!

Hommage

TEXT UND MUSIK: PAGO BALKE

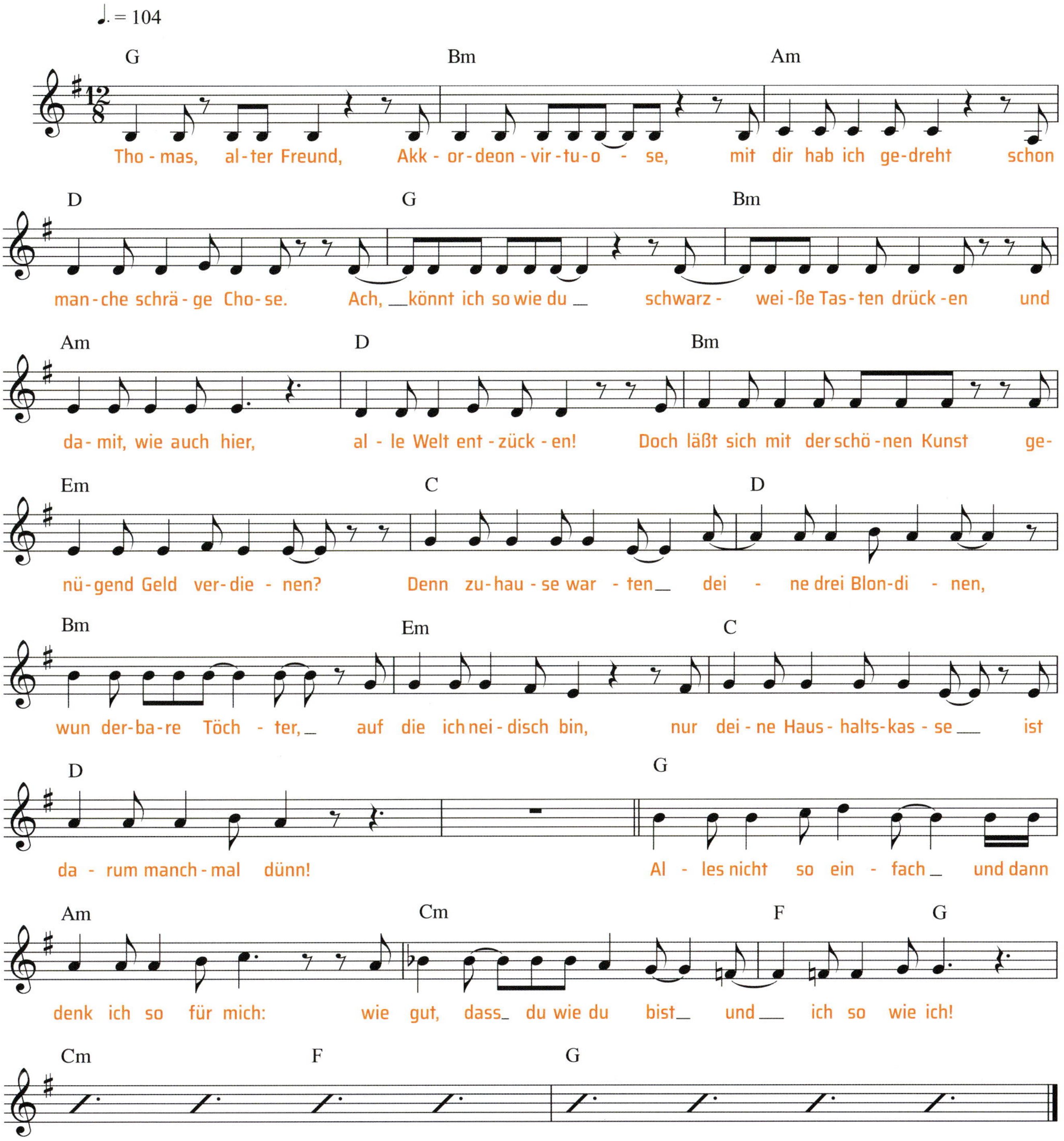

♩. = 104

G Bm Am
Tho - mas, al - ter Freund, Akk - or - deon - vir - tu - o - se, mit dir hab ich ge - dreht schon

D G Bm
man - che schrä - ge Cho - se. Ach, könnt ich so wie du schwarz - wei - ße Tas - ten drück - en und

Am D Bm
da - mit, wie auch hier, al - le Welt ent - zück - en! Doch läßt sich mit der schö - nen Kunst ge-

Em C D
nü - gend Geld ver - die - nen? Denn zu - hau - se war - ten dei - ne drei Blon - di - nen,

Bm Em C
wun - der - ba - re Töch - ter, auf die ich nei - disch bin, nur dei - ne Haus - halts - kas - se ist

D G
da - rum manch - mal dünn! Al - les nicht so ein - fach und dann

Am Cm F G
denk ich so für mich: wie gut, dass du wie du bist und ich so wie ich!

Cm F G

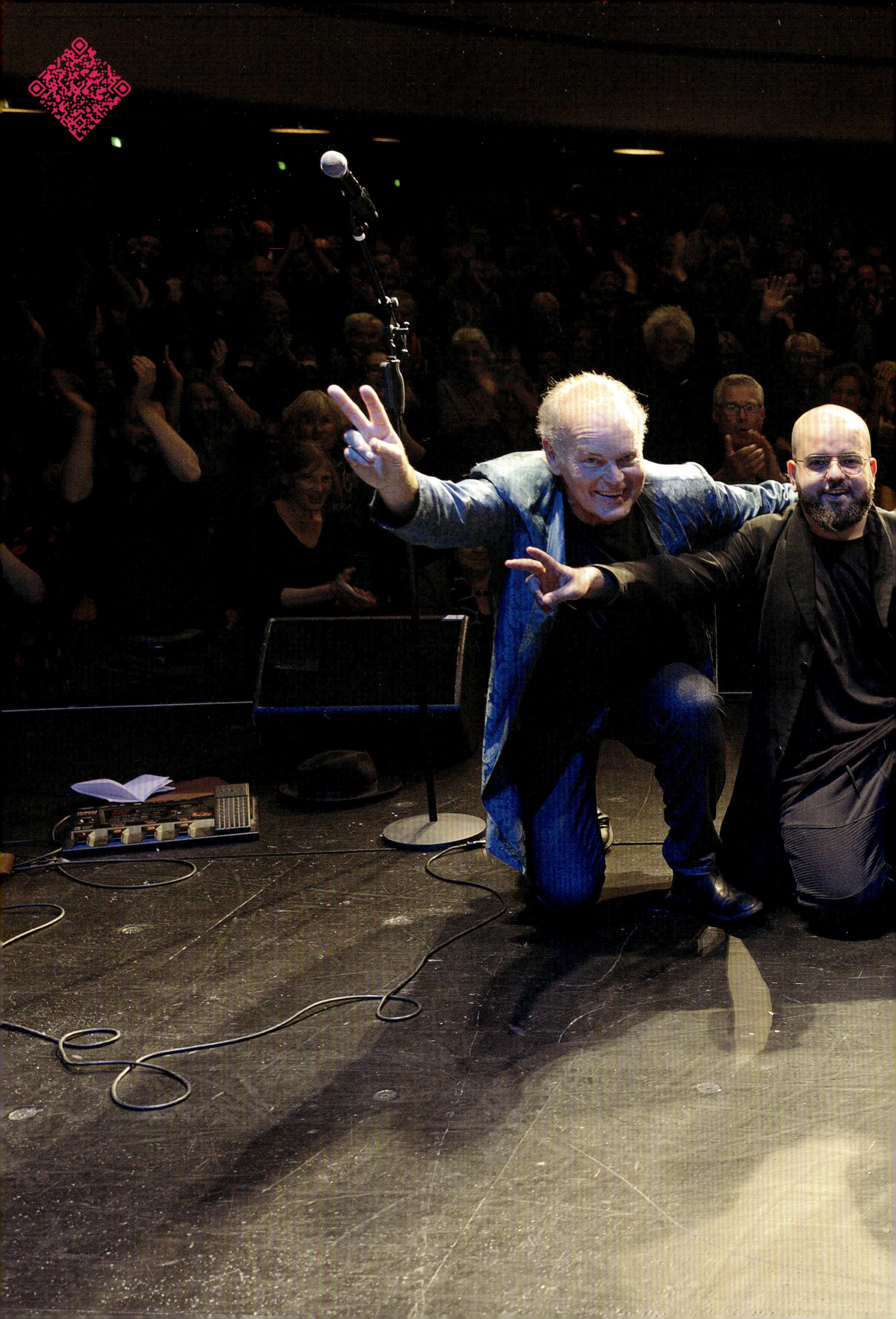

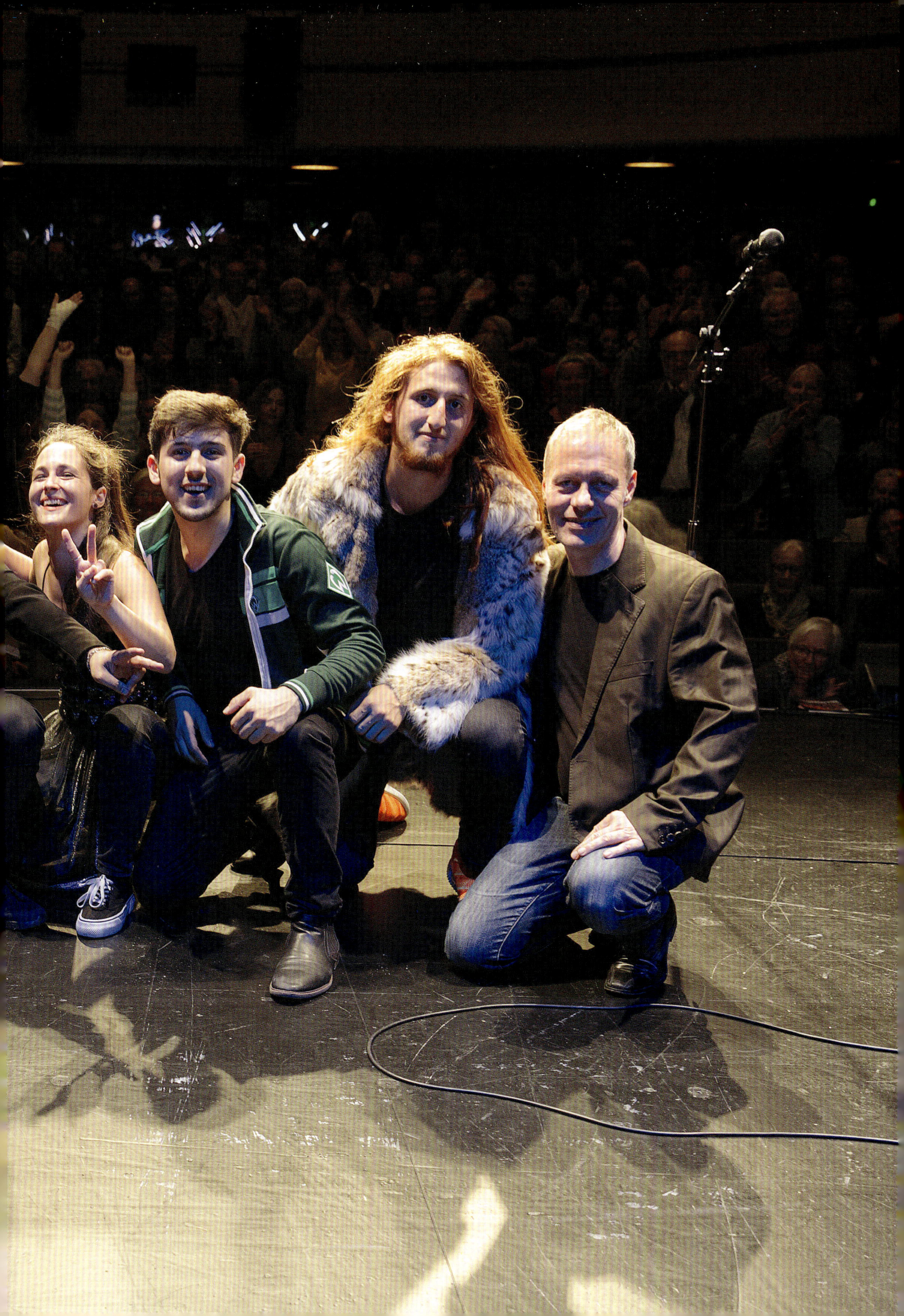

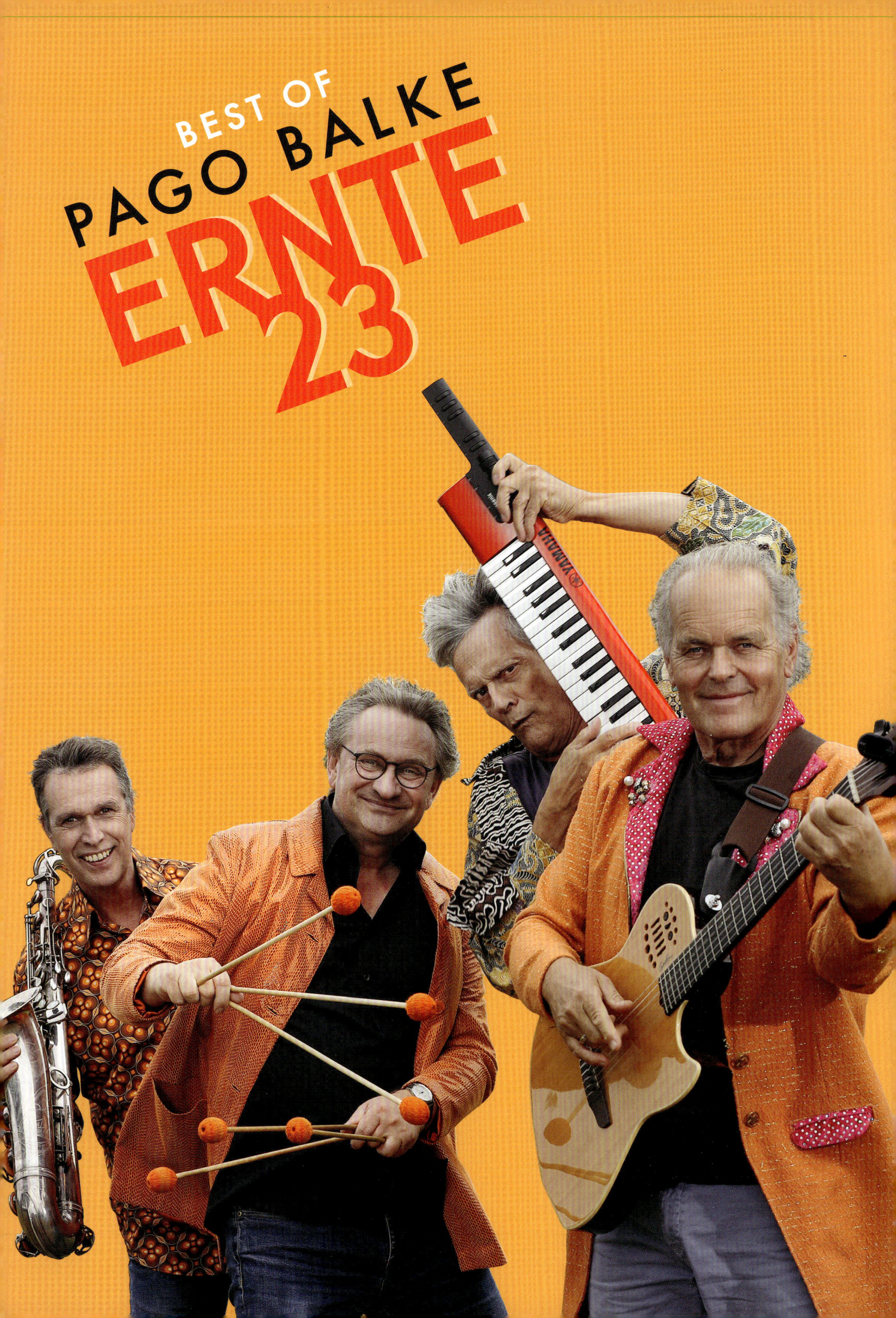
BEST OF
PAGO BALKE
ERNTE
23
YAMAHA

Ernte 23

Ich wollte es mir noch mal gönnen, in einem LIVE-Programm viele Schätze der vergangenen Programme zu heben und mit meinen jahrzehntelangen musikalischen Freunden ein ‚**best-of**' zu produzieren.

Mit **Meinrad Mühl** am Piano, **Peter Dahm**, Saxophon und Bassklarinette und **Gerhard Stengert**, Marimba und drums. **Wolfgang Fernow** am Kontrabass, mit dem ich zwei schöne Programme gespielt habe, nämlich **„Gott fährt Fahrrad"** und **„Kino im Kopf"**, war eigentlich auch in der Band, ist aber im Mai 2022 an Krebs verstorben.

Am **23. 3. 23** konnte ich im **Bremer Theater** noch einen Termin für die Premiere ergattern. Viele Songs der **ERNTE 23** habe ich schon in anderen Programmen wiedergegeben, aber ein paar, die ihr noch nicht kennt, folgen jetzt:

Alles so weit weg

Keine gute Story, viel zu abstrakt,
die Fakten sind langweilig, schwierig und nackt.
Der Wandel des Klimas ist so kompliziert
und doch ganz einfach: Von Menschen produziert.

Jeder hilft und rennt, wenn's nebenan brennt,
doch der Klimaschreck ist einfach zu weit weg!
Ist in unserem Kopf der Alarm dafür gebaut,
wenn irgendwo eine Polarkappe taut?

Und plötzlich ist die Katastrophe ganz nah,
es ist nicht Bangladesh, es ist die Ahr.
130 Tote, unermessliche Schäden,
wie kann man da noch die Probleme klein reden?

Existenzen zerstört, Häuser kaputt,
ganze Dörfer begraben im Schutt.
Es ist nicht mehr harmlos und es wird nicht netter:
Es ist der Klimawandel, und nicht einfach nur: WETTER!

DER PLANET IST HEIß,
ES SCHMILZT DAS EIS,
LIKE THE OCEAN WE RISE!

Stell dir vor, du hast im Leben nie geraucht
und sehr weit weg ist einer, der Kette schmaucht,
und der Kettenraucher ist glücklich und gesund
und du krepierst und kapierst nicht den Grund.

Die reichsten 10% der Weltbevölkerung
verursachen die Hälfte der Klimaveränderung,
während die ärmere Hälfte der Welt
mal grade für 10% der Schäden zählt.

Nach einem lesenswerten Buch
von Jonathan Safran Foer:
‚Wir sind das Klima'.
Die Refrainzeilen sind Slogans
von ‚Friday For Future'.

Alles so weit weg! Bangladesh ist so ein Land,
da sind schon 6 Millionen vor'm Klima weggerannt.
Wenn das so weiter geht - und es sieht danach aus -
verlieren 30 Millionen Bangladeshi ihr Haus.

Fast 20 Tonnen CO² schafft einer in den USA,
ne Viertel-Tonne macht der Bangladeshi im Jahr.
Die am wenigsten für den Schlamassel können,
bezahlen für alle, die sich den Luxus gönnen.

DER PLANET IST HEIß
ES SCHMILZT DAS EIS
LIKE THE OCEAN WE RISE!

800 Millionen sind unterernährt,
unendlich viele von dicken Bäuchen beschwert.
Milliarden Pflanzen werden an Tiere vergeben,
davon könnten alle Hungernden locker leben.

Die Massentierhaltung ernährt nicht die Welt,
sie ist es, die den Hunger auf Erden hält.
Es werden so viele Treibhausgase emittiert,
mehr als der gesamte Verkehr produziert!

So, what shall we do? Oder ist's schon zu spät,
weil dem Eisbären der Arsch auf Grundeis geht?
Wir produzieren mehr Treibhausgas als je zuvor,
also schlagen wir mal ein paar Massnahmen vor:

Es tut uns leid, doch es wär wirklich besser,
es würden viel mehr Leute zum Pflanzenfresser.
Ne Flugreise ist geil, kann man gut leiden,
doch eigentlich sollten wir sie vermeiden.

Die chicen Autos benutzen wir täglich,
doch lasst die Kisten stehen, soweit wie möglich.
Außerdem müssen wir auf die Liebe mitnichten,
doch global auf viele Kinder verzichten.

So viele Fakten, ihr schaut betreten,
doch die Gefahr für unseren schönen Planeten
wird immer größer, sie schreitet voran,
wir haben keine Wahl! Wo fangen wir an?

DER PLANET IST HEIß
ES SCHMILZT DAS EIS
LIKE THE OCEAN WE RISE!

Alles so weit weg

TEXT: PAGO BALKE, MUSIK: MEINRAD MÜHL

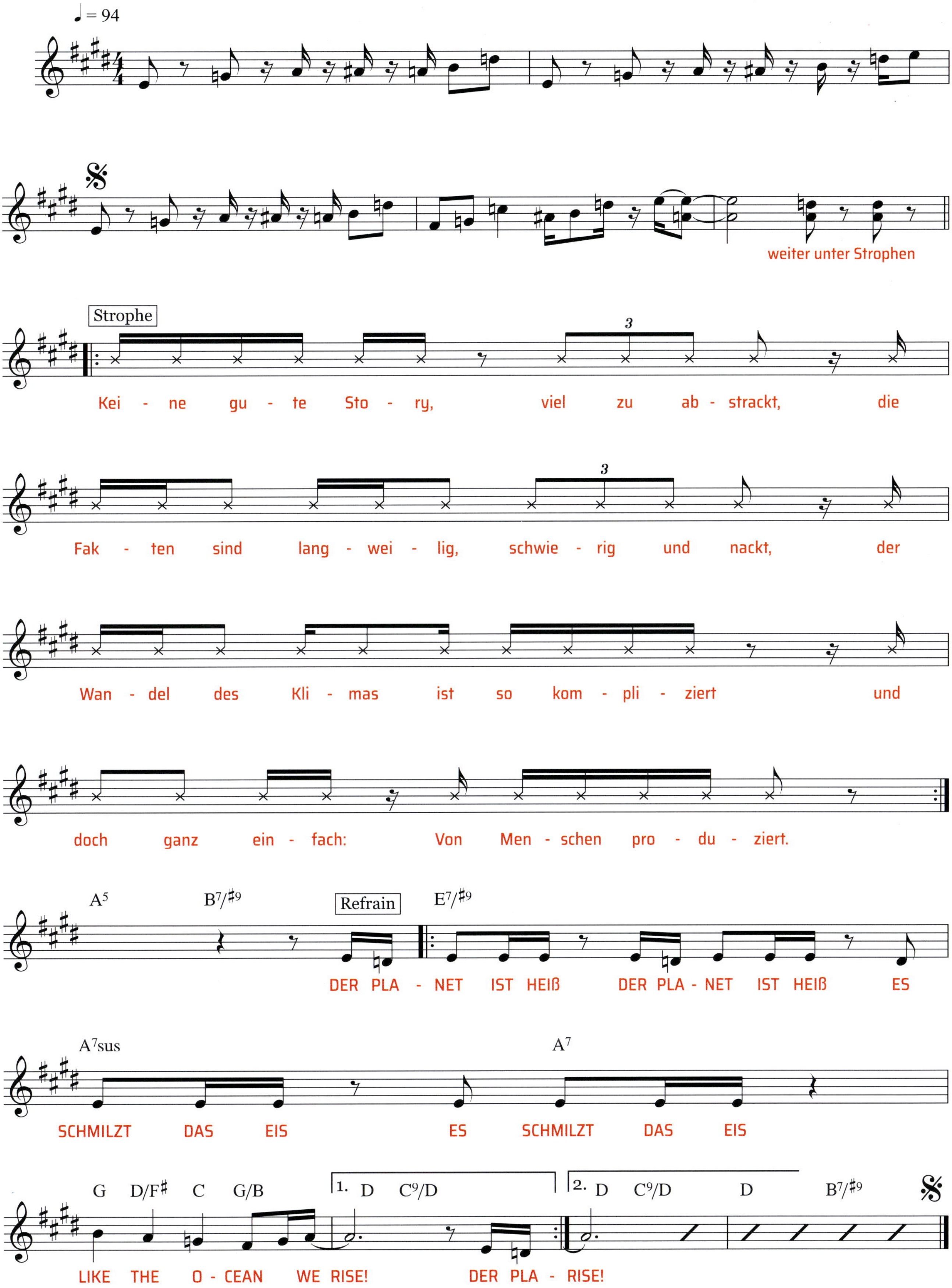

♩ = 94

weiter unter Strophen

Strophe

Kei - ne gu - te Sto - ry, viel zu ab - strackt, die
Fak - ten sind lang - wei - lig, schwie - rig und nackt, der
Wan - del des Kli - mas ist so kom - pli - ziert und
doch ganz ein - fach: Von Men - schen pro - du - ziert.

A5 B7/♯9

Refrain

E7/♯9

DER PLA - NET IST HEIß DER PLA - NET IST HEIß ES

A7sus A7

SCHMILZT DAS EIS ES SCHMILZT DAS EIS

G D/F♯ C G/B | 1. D C9/D | 2. D C9/D D B7/♯9

LIKE THE O - CEAN WE RISE! DER PLA - RISE!

Lied für die neuen Held*innen

Mein Kollege und entfernter Freund Walter Moßmann ist ein großes Vorbild für mich. Sein „Lied für meine radikalen Freunde" hat mich seit Jahrzehnten begleitet. Seine Beispiele von Begegnungen mit mutigen Leuten drücken viel aus, von dem, was auch mein

politisches Rückgrat

ist. Hier habe ich versucht, neue Geschichten mit dieser alten Melodie zu erzählen.

Dieses Lied ist für GRETA THUNBERG,
die schaffte schon früh ein Meisterwerk,
setzt sich allein vor's Parlament,
für's Klima wurd' sie renitent.

Sie hat damit weltweit Proteste entfacht,
Millionen von Leuten auf die Strasse gebracht:
Die Krise des Klimas ist ernst und schwer,
kleine Schritte helfen nicht mehr!

Wenn die Mächtigen ihre Verantwortung scheuen,
wird es vor allem die Jugend bereuen.
‚Fridays for Future' wird solange stören,
bis auch die Letzten die Warnrufe hören!

Greta, du hast gekämpft und gestreikt
und damit nicht nur der Jugend gezeigt:
Die Zukunft der Erde ist dir nicht egal.
Ach, wär's doch normal!

Als Kind kam UHUR ins deutsche Land,
sein Vater malochte bei Ford am Band.
Dann macht er Einser-Abitur
und träumt schon von der Professur!

Der Vater von ÖZLEM war ein Doktor
und zog Cloppenburg Istanbul vor.
Die katholische Klinik hat ihr imponiert,
als Ärztin hat sie promoviert.

Sie lernten sich kennen in der Wissenschaft
und wurden ein Paar dank Amors Kraft,
ÖZLEM TÜRECI und UGUR SAHIN,
Koryphäen in der Medizin!

Und jetzt sind sie sowas wie die Retter der Welt,
weil ‚BioNTech' den Impfstoff in Händen hält,
früher geschmäht und heut triumphal!
Das find ich genial!

Dieses Lied ist für LI WENLIANG,
ein Arzt aus dem Hospital in Wuhan.
Er warnte als Erster vor der Gefahr
eines Virus, der hieß Corona.

Die Warnungen waren kaum verklungen,
da hat ihn die Staats-Polizei gezwungen,
als falsch seine Ratschläge zu erklären
und nicht weiter die Ordnung zu stören!

Man hat weiter gemacht und ihn ignoriert,
dann wurden Zigtausende infiziert,
Corona hat auch Li Wenliang übermannt,
sein Tod schockierte das Land.

Doch das führte dazu, dass jetzt jeder versteht,
wie es der Freiheit in China geht
und dass sich der Virus verbreitet global,
ist katastrophal!

Dieses Lied ist für CAROLA RACKETE,
die war Kapitänin der „Sea Watch" und drehte
ihr Schiff nach Italien in großer Not,
obwohl man ihr dieses verbot.

Sie hatte 50 Migranten an Bord,
aus dem Meer gerettet und gab ihr Wort,
sie in einen sicheren Hafen zu bringen,
man wollte sie zur Umkehr zwingen.

Nachdem sie sechs Wochen auf dem Meer ausgeharrt,
erzwang sie schließlich die Hafeneinfahrt,
hat das Schiff am Kai festgemacht
und wurd' ins Gefängnis gebracht.

Sie hat auf die verzweifelten Menschen geguckt
und wurd' in Italien beschimpft und bespuckt,
das Menschenrecht ist ihre Moral,
ach, wär's doch normal!

Dieses Lied ist für GEORGE BRASSENS,
den Liedermacher aus der Provence,
der liebt die Leut und Katzenvieh
und ein bißchen die Anarchie.

Der hat mich gelehrt, mich umzusehen,
anstatt aufzuschauen zu lichten Höhen,
wo über uns sitzen Gesäße aus Stein,
Ärsche mit Heiligenschein.

Aber die Helden wie Greta und Li,
Uhur Sahin und Özlem Türeci,
Carola Rackete und wie sie noch heißen,
die lassen die Welt weiter kreisen!

Ich hab euch dieses Lied erzählt,
weil sowas leicht in Vergessenheit fällt:
die waren mutig und sind radikal,
ach, wär's doch normal!

Lied für die neuen Held*innen

TEXT: PAGO BALKE/LETZTE STROPHE FREI NACH WALTER MOSSMANN, MUSIK: GEORG BRASSENS

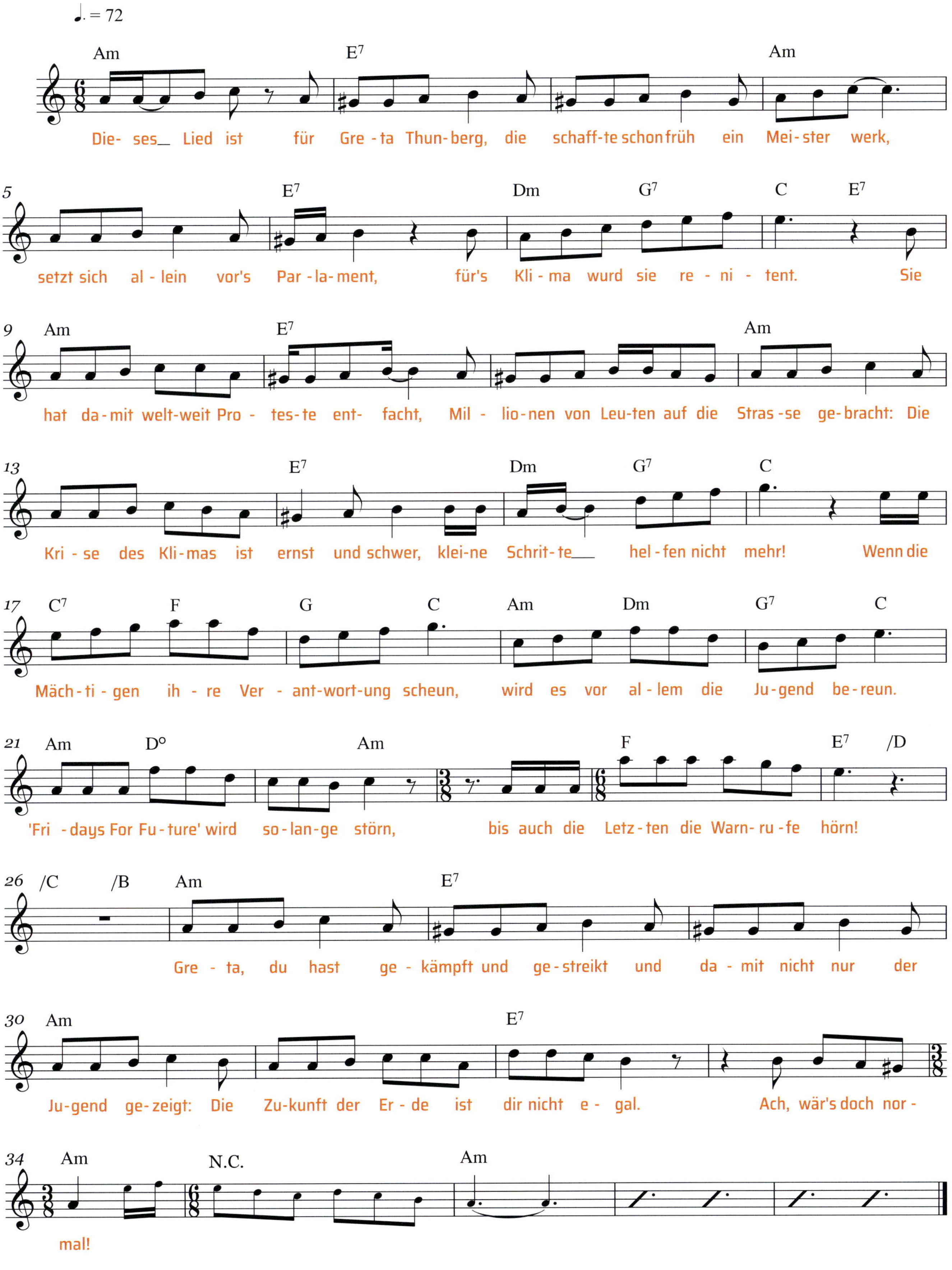

♩. = 72

Am E7 Am
Die- ses_ Lied ist für Gre - ta Thun-berg, die schaff-te schon früh ein Mei-ster werk,

5 E7 Dm G7 C E7
setzt sich al - lein vor's Par - la - ment, für's Kli - ma wurd sie re - ni - tent. Sie

9 Am E7 Am
hat da - mit welt-weit Pro - tes-te ent- facht, Mil - lio-nen von Leu-ten auf die Stras - se ge-bracht: Die

13 E7 Dm G7 C
Kri - se des Kli-mas ist ernst und schwer, klei-ne Schrit-te_ hel - fen nicht mehr! Wenn die

17 C7 F G C Am Dm G7 C
Mäch-ti - gen ih - re Ver - ant-wort-ung scheun, wird es vor al - lem die Ju-gend be-reun.

21 Am D° Am F E7 /D
'Fri - days For Fu - ture' wird so - lan-ge störn, bis auch die Letz - ten die Warn- ru - fe hörn!

26 /C /B Am E7
Gre - ta, du hast ge - kämpft und ge - streikt und da - mit nicht nur der

30 Am E7
Ju-gend ge-zeigt: Die Zu-kunft der Er - de ist dir nicht e - gal. Ach, wär's doch nor -

34 Am N.C. Am
mal!

Ziemlich heißer Tango

Satiriker und Kabarettisten gelten ja meistens als Nörgler und Miesmacher. Bei mir ist das völlig anders: Ich denke immer sowas von positiv!
Obwohl ja positiv auch schnell mal ziemlich negativ sein kann. Ich habe zumindest versucht, dem Klimawandel eine positive Seite abzugewinnen! Machen wir doch alle, wenn der Sommer mal richtig schön knallt, oder? Na also! Dann

tanzen wir jetzt gemeinsam

auf den flirrend heißen Strassen den „Ziemlich heißen Tango"!

Der Klimawandel ist die Chance,
ab Delmenhorst hab'n wir Provence!
Es scheint die Sonne aus Hawai
am Deutschen Eck und Loreley.

Die Palmen von der Cote d'Azur,
die wachsen schon vor unsrer Tür.
Im Kohlenpott statt Industrie
nur High-Life wie in Miami!

80 Millionen bleiben zuhaus,
wie bei Corona - nie mehr Staus.
Der Ballermann bleibt immer leer,
ab Paderborn ist Mittelmeer

Vom Hintern rauf bis zu den Ohren
haben wir doch lang genug gefroren!
Was sollen die paar Grad Wärme schaden?
Am Heiligabend gehen wir baden!

Der Klimawandel ist die Chance,
ab Delmenhorst haben wir Provence!
Was sollen wir in den Süden stratzen,
wenn hier die Thermometer platzen?!

Wow, is ja doll! Wahnsinn! . . .

Is aber ganz schön heiß! . . .

Büschen heftig, oder?! . . .

Hallo, geht's noch?! . . .

Es reicht! . . .

AUFHÖREN!

Ziemlich heißer Tango

TEXT UND MUSIK: PAGO BALKE, ARR. MEINRAD MÜHL

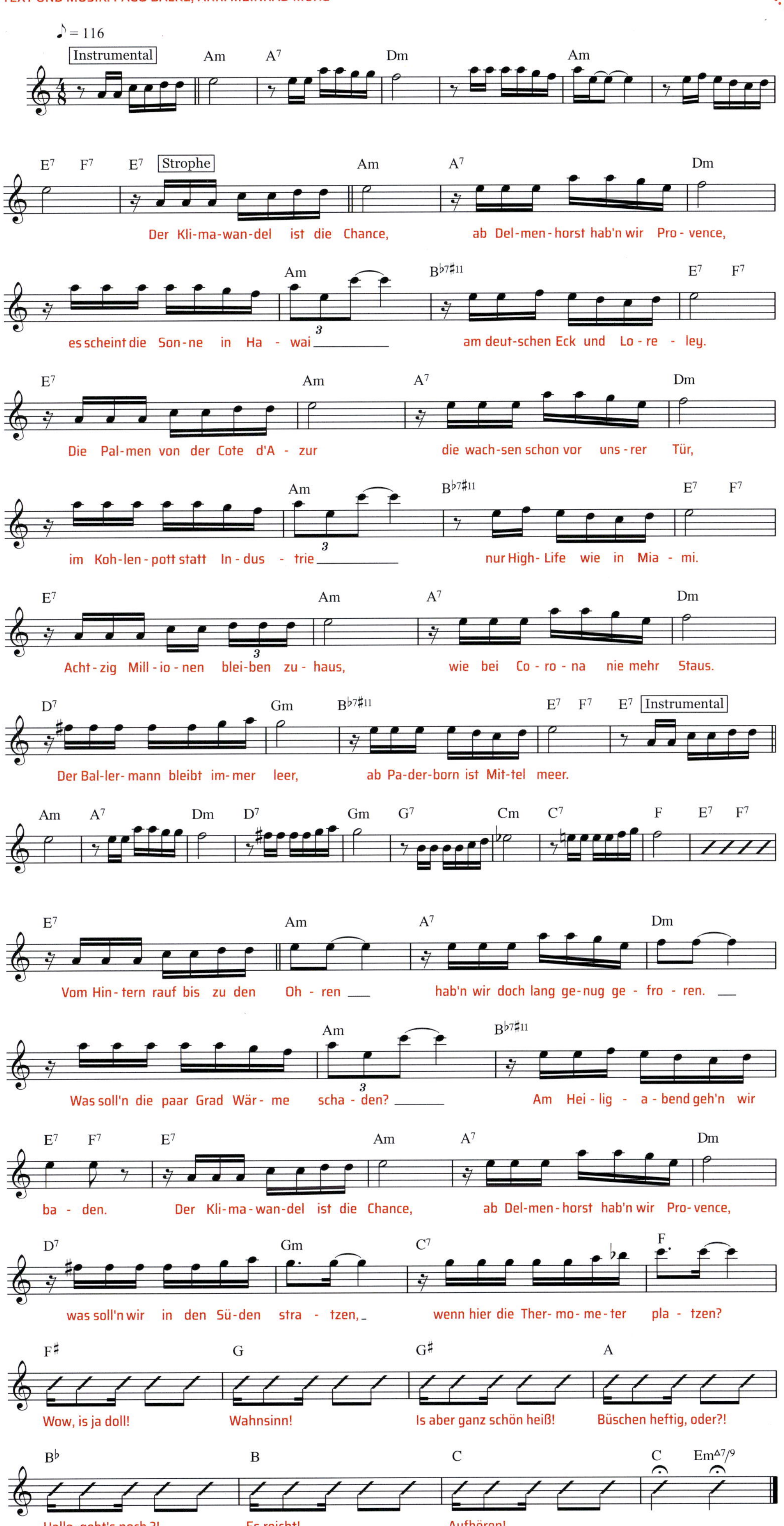

Stille

DIE WELT IST LAUT, AUF LÄRM GEBAUT,
die Welt ist schnell, es juckt das Fell,
kein Knopp für den Stop, immer Galopp,
zum Sprung bereit, ich hab keine Zeit!

Natürlich will auch ich die Welt nicht verpassen,
doch langsam beginne ich sie zu hassen,
diese smarten Aufmerksamkeits-Defizits-Dinger,
immer im Auge, immer am Finger.

Der Kontakt zwischen uns wird fahrig und schal,
sind diese Medien noch wirklich sozial?
Wenn dir keiner mehr in die Augen guckt,
weil ständig die neue Message juckt?

DIE WELT IST LAUT, AUF LÄRM GEBAUT,
die Welt ist schnell, es juckt das Fell,
kein Knopp für den Stop, immer Galopp,
zum Sprung bereit, ich hab keine Zeit!

Wie komm ich da raus, bremse mich aus?
Wie halt ich das an, rück an mich ran?
Eine Beruhigungspille?
Oder einfach mal STILLE?

Vielleicht kann ich mal etwas Zeit vergeuden
und gebe mich der langen Weile hin,
entdecke kleine, längst vergessene Freuden
und merke, wie es ruhig wird in mir drin.

Vielleicht sind alle Worte mal verbraucht,
das Hamsterrad ist mal genug gerannt.
Das Getöse ist für kurze Zeit verraucht
und Stille liegt wie Neuschnee über'm Land.

TEXT: PAGO BALKE
MUSIK: GERHARD STENGERT

‚Stille' ist inspiriert vom gleichnamigen Buch von Erling Kagge (Insel Verlag). Ich werde mich von ihm allerdings nicht inspirieren lassen,

alleine zum Nordpol zu laufen.

Aber das Wandern mit meinem Freund Thomas ist ein dicker, schöner Faden, der sich durch mein Leben zieht und hoffentlich nicht so bald abreißt.

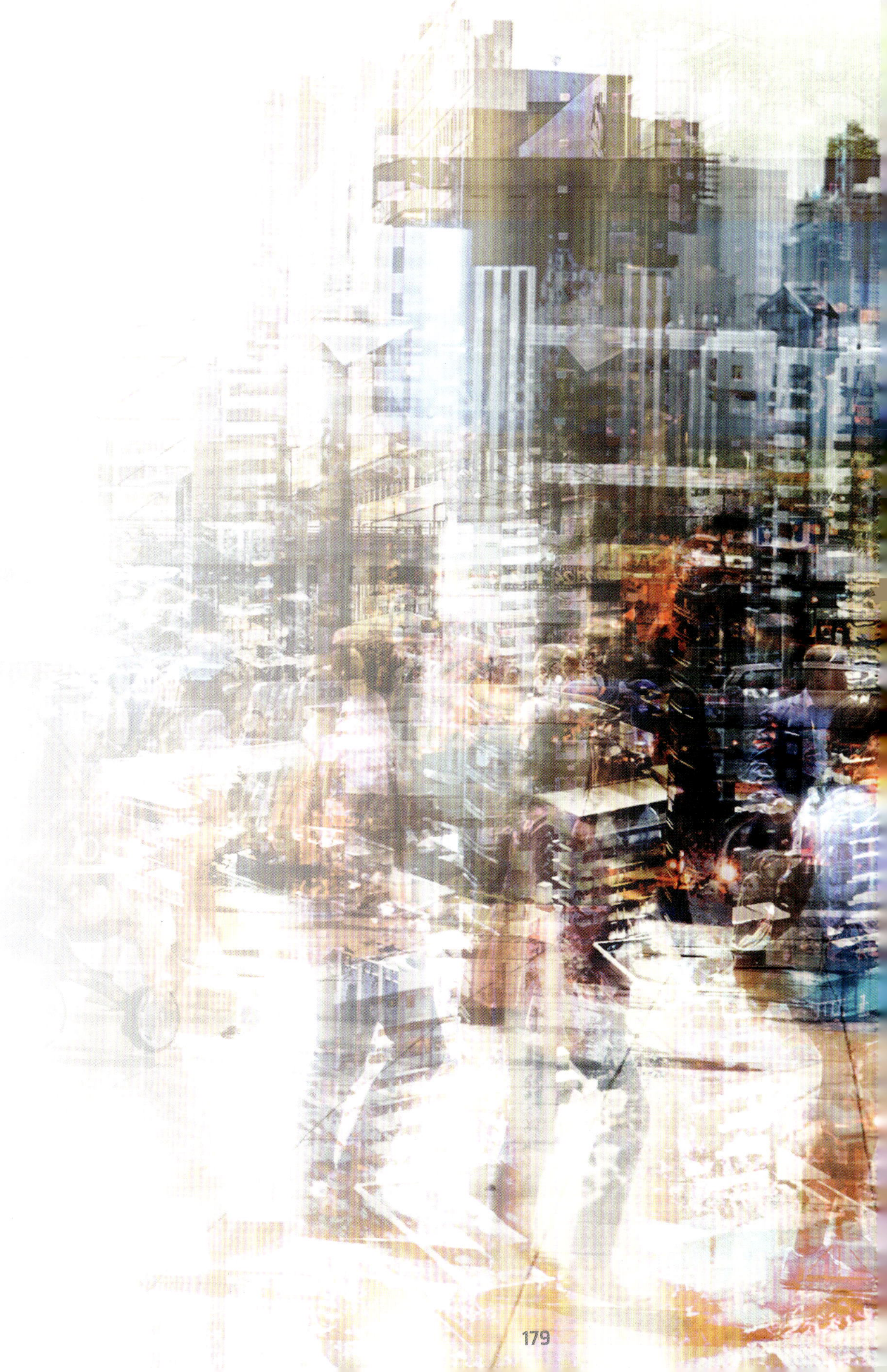

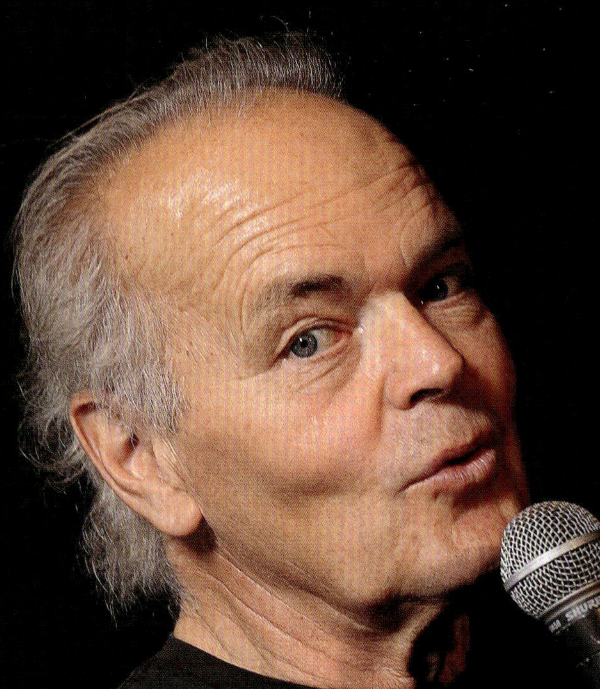

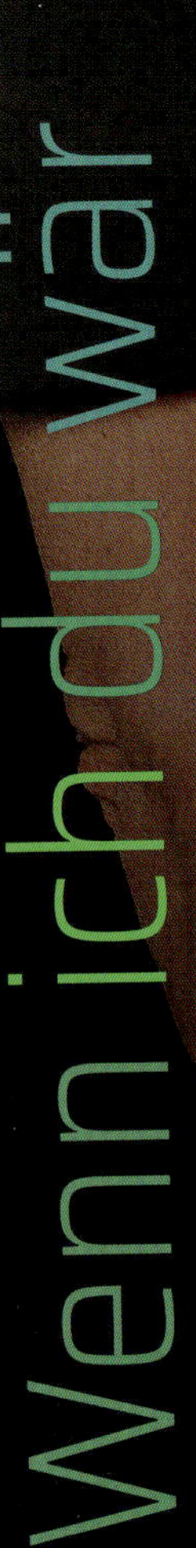

Wenn ich du wär

„Um Neid ist keiner zu beneiden" hat der verehrte Wilhelm Busch in seiner unendlichen Weisheit gesagt. Auch ich bin nicht ganz frei von Neid, zugegeben. Und dann habe ich mal auf einer Reise -

auf ein Kissen gestickt

- den Satz gefunden: „Ich glaube, wenn ich du wär, wär ich lieber ich!" Da hab ich ein Lied draus gemacht. Die Musik ist recycelt (u.a. von der ‚Hommage' auf die ZOLLHAUSBOYS). Ich folge halt gerne dem Satz von Leo Kottke: „I take a lovely, simple melody and drive it onto the ground!"

Wenn ich dich so sehe, denk ich: Boah, der hat's geschafft!
Der hat gut geerbt oder sonst wie Geld gerafft.
Du lebst ohne Sorge als ein reicher Mann von Welt,
alle meine Freunde sind da schlapper aufgestellt.

Neulich hattest du Liebesschmerz mit deinem Girl aus Polen,
da mußtest du zum Trost dir den neuesten Porsche holen!
Überhaupt hast du viel Angst um dein schönes Geld,
kriegst die helle Panik, wenn dein Aktienkurs mal fällt!

Alles nicht so einfach und dann denk ich so für mich:
Ich glaube, wenn ich du wär, wär ich lieber ich!

Du bist wunderschön, das muss der Neid dir lassen,
gegen deine Jugend muss ich alter Typ verblassen.
Gemein ist auch: ihr Frauen könnt euch schmücken oder schminken,
uns Kerlen bleibt nichts anderes übrig, als uns schön zu trinken!

Von den smarten Knaben hast du Angebot genug,
nur weiß ich manchmal nicht, ist das Segen oder Fluch?
Du hast noch so viel vor dir, doch auch die ganzen Krisen,
Liebe, Drama, Wahnsinn kann einem den Spass vermiesen!

Alles nicht so einfach und dann denk ich so für mich:
Ich glaube, wenn ich du wär, wär ich lieber ich!

Ich geb auch zu, bei einem Freund, der spielt sehr oft im Fernsehen,
da würd ich mich in seinen Rollen ab und zu auch gern sehen!
Ich beiß mir auf die Lippen und fange an zu schielen
und denke, Mann, das könnte ich doch locker besser spielen!

Doch letztens sah ich dich im Film, da war der Neid verflogen,
mein Lieber, das war Unterkante, billig und verlogen.
Greift man irgendwann nur zu bei gutem Angebote?
Und braucht man dann die „Bunte" zur Steigerung der Quote?

Alles nicht so einfach und dann denk ich so für mich:
Ich glaube, wenn ich du wär, wär ich lieber ich!

Wenn ich du wär

TEXT UND MUSIK: PAGO BALKE

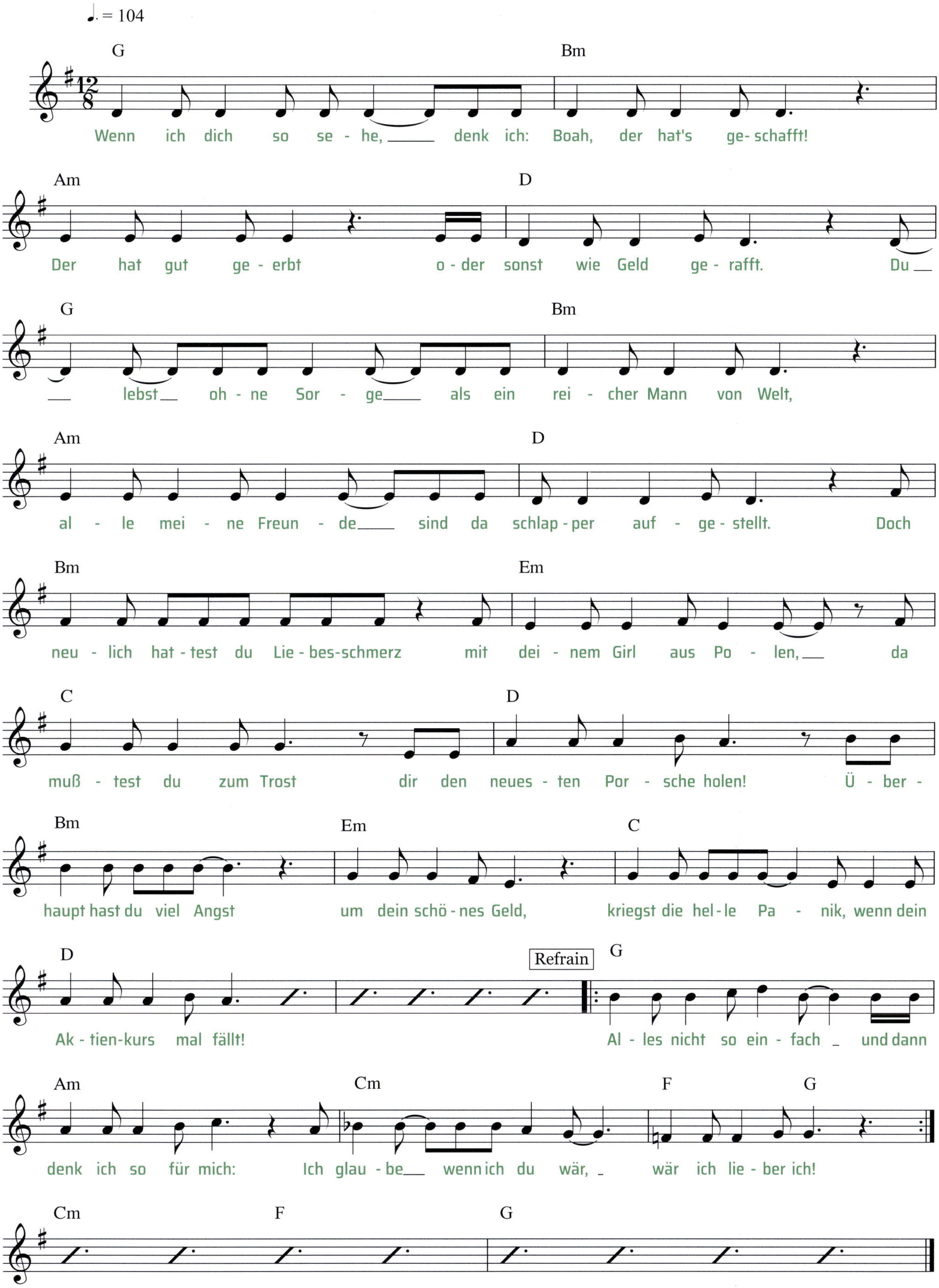

♩. = 104

G Bm
Wenn ich dich so se - he, denk ich: Boah, der hat's ge- schafft!

Am D
Der hat gut ge - erbt o - der sonst wie Geld ge - rafft. Du

G Bm
lebst oh - ne Sor - ge als ein rei - cher Mann von Welt,

Am D
al - le mei - ne Freun - de sind da schlap - per auf - ge - stellt. Doch

Bm Em
neu - lich hat - test du Lie - bes - schmerz mit dei - nem Girl aus Po - len, da

C D
muß - test du zum Trost dir den neues - ten Por - sche holen! Ü - ber -

Bm Em C
haupt hast du viel Angst um dein schö - nes Geld, kriegst die hel - le Pa - nik, wenn dein

D Refrain G
Ak - tien-kurs mal fällt! Al - les nicht so ein - fach und dann

Am Cm F G
denk ich so für mich: Ich glau - be wenn ich du wär, wär ich lie - ber ich!

Cm F G

Reiche Ernte

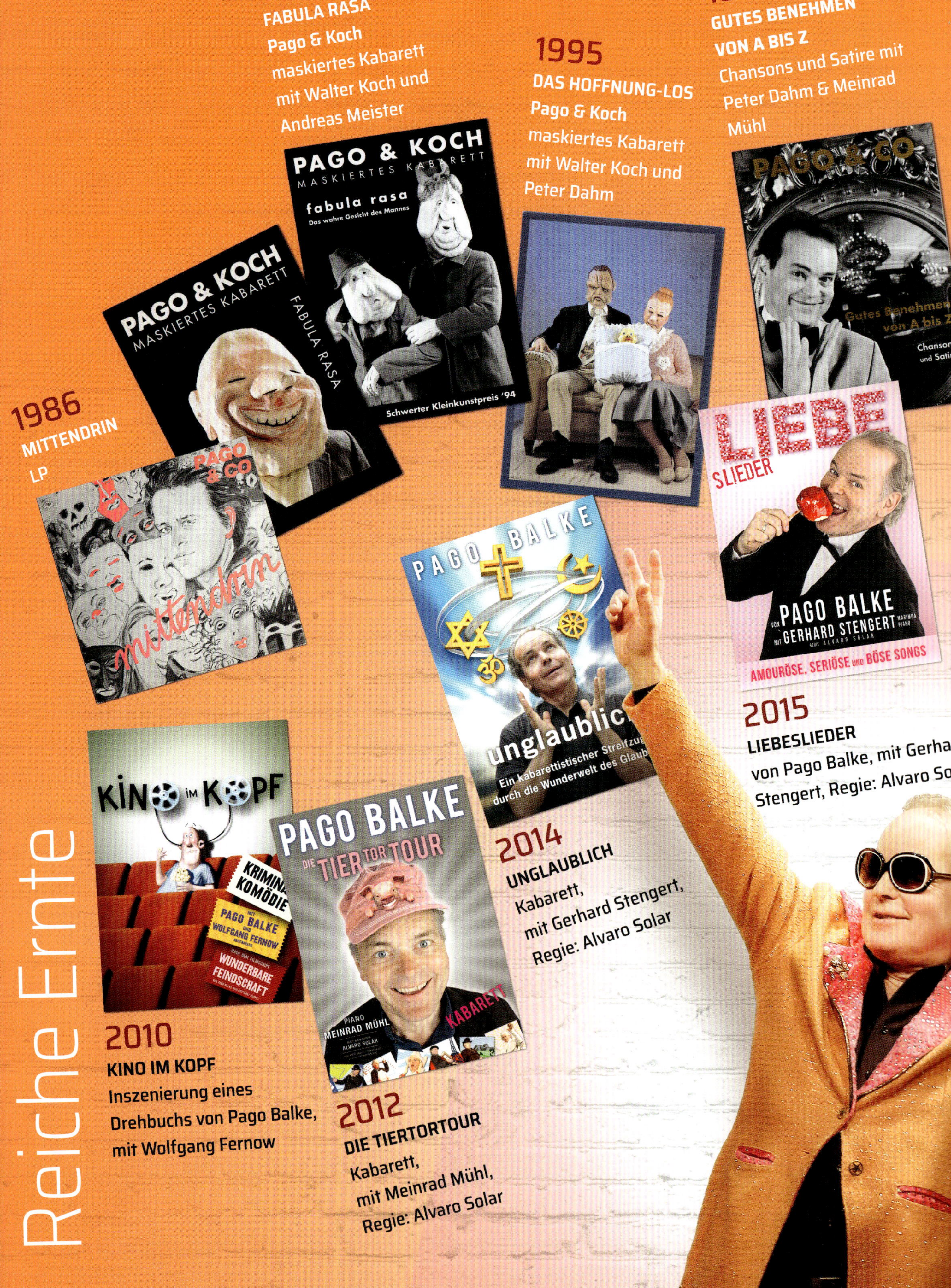

1986
MITTENDRIN
LP

1992
FABULA RASA
Pago & Koch
maskiertes Kabarett mit Walter Koch und Andreas Meister

1995
DAS HOFFNUNG-LOS
Pago & Koch
maskiertes Kabarett mit Walter Koch und Peter Dahm

1998
GUTES BENEHMEN VON A BIS Z
Chansons und Satire mit Peter Dahm & Meinrad Mühl

2010
KINO IM KOPF
Inszenierung eines Drehbuchs von Pago Balke, mit Wolfgang Fernow

2012
DIE TIERTORTOUR
Kabarett, mit Meinrad Mühl, Regie: Alvaro Solar

2014
UNGLAUBLICH
Kabarett, mit Gerhard Stengert, Regie: Alvaro Solar

2015
LIEBESLIEDER
von Pago Balke, mit Gerha[rd] Stengert, Regie: Alvaro So[lar]

2001
VERRÜCKT NACH PARIS
Drehbuch und Filmregie mit Eike Besuden

2004
GNADENLOSE HEITERKEIT
Wilhelm-Busch Programm, mit Nicolai Thein

2007
WER BRAUCHT HUMOR?
Pago Balke singt Georg Kreisler, mit Henning Schmiedt und Peter Dahm

2008
GOTT FÄHRT FAHRRAD
musikalische Lesung des Romans von Maarten't Hart, mit Wolfgang Fernow

2009
HEUTE PAGO
satirische Lieder von Pago Balke mit Henning Schmiedt und Peter Dahm

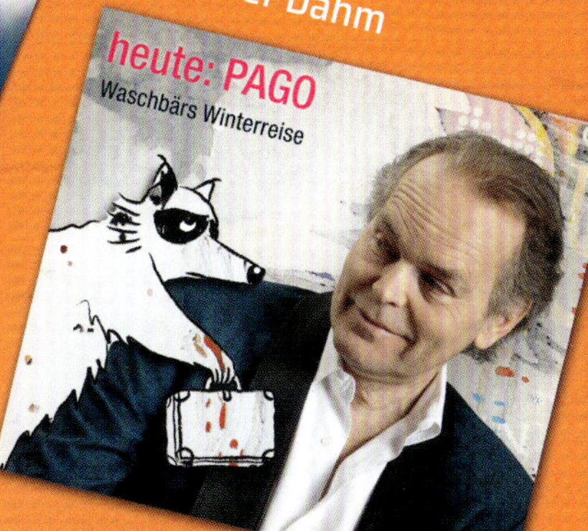

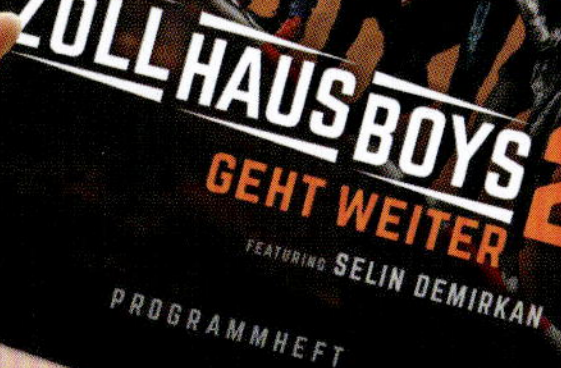

2017
DIE ZOLLHAUSBOYS
Songs und Satire, mit Gerhard Stengert, Azad Kour, Shvan Sheikho, Ismaeel Foustok

2019
DIE ZOLLHAUSBOYS 2, GEHT WEITER
mit Azad Kour, Ismaeel Foustok, Shvan Sheikho, Thomas Kriszan, feat. Selin Demirkan

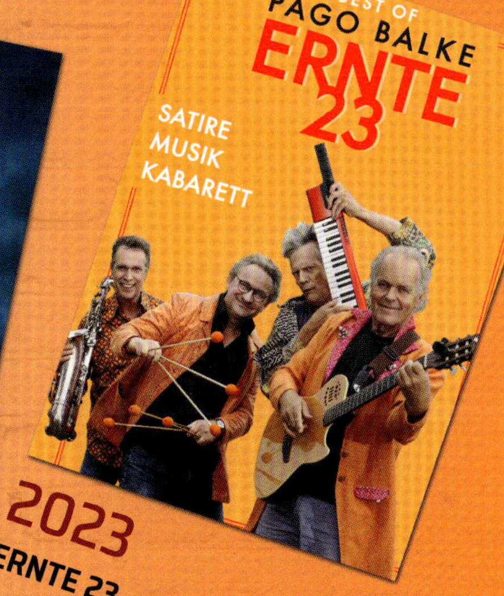

2021
DIE ZOLLHAUSBOYS 3
mit Azad Kour, Ismaeel Foustok, Shvan Sheikho, Thomas Kriszan, feat. Selin Demirkan

2023
ERNTE 23, best-of-Programm
mit Meinrad Mühl, Gerhard Stengert und Peter Dahm

und sonst noch:
12 Jahre Mitarbeit im Blaumeier-Atelier Bremen, zahlreiche Theaterstücke als Schauspieler und Regisseur, drei Drehbücher und 16 Programme mit satirisch-musikalischen Museumsführungen

BILDNACHWEIS

1 / 54 / 56 / 64 / 66 / 71 / 106 / 108 / 110 / 112 / 114 / 116 / 118 / 122 / 124 / 126 / 128 / 130 / 132 / 134 / 136 / 138 / 140 / 141 / 144 / 146 / 150 / 152 / 154 / 156 / 158 / 160 / 162 / 164 / 166 / 168 / 170 / 172 / 180
UWE JÖSTINGMEIER

10
EDELTRAUD RATH

10 / 40 / 44 / 48 / 86 / 179
ISTOCKPHOTO

12 / 16 / 22
ECKHART MÖLLER

14 / 18 / 20 / 24 / 36 / 52 / 82
HERVÉ MAILLET

28
MH FOTODESIGN

30 / 50 / 58
THOMAS PASCHKE

32 / 88
PRIVAT

61 / 62 / 80 / 94
THOMAS LAGIES

68 / 74 / 76 / 77 / 92 / 104
SIGRID STERNEBECK

96
VIDEOAUSSCHNITT, CLIPCONNECTION

98 / 100 / 102
MARTIN LUTHER

GRAFISCHE GESTALTUNG
THOMAS PASCHKE

NOTEN
THOMAS KRZISAN

ICH DANKE

meinen musikalischen Freunden, die mich über viele Jahre begleitet haben und ohne die diese Sammlung nicht entstanden wäre:

Bei den „FRÜHEN LIEDERN" besonders WOLFGANG FERNOW, THOMAS BERGMANN, MIKE SCHWEIZER, MEINRAD MÜHL und PETER DAHM,

bei „HEUTE PAGO" HENNING SCHMIEDT und PETER DAHM,

bei der „TIERTORTOUR" MEINRAD MÜHL und ALVARO SOLAR,

bei „UNGLAUBLICH" und „LIEBESLIEDER" GERHARD STENGERT und ALVARO SOLAR.

ich danke den „ZOLLHAUSBOYS" (and one girl):
AZAD KOUR, ISMAEEL FOUSTOK, SHVAN SHEIKHO, SELIN DEMIRKAN, THOMAS KRIZSAN und GERHARD STENGERT

und für die „ERNTE 23" MEINRAD MÜHL, GERHARD STENGERT und PETER DAHM.

ICH DANKE BESONDERS

UWE JÖSTINGMEIER für die unglaublich vielen schönen Fotos,

THOMAS PASCHKE für die wunderbare Gestaltung dieses Buches,

THOMAS KRIZSAN, der mich zu dieser Idee verleitet und mühevoll alle Noten gesetzt hat

und meiner Frau URSEL für Unterstützung, Liebe und Geduld.

IMPRESSUM

Die Deutsche Nationalbibliothek verzeichnet diese Publikation in der Deutschen Nationalbibliografie; detaillierte bibliografische Daten sind im Internet über http://dnb.dnb.de abrufbar.

1. Auflage 2023

Autor: PAGO BALKE

Vertrieb: CARL ED. SCHÜNEMANN KG, BREMEN
www.schuenemann-buchverlag.de

PRINTED IN GERMANY 2023

ISBN 978-3-7961-1205-8